Grundkurs Philosophie
Politische Philosophie

GRUNDKURS PHILOSOPHIE

Band 6

Robin Celikates und Stefan Gosepath

Politische Philosophie

Reclam

RECLAMS UNIVERSAL-BIBLIOTHEK Nr. 18473
2013 Philipp Reclam jun. GmbH & Co. KG,
Siemensstraße 32, 71254 Ditzingen
Druck und Bindung: Eberl & Koesel GmbH & Co. KG,
Am Buchweg 1, 87452 Altusried-Krugzell
Printed in Germany 2021

ISBN 978-3-15-018473-8
www.reclam.de

Inhalt

Einleitung

Dieses Buch ist der letzte Band einer siebenteiligen Einführung in die Grundlagen der Philosophie. Die ersten fünf Bände sind der theoretischen Philosophie gewidmet (Logik, Metaphysik und Naturphilosophie, Philosophie des Geistes und der Sprache, Erkenntnistheorie und Wissenschaftstheorie, Philosophie des Sozialen), die beiden letzten Bände befassen sich mit der praktischen Philosophie. Einer verbreiteten Auffassung zufolge befasst sich die theoretische Philosophie mit beschreibenden (= deskriptiven) Sätzen und Einstellungen zur Welt, während sich die praktische Philosophie mit wertenden (= normativen) Sätzen und Einstellungen zur Welt beschäftigt. Doch werden wichtige Teildisziplinen der theoretischen Philosophie, beispielsweise Logik, Semantik (= Bedeutungstheorie) und Wissenschaftstheorie, nicht selten als normative Theorien aufgefasst. Aus diesen Gründen sollte die Unterscheidung zwischen theoretischer und praktischer Philosophie vorsichtiger gefasst werden. Theoretische Philosophie beschäftigt sich vornehmlich mit Aktivitäten und Ideen, die mit der Art und Weise zusammenhängen, wie wir die Welt *auffassen* und auf sie *reagieren* – mit dem Fühlen, dem Denken, dem Argumentieren und dem Erklären, aber auch mit unseren Ideen von der Natur, vom Geist und vom sozialen Bereich (dabei geht es unter anderem auch darum, was *angemessenes* Fühlen, Denken, Argumentieren oder Erklären ist). Die praktische Philosophie hingegen beschäftigt sich vornehmlich mit Aktivitäten und Ideen, die mit der Art und Weise zusammenhängen, wie wir die Welt *verändern und verbessern wollen* – mit moralischem oder politischem Handeln, aber auch mit unseren Ideen vom guten Leben, von Freiheit und Verantwortung, vom besten Staat oder vom moralischen Standpunkt. Aus dieser Perspektive lässt sich die Unterscheidung zwischen theoretischer und praktischer Philosophie an die Differenz zwischen zwei grundlegenden geistigen Beziehungen zur Welt ankoppeln – dem Meinen und dem Wünschen: Unsere Meinungen sollen so sein, wie es die Welt verlangt – unsere Meinungen weisen, wie man auch sagt, eine *Wort-auf-Welt-Ausrichtung* auf; dagegen soll die Welt so sein, wie es unsere Wünsche verlangen – unsere Wünsche weisen eine *Welt-auf-Wort-Ausrichtung* auf.

Die Bände dieser Reihe liefern einen *Überblick* über die *wichtigsten* Teildisziplinen der Philosophie und stellen ein *ausführliches Kompendium* dar, das die wichtigsten Begriffe und Positionen *aller wichtigen Teildisziplinen* der Philosophie präsentiert – und zwar in einer möglichst knappen, genauen und verständlichen Form. Der damit verbundene inhaltliche und formale Anspruch unterscheidet die Darstellung sowohl von allgemeinen Einführungen in die Philosophie als auch von speziellen Einführungen in einzelne philosophische Teildisziplinen. Der riskante Versuch, einen derart umfassenden und zugleich kurzgefassten Überblick zu liefern, ist in didaktischer Hinsicht dadurch motiviert, dass es in der Philosophie sehr viele Details zu lernen gibt, dass es aber zugleich auch wichtig bleibt, nicht den Blick auf das Ganze zu verlieren.

Die Präsentation und Diskussion des umfangreichen Stoffes ist primär systematisch. Doch werden in diesem systematischen Rahmen auch die einflussreichsten historischen Positionen behandelt. Philosophische Vorkenntnisse werden nicht vorausgesetzt. Die Begriffsbildungen und Positionen werden sukzessive eingeführt und in numerierter Form zusammengefasst. Wer ernsthaft in den präsentierten Stoff einsteigen will, sollte sich darum bemühen, diese Explikationen so weit wie möglich zu internalisieren. Von ihrer Anlage her ist diese Einführung daher ein *Grundkurs zum Fach Philosophie*, der auch für ein Selbststudium und als Hintergrundinformation für philosophische Proseminare benutzt werden kann.

Jeder der sieben Bände enthält ein umfängliches Sachregister sowie ein Literaturverzeichnis, das jeweils grundlegende Überblicksliteratur und spezielle Literatur zu jedem der einzelnen Kapitel und zum Teil auch zu jedem Kapitelabschnitt angibt. Zu den einzelnen Kapiteln und den meisten der aufgeführten philosophischen Explikationen werden am Ende eines jeden Bandes Übungsaufgaben gestellt, die den Lernprozess unterstützen und zugleich auf die konkrete Anwendbarkeit der eingeführten Explikationen und Positionen verweisen. Die Anlage der Bände beruht unter anderem auf langjährigen didaktischen Experimenten und Erfahrungen mit Grundkursen zur theoretischen und praktischen Philosophie, die von den Autoren am Institut für Philosophie (und zum Teil auch am Institut für Politikwissenschaft) der Goethe-Universität Frankfurt am Main (und andernorts) durchgeführt worden sind.

Wolfgang Detel

Vorwort

Die politische Philosophie als Teilgebiet der praktischen Philosophie behandelt zwei Arten von Fragen: (1) Fragen, die sich stellen, seit Menschen begonnen haben, ihre kollektiven Ordnungen nicht als unveränderlichen Teil der natürlichen oder göttlichen Ordnung, sondern als potentiell durch ihre Handlungen veränderbar und daher sowohl der Kritik als auch der Rechtfertigung zugänglich zu betrachten; und (2) Fragen, die sich aus den konkreten politischen und sozialen Herausforderungen der Gegenwart ergeben. Im folgenden wird in die philosophische Reflexion beider Arten von Fragen eingeführt und dabei auch gezeigt, dass sie gerade nicht unverbunden nebeneinanderstehen, sondern vielmehr aufeinander verweisen. Obwohl in dieser Einführung auch auf zahlreiche historisch einflussreiche Klassiker der politischen Philosophie eingegangen wird, ist die Darstellung nicht ideengeschichtlich, sondern systematisch ausgerichtet. Sie ist also an Grundproblemen, Grundbegriffen und wichtigen systematischen Positionen sowie gegenwärtigen Herausforderungen orientiert. Im Rahmen dieser systematischen Diskussion werden so auch die zentralen Paradigmen und ihre wichtigsten Vertreter aus der Geschichte und Gegenwart der politischen Philosophie behandelt. Dabei wird die interne Pluralität der politischen Philosophie nicht unter den Teppich gekehrt, sondern gerade herausgestellt – nicht zuletzt aus dem Grunde, weil wir, die beiden Autoren, durchaus unterschiedliche methodologische und substantielle Positionen vertreten.

Für hilfreiche Kommentare zu verschiedenen Stadien der Ausarbeitung unseres Manuskripts danken wir Rainer Forst, Rahel Jaeggi, Felix Koch, Regina Kreide, Andreas Niederberger, Peter Niesen, Martin Nonhoff,

Arnd Pollmann, Beate Rössler, Martin Saar, Jörg Schaub und Lutz Wingert. Jekaterina Markow hat das gesamte Manuskript am Schluss einer gründlichen Lektüre unterzogen und wichtige Verbesserungen vorgeschlagen.

1. Was ist politische Philosophie?

Was »politische Philosophie« bedeutet, wie sie zu definieren und zu betreiben ist, stellt selbst ein kontroverses Thema der politischen Philosophie dar: Es wird häufig eher implizit, manchmal aber auch explizit verhandelt. Wie politische Philosophie definiert wird, variiert nach historischen Epochen, nach gesellschaftlichen Bedingungen und theoretischen Ansätzen. Dennoch haben die verschiedenen Definitionen meist folgenden Bedeutungskern gemeinsam: Politische Philosophie ist die philosophische Reflexion der Bedingungen der Politik. Diese Reflexion kann eher analytisch auf die Struktur politischen Handelns und politischer Institutionen (z. B.: Wann ist ein Handeln politisch? Was ist ein Staat?) oder die Bedeutung politischer Begriffe (z. B.: Was bedeutet Autorität?) ausgerichtet sein oder, in normativer Absicht, nach der Begründbarkeit der politischen Ordnung oder bestimmter Regeln des sozialen Zusammenlebens fragen (z. B.: Nach welchen Prinzipien sollte das Gemeinwesen organisiert sein? Welche Rechte sollten Bürger gegenüber der Regierung haben? Warum sollte es überhaupt eine Regierung geben?). In beiden Hinsichten stellt sich die Frage, welche Bedeutung empirischem Wissen für die Klärung der Grundfragen der politischen Philosophie zukommt.

Um zu einer genaueren Antwort auf die Frage »Was ist politische Philosophie?« zu kommen, sind demnach zwei Fragen zu unterscheiden und einleitend in aller Kürze und unvermeidlichen Abstraktheit zu diskutieren, nämlich (1): Was ist Politik? Und (2): Was ist und was leistet eine philosophische Reflexion der Politik?

1.1. Was ist Politik?

Einen geeigneten Einstieg bietet die Beantwortung der Frage, was wir im Alltag als »Politik« bzw. als »politisch« bezeichnen. So sprechen wir etwa von einer politischen Diskussion, politischen Vereinigungen, von Parteipolitik und politischen Umstürzen. Gemeinsam ist diesen Sprechweisen, dass es ihnen um öffentliche Angelegenheiten geht, die im Prinzip »alle« betreffen – wobei es in politischen Auseinandersetzungen häufig gerade darum geht, zu bestimmen, *was* denn nun öffentlich ist und alle betrifft.

Die Beantwortung der Frage »Was ist Politik?« ist auch deshalb von großer Wichtigkeit, weil sich in Abhängigkeit davon bestimmte Fragen der politischen Philosophie so oder anders oder auch gar nicht mehr stellen. Umgekehrt lässt die Art und Weise, in der eine bestimmte Frage in der politischen Philosophie diskutiert wird, Rückschlüsse darauf zu, welcher Begriff von Politik dabei implizit zugrunde gelegt ist – und dann wäre zu untersuchen, ob sich die Frage auch dann (in derselben Form) stellt, wenn ein anderer Politikbegriff zugrunde gelegt wird. In der philosophischen und politiktheoretischen Diskussion lassen sich grob vier paradigmatische Antworten auf die Frage, was Politik eigentlich ist, unterscheiden.

1 *Vier paradigmatische Antworten auf die Frage »Was ist Politik?«*

(1) Die klassische Antwort: Politik als gemeinwohlorientierte Praxis
(2) Die liberale Antwort: Politik als Anwendung moralphilosophischer Prinzipien bzw. als Entscheidungsfindung innerhalb eines rechtlich und/oder moralisch bestimmten Rahmens

(3) Die »realistische« Antwort: Politik als Fortsetzung des Krieges mit anderen Mitteln und als Kampf um Macht
(4) Die systemtheoretische Antwort: Politik als gesellschaftliches Teilsystem zur Herbeiführung und Durchsetzung gesamtgesellschaftlich bindender Entscheidungen

Der Antwort (1) zufolge, die man als *klassisch* bezeichnen kann, weil sie auf die griechische Antike und damit den Beginn der westlichen politischen Philosophie zurückgeht, sind die politischen Angelegenheiten diejenigen Angelegenheiten, die alle Mitglieder der Gemeinschaft etwas angehen. Die Orientierung am Gemeinwohl – dem Wohlergehen der Gemeinschaft als Ganzes – ist nach diesem Verständnis politischem Handeln also wesentlich: Politik kann es nur dann geben, wenn die Bürger ihr Handeln am Gemeinwohl ausrichten. Wer nur sein Eigeninteresse oder die partiellen Interessen einer bestimmten Gruppe und nicht die allgemeinen Interessen aller Bürger (unter modernen Bedingungen: aller Bürgerinnen und Bürger) im Blick hat, der handelt nicht politisch. Das aber bedeutet, dass Politik in diesem klassischen Verständnis auch von den ethischen Einstellungen und dem Charakter, kurz den Tugenden der Bürger abhängt. Besonders deutlich wird dies in den politischen Theorien der Antike, vor allem in den Werken von Platon und Aristoteles. Für Aristoteles ist der Mensch sogar von Natur aus ein politisches Wesen – *Zoon politikon* –, so dass er eigentlich auch nur als politisch aktiver Bürger im vollen Sinn Mensch sein kann. Zusammenfassend kann man also sagen, dass die klassische Antwort Politik als gemeinwohlorientierte Praxis versteht, d. h. als ein Handeln, das das für die Gemeinschaft Gute bzw. eine gute politische Ordnung zu realisieren versucht.

Die *liberale* Antwort (2) speist sich zunächst aus der

skeptischen Einschätzung, dass sich allgemeingültige Aussagen über das Gute, die Natur des Menschen oder das Gemeinwohl zumindest unter Bedingungen des Pluralismus, wie sie vor allem in modernen Gesellschaften herrschen, nicht verbindlich treffen lassen, sondern immer umstritten sein werden. Aus dieser Perspektive erscheint es deshalb auch wenig sinnvoll, Politik als »gemeinwohlorientiertes Handeln« zu definieren. Anstatt von einem substantiell verstandenen Gemeinwohl geht der Liberalismus (hier und im folgenden primär als philosophische und nicht als politische Strömung verstanden) daher von Individuen aus, die über bestimmte basale Interessen – etwa an »Leben, Freiheit und Eigentum« (John Locke) – sowie über unveräußerliche Rechte verfügen, die diese Interessen schützen sollen. Außerdem geht die liberale Antwort davon aus, dass diese Interessen, etwa aufgrund der Knappheit bestimmter Güter, in vielen Fällen im Widerspruch miteinander stehen werden. Die darin begründete Möglichkeit des Konflikts führt aus liberaler Sicht zur Notwendigkeit allgemeinverbindlicher Regelungen, die dem Verhalten der Konfliktparteien bestimmte Grenzen auferlegen. In der neuzeitlichen Vertragstheorie, die im zweiten Kapitel (vgl. 2.2.) näher untersucht werden wird, wird dieses Argument als Überwindung des Naturzustands – also eines Zustands ungeregelten und daher konfliktreichen Zusammenlebens – durch die Etablierung eines gemeinsamen moralisch oder rechtlich bestimmten Rahmens formuliert. Als Politik werden dann jene Entscheidungen der Gemeinschaft bezüglich des Zusammenlebens bezeichnet, die innerhalb dieses – etwa in der Verfassung festgelegten – Rahmens getroffen werden. Daraus folgt unter anderem, dass der Schutz individueller Rechte und die Sicherung von Freiräumen, in denen jeder nach seiner eigenen Vorstellung glücklich werden kann, das zentrale Anliegen liberaler Politik ist. Zusammenfassend kann man sagen, dass die liberale Antwort Politik als Anwendung moralphilosophischer Prinzipien (etwa der Gerechtigkeit) auf öffentlich zu entscheidende Fragen bzw. als Entscheidungsfindung innerhalb eines rechtlich und/oder moralisch bestimmten Rahmens versteht.

Die *»realistische«* Antwort (3) bezweifelt, dass sich der Naturzustand wirklich mit Mitteln der Moral und des Rechts überwinden lässt. Letztlich diagnostiziert sie ein Andauern des Naturzustands, da die Welt der Politik durch anhaltende Konflikte und das »Recht des Stärkeren« geprägt sei. Dieser Zurückweisung aller weitergehenden Hoffnungen oder Erwartungen als bloßen Idealismus und Utopismus liegt häufig eine pessimistische Anthropologie zugrunde, die in Eigeninteresse und Herrschaftsstreben die primären Antriebe politischer Akteure sieht. Diese skeptische Sichtweise geht einher mit der Annahme, dass es sich bei der Politik um einen gegenüber Moral und Recht autonomen Bereich handelt, der seiner eigenen Logik folgt und eigene Standards der Bewertung (etwa von politischem Erfolg) ausbildet. Diese »realistische« Perspektive ist insofern antinormativistisch, als sie die Bewertung politischen Handelns anhand von moralischen und rechtlichen Normen, die den konkreten politischen Kontext übersteigen, ablehnt. Nach dieser Vorstellung ist der Bereich der Politik durch strategisches Handeln geprägt, das auf den Erwerb und die Sicherung von Macht zielt. So versteht etwa Niccolò Machiavelli Politik als Machterlangung, Machterhalt und Machtgebrauch. Moral und Recht erscheinen vor diesem Hintergrund nicht als wirksame Begrenzung politischer Konflikte, sondern als Mittel, derer man sich im Machtkampf bedient. Zusammenfassend kann man sagen, dass die »realistische« Antwort Politik als Fortsetzung des Krieges mit anderen Mitteln und damit als Kampf um Macht versteht.

Anders als die drei vorgestellten Sichtweisen, die in der Politik entweder das höchste Gut oder aber doch die zentrale Instanz der Regulierung des Zusammenlebens sehen, versteht die vor allem im sozialwissenschaftlichen Kontext einflussreiche, auf den Soziologen Niklas Luhmann zurückgehende *systemtheoretische* Antwort (4) Politik rein deskriptiv als bloßes Teilsystem der modernen Gesellschaft. Das politische System ist heute ein System neben anderen, etwa dem Wirtschafts- und dem Rechtssystem, und nicht die Spitze oder das Zentrum der Gesellschaft, wie das noch in weniger komplexen vormodernen Gesellschaften der Fall gewesen sein mag. In dieser Perspektive wird Politik tendenziell mit den staatlichen Institutionen des Regierens gleichgesetzt. Deren Aufgabe wird zwar in der Herbeiführung und Durchsetzung gesamtgesellschaftlich bindender Entscheidungen gesehen. Aufgrund der für moderne Gesellschaften charakteristischen internen Differenzierung und ihrer Einbindung in globale Zusammenhänge werden jedoch zunehmend Zweifel an der Einlösbarkeit dieses Steuerungsanspruchs laut. Zusammenfassend kann man sagen, dass die systemtheoretische Antwort Politik deskriptiv als System versteht, das bestimmte gesellschaftliche Funktionen erfüllt.

Im Anschluss an diese vier paradigmatischen Antworten auf die Frage, was Politik ist, lassen sich die folgenden vier begrifflichen Unterscheidungen treffen, deren sich die vier Politikverständnisse auf unterschiedliche Weise bedienen und die dabei behilflich sein können, sie systematisch einzuordnen:

2 *Was ist Politik? Vier konzeptionelle Unterscheidungen*

(1) »Die Politik« und »das Politische«
(2) Öffentlich und privat
(3) Institutionelles und außerinstitutionelles Handeln

(4) Politik als Mittel zur Erreichung außerpolitischer Zwecke und Politik als Selbstzweck

Eine Unterscheidung (1), die dabei helfen kann, die Frage »Was ist Politik?« zu beantworten, differenziert *»die Politik«* und *»das Politische«*. Unter »Politik« wird dabei das verstanden, was auch das Alltagsverständnis meist darunter versteht, also konkrete politische Praktiken und Institutionen wie der Kampf um Stimmen bei einer Wahl, das Aushandeln von Kompromissen in staatlichen Institutionen und das Handeln von Bürgerinnen und Bürgern in politischen Bewegungen. Man kann jedoch auch die von diesen konkreten Formen der Politik abstrahierende Frage stellen, was eigentlich das genuin Politische an der Politik ist, ob es also ein Merkmal gibt, das diese Praktiken und Institutionen teilen und das sie zu genuin politischen (im Unterschied etwa zu einfach nur sozialen) Praktiken und Institutionen macht. Wie bereits gezeigt wurde, ist auf diese Frage eine Reihe von Antworten gegeben worden, die das Wesen der Politik im Konflikt, gar im Kampf, in der Selbstbestimmung von Freien und Gleichen oder auch in der Einigung und im Streben nach Konsens erblicken.

Eine Unterscheidung, die häufig herangezogen wird, um die Frage »Was ist Politik?« zu beantworten, und auf die ebenfalls bereits verwiesen wurde, ist (2) jene zwischen *öffentlich* und *privat*. Während die Öffentlichkeit als der Bereich der Politik verstanden wird, gilt das Private üblicherweise als dem Zugriff der Politik entzogen. Oft wird diese Unterscheidung so verstanden, dass der Bereich des Privaten ein Raum ist, in dem die Individuen ihre jeweiligen Freiheiten ungestört nutzen können, während der öffentliche Raum mit der Sphäre staatlicher Eingriffe zusammenfällt.

Diese Unterscheidung wurde vor allem von feministischer Seite einer grundsätzlichen Kritik unterzogen. Die

Familie, die Geschlechterrollen und die Erziehung betreffende Fragen wurden traditionell dem Bereich des Privaten zugeordnet, obwohl sie nicht in einem politik- und rechtsfreien Raum situiert sind und sehr wohl die Rechte und Freiheiten vor allem der betroffenen Frauen tangieren (vgl. 3.3.). Aber auch Fragen der Wissenschaft, der Religion und der individuellen Gesundheit galten lange als nichtöffentliche Fragen, die also nicht zum Gegenstand der Politik gemacht werden sollten. Sie sind in den letzten Jahren jedoch zunehmend »politisiert« worden. Schließlich ist auch die marxistische Kritik an dieser Unterscheidung zu erwähnen, der zufolge damit eigentlich politische Phänomene wie ökonomische Verhältnisse und Entscheidungen von der Theorie als unpolitisch ausgeblendet werden (vgl. 3.1.). Dennoch bestehen die Vertreter des Liberalismus darauf, dass es trotz dieser Schwierigkeiten und des umstrittenen Charakters der Grenzziehung einer Unterscheidung zwischen öffentlich und privat bedarf, um die Grenzen legitimen staatlichen Handelns zu bestimmen und den Individuen einen geschützten Rückzugsraum zu eröffnen. Die Frage, wo die Grenze zwischen privat und öffentlich und damit auch die Grenze der Politik verläuft, ist freilich selbst eine politische Frage, die der politischen Entscheidung – und damit in einer Demokratie auch der öffentlichen Diskussion – bedarf.

Zwei weitere Unterscheidungen sollen kurz erwähnt werden. Man kann sich (3) fragen, ob der einzige oder primäre Ort der Politik tatsächlich die dezidiert politischen (und das heißt meist: staatlichen) Institutionen sind oder ob Politik auch oder vielleicht sogar vor allem in außerinstitutionellen Praktiken (z.B. »auf der Straße«) gemacht wird. Diese Unterscheidung ist deshalb von Bedeutung, weil sich in vielen Ansätzen in der gegenwärtigen politischen Philosophie eine gewisse Institutionenzentriertheit ausmachen lässt, die außerinstitutionelle Formen der politischen Praxis wie soziale Bewegungen, revolutionären Widerstand und zivilen Ungehorsam gar nicht in den Blick bekommt oder von vornherein als illegitim disqualifiziert, obwohl diese doch für faktische politische Transformations- und Demokratisierungsprozesse von größter Bedeutung sind.

Schließlich kann man (4) fragen, ob Politik primär ein Mittel zur Erreichung außerpolitischer Zwecke oder Selbstzweck ist. Wer Politik nur als Mittel zum Zweck ansieht, kann etwa behaupten, dass Akteure ihre Interessen durchzusetzen versuchen und politisches Handeln für sie hierfür lediglich einen Weg unter anderen darstellt. Wird hingegen Politik als Selbstzweck angesehen, würde man nur dann von Politik sprechen, wenn die Beteiligten genuin politische Zwecke – etwa das Gemeinwohl oder die Freiheit aller – im Blick haben.

Darüber hinaus lässt sich noch eine fünfte idealtypische Unterscheidung einführen, die besonders grundlegend ist und uns im folgenden immer wieder begegnen wird, und zwar die Unterscheidung zwischen zwei alternativen Verständnisweisen von Politik bzw. zwei alternativen theoretischen Perspektiven auf Politik, die meistens – etwa in den oben unterschiedenen paradigmatischen Antworten auf die Frage »Was ist Politik?« und in den nachfolgend behandelten Theorien – mit unterschiedlicher Gewichtung kombiniert werden.

3 *Zwei Verständnisweisen von Politik*

(1) Politisches Handeln als Verwirklichung von Normen
(2) Politisches Handeln als Kampf um Macht

Dem einen Verständnis zufolge ist politisches Handeln als Verwirklichung von *Normen* (der guten Ordnung oder

der Gerechtigkeit) zu verstehen, dem anderen zufolge als Kampf um die *Macht* und die Durchsetzung von Interessen. Während das erste ein normatives oder gar moralisches, idealistisches Politikverständnis darstellt, ist das zweite ein eher strategisches oder »realistisches«. Die erste Sichtweise erkennt im Konsens über grundlegende Normen eine notwendige Voraussetzung von Politik und in der Einigung über konkrete Probleme ihr eigentliches Ziel, während die zweite die Bedeutung des Konflikts betont und Konsens weder als Voraussetzung noch als Ziel von Politik für möglich oder auch nur wünschenswert hält. Beide Verständnisweisen von Politik unterscheiden zwischen Politik auf der einen und Recht sowie Moral bzw. Ethik auf der anderen Seite. Aber diese Trennung ist im Fall des ersten Verständnisses weniger strikt als im Fall des zweiten. Für die Vertreter der ersten Sichtweise ist Politik wesentlich auf die Orientierung durch moralische bzw. ethische Normen sowie auf einen rechtlichen Rahmen angewiesen, wohingegen die Vertreter der zweiten Sichtweise Moral, Ethik und auch Recht als selbst wieder politisch umstrittene Phänomene begreifen, die der Politik deshalb weder vor- noch übergeordnet werden können.

Was politisch ist, ist also selbst umstritten – und zwar in der Theorie ebenso wie in der Praxis. Im folgenden werden wir daher von einem relativ umfassenden Verständnis von Politik ausgehen:

4 *Definition »Politik«*

Politik ist die öffentliche Thematisierung und Regelung der gemeinsamen Angelegenheiten eines Gemeinwesens, insbesondere durch allgemeinverbindliche Entscheidungen.

Diesem Verständnis zufolge gibt es in jedem Gemeinwesen Angelegenheiten, die (prinzipiell) alle betreffen und die auf die eine oder andere Weise geregelt werden müssen, um die Interaktion zwischen den Mitgliedern der Gemeinschaft durch Handlungsnormen zu steuern und um kollektive Ziele zu realisieren.

1.2. Was ist und was leistet eine philosophische Reflexion der Politik?

Gemeinsam ist den unterschiedlichen Verständnisweisen politischer Philosophie, diese als die philosophische – theoretisch und wissenschaftlich informierte – Reflexion der Bedingungen der Politik zu begreifen. Dabei sind die Grenzen und Übergänge zu den Nachbardisziplinen, insbesondere zur Politikwissenschaft, fließend. So wird die sozialwissenschaftlich informierte Reflexion der Grundlagen der Politik in der Politikwissenschaft »politische Theorie« genannt. Diese unterschiedlichen Bezeichnungen entsprechen vor allem einer wissenssoziologischen und institutionellen Zuordnung: Politische Philosophie wird in Instituten für Philosophie und politische Theorie in Instituten für Politikwissenschaft betrieben. Beide, politische Theorie und politische Philosophie, behandeln – zumindest nach einer bestimmten Auffassung, der wir uns anschließen – jedoch inhaltlich dieselben Themen und verwenden dabei ein sich weitgehend überlappendes Methodenspektrum. In der politischen Philosophie und politischen Theorie überschneiden sich demnach noch das Fach Philosophie und die einst aus ihr ausgewanderte Politikwissenschaft. In diesem Sinn wird im folgenden ein ebenfalls relativ umfassendes Verständnis dieses Bereichs zugrunde gelegt.

5 *Definition »politische Philosophie« und »politische Theorie«*

Politische Philosophie und politische Theorie werden verstanden als systematische und immer auch normative Reflexion der Bedingungen der Politik, also der öffentlichen Thematisierung und Regelung der gemeinsamen Angelegenheiten eines Gemeinwesens.

Politische Philosophie als normative Theorie

Zunächst ist die politische Philosophie genauso wie ihre Nachbardisziplinen eine Subdisziplin der akademischen Geistes- und Sozialwissenschaften, wie sie in Universitäten weltweit gelehrt und beforscht wird. In ihr geht es um die wissenschaftliche und theoretische Untersuchung der Bedingungen der Politik. Die politische Philosophie ist eine Form der Thematisierung der politischen Praxis, in der öffentliche Regelungen der gemeinsamen Angelegenheiten ausgehandelt werden, um diese Praxis (besser) verstehen, erklären und schließlich auch beurteilen zu können. Diese Thematisierung ist insofern selbstreflexiv, als die Theoretiker selbst wiederum Teilnehmer dieser Praxis sind und die philosophische Reflexion aus der praktischen Reflexion erwächst und an sie zurückgebunden bleibt.

Warum braucht man eine solche Theorie? Reicht es nicht aus, dass in unserem Alltag politische Praxis gegenwärtig faktisch funktioniert, dass also unsere gemeinsamen Angelegenheiten auf der Basis eingespielter und tradierter Regeln faktisch doch irgendwie immer schon bewältigt werden? Nein, denn eine bloß implizit regelgeleitete, unreflektierte politische Praxis wäre aus zugleich praktischen und normativen Gründen ungenügend. Zunächst blieben so Sinn und Zweck der politischen Praxis unklar, weil die explizite *Begründung* für die politische Praxis fehlen würde. Zu einer solchen Begründung – aber auch zur Infragestellung bereits existierender Begründungen – kann die politische Philosophie einen wesentlichen Beitrag leisten, indem sie als systematische Theorie einen geordneten Zusammenhang von Aussagen liefert, die auf die Beantwortung von Warum-Fragen zielen. »Wissenschaftlich« kann eine solche Theorie aufgrund der methodisch ausgewiesenen Weise ihrer Hervorbringung und der Rechtfertigung ihrer Aussagen heißen. Eine Theorie kann als Ergebnis der angewandten Methode begründet den Anspruch erheben, wahr bzw. zutreffend oder überzeugend zu sein, womit sie sich der wissenschaftlichen Diskussion (dem Austausch von Argumenten und Gegenargumenten) stellt. Was die politische Philosophie in besonderem Maße zu einer kritischen Reflexion der Politik befähigt, ist daher, dass auch sie selbst ja permanent – vonseiten anderer Theorien – in ihrem Begründungsanspruch in Frage gestellt und so zur ständigen Selbstbegründung genötigt wird. Sie ist also nicht nur Reflexion über das Politische, sondern immer auch schon einer kritischen Selbstreflexion ausgesetzt.

Um die öffentliche Thematisierung und Regelung der gemeinsamen Angelegenheiten (besser) verstehen, erklären und beurteilen zu können, steht eine Reihe von Herangehensweisen zur Verfügung. Zum einen sucht man aus der *Beobachterperspektive* nach kausalen Erklärungszusammenhängen, die die Ursachen und Folgen des zu erklärenden Phänomens aufzeigen. Aber diese Kausalzusammenhänge allein machen politisches Handeln nicht verständlich. Um die Grundlagen politischen Handelns (besser) verstehen und beurteilen zu können, muss man sich auch den Gründen, Motiven und Zwecken zuwenden, die die Menschen allererst dazu anhalten, eine bestimmte politische Praxis hervorzubringen, zu stabilisieren oder zu verändern. Will man Menschen nicht bloß von außen beobachten und als Objekte sozialer Steuerung behandeln, sondern sie als Subjekte selbstbestimmten vernünftigen Handelns ernst nehmen, dann führt kein Weg daran vorbei, sie nach den Gründen ihres Handelns zu befragen. Nur diese Gründe machen menschliches Handeln und damit auch politische Praxis verständlich, und dieses Verstehen kann nicht allein aus der Beobachterperspektive erfolgen, sondern ist auf die Einnahme einer *Teilnehmerperspektive* – der Perspektive der am politischen Handeln Beteiligten – angewiesen.

Politische Philosophie versucht also zunächst, politische Praxis zu erklären und zu verstehen, indem sie die Ursachen und Gründe politischen Handelns offenlegt.

Darüber hinaus bezieht sich politische Philosophie in einem zweiten Schritt reflexiv auf die offengelegten Gründe und überprüft deren Qualität diskursiv, also im argumentativen Austausch sowohl in der wissenschaftlichen als auch in der demokratischen Öffentlichkeit. Ziel der politischen Philosophie ist es dabei, sowohl zu ermitteln, wie plausibel die Gründe sind, auf deren Basis die gegenwärtige öffentliche Regelung von gemeinsamen Angelegenheiten funktioniert, als auch überzeugende(re) und angemessene(re) Gründe für bestimmte politische Praktiken zu finden. Die dahinterstehende Annahme lautet, dass denjenigen, die sich einer politischen Regelung unterwerfen (sollen), gute Gründe dafür gegeben werden müssen, wenn die öffentliche Regelung von allgemeinen Angelegenheiten – die ja wesentlich auch Regelung durch allgemeinverbindliche Entscheidungen umfasst – nicht auf bloßem Zwang basieren soll. Behauptet also jemand, eine bestimmte Regelung der gemeinsamen Angelegenheiten sei richtig, gut und erstrebenswert und solle darum allgemein verbindlich werden, so muss er dazu bereit sein, objektive *Gründe* dafür anzugeben. Diese Gründe müssen intersubjektiv nachvollziehbar sein und auch denjenigen, die andere Positionen vertreten, einleuchten können. Politische Philosophie betrachtet auf dieser Reflexionsebene also nicht nur politische Praktiken aus der Beobachter- und der Teilnehmerperspektive, sondern verlangt auch nach einer prinzipiellen *Rechtfertigbarkeit* dieser in Frage stehenden Praktiken und Normen.

Dementsprechend halten wir fest:

6 *Analyse der Gründe*

Die Analyse der im Rahmen der öffentlichen Thematisierung und Regelung der gemeinsamen Angelegenheiten angeführten Gründe ist eine wesentliche Aufgabe der politischen Philosophie.

Die Methode der politischen Philosophie

Der politischen Philosophie stehen nach heute weitgeteilter Überzeugung keine anderen und sichereren Grundlagen zur Verfügung als die aufgeklärten Urteile von uns allen, die wir ja selbst alle Teilnehmer an politischen Praktiken sind. Unsere vielfältigen Wert- und Beurteilungsperspektiven liegen jedoch nicht so wohlgeordnet und klar vor uns, dass wir in einem unmittelbaren Rückgriff auf sie schon Begründungen und Kriterien angemessener politischer Praxis ableiten könnten. Die Herstellung inhaltlicher und begrifflicher Klarheit sowie die Aufklärung und Systematisierung unserer Intuitionen sind vielmehr ein mühsames Geschäft. Diese Überprüfung der Plausibilität von Gründen beginnt mit einer gewissen Ordnung, Abstraktion und Verallgemeinerung der Meinungen, Regeln und Prinzipien, auf die wir uns beziehen. Der Vorteil dieser Abstraktion besteht darin, dass dabei diejenigen Begründungselemente, die relativ allgemein und also offenbar für viele Personen relevant sind, von den eher unwichtigen Details geschieden werden, die partikularen Kontexten geschuldet sind.

Eine vorherrschende Strömung der gegenwärtigen politischen Philosophie folgt dabei einem von John Rawls entwickelten Verfahren: Demnach sollte die politische Philosophie für jedes Problem, das sich ihr stellt (z.B. die Frage nach den richtigen Prinzipien der Gerechtigkeit), jene relevanten, konkreten intuitiven Überzeugungen, basalen Ideen, akzeptierten Verfahren und allgemeinen Prinzipien ermitteln, die eine Person nach reiflicher Überlegung für überzeugend halten kann. Sodann sollten diese in einem Reflexionsprozess so lange miteinander abgeglichen werden, bis sich eine wohlerwogene und kohärente Konzeption (etwa der Gerechtigkeit) ergibt, die ein »Überlegungsgleichgewicht« zwischen bloßer Intuition oder Meinung einerseits und der Reflexion über ihre Gründe andererseits darstellt. Diese weitverbreitete Methode setzt sich auf der einen Seite vom Intuitionismus ab, der sich nur auf alltägliche Werturteile bezieht, und auf der anderen Seite von einem Fundamentalismus, der glaubt, alle Normen und Werte sozusagen freistehend aus grundlegendsten normativen Prinzipien ableiten, also etwa bestimmte Gebote der Gerechtigkeit *unmittelbar* (ohne erst auf Intuitionen reflektieren zu müssen) begründen zu können.

Normativen Überlegungen kann man, so die Quintessenz der Ausführungen in diesem Abschnitt, auch im Bereich der Politik nicht entgehen. Wir handeln – ob wir wollen oder nicht und ob wir uns dessen immer bewusst sind oder nicht – im politischen Bereich so, dass wir die Handlungen anderer und unsere eigenen durch Nachvollzug ihrer Gründe verstehen. Darüber hinaus neigen wir dazu, diese Gründe immer auch zu beurteilen, uns also wechselseitig zu kritisieren und zu rechtfertigen. Normative Urteile sind demnach bei jeder Form intentionalen Handelns im Bereich des Politischen unvermeidbar. Da Politik immer schon normative Urteile einschließt, ist die wissenschaftliche Analyse von Politik immer auch auf politische Philosophie im Sinne einer Reflexion der normativen Gründe im

Raum des Politischen angewiesen. Könnte politische Philosophie dazu nichts beitragen, verlöre sie ihre Funktion als Reflexions-, Orientierungs- und Kritikinstanz gegenüber der Politik, genauer: sowohl gegenüber den politischen Institutionen als auch gegenüber den Bürgern.

Abgrenzung der politischen Philosophie von ihren Nachbardisziplinen

Wie soeben gezeigt, versucht die politische Philosophie primär unter normativen Gesichtspunkten Fragen nach der Begründbarkeit und Struktur der Bedingungen menschlichen Zusammenlebens zu klären. Damit unterscheidet sie sich von anderen, angrenzenden und teilweise überlappenden Arten der wissenschaftlichen Reflexion der Politik.

7 *Deskriptive und normative Theorien*

(1) Deskriptive Theorien der Politik geben eine Antwort auf die Frage, wie Politik faktisch funktioniert.
(2) Normative Theorien der Politik geben eine Antwort auf die Frage, wie Politik funktionieren sollte.

Deskriptive Theorien treffen Aussagen darüber, was der Fall ist und warum es der Fall ist. Normative Theorien formulieren hingegen Aussagen darüber, was der Fall sein sollte und warum dies der Fall sein sollte. Dem liegt die – vor allem von David Hume betonte – Unterscheidung und Trennung von deskriptiv beschreibbaren Fakten und normativ zu beurteilenden Werten zugrunde.

In ihrer normativen Ausrichtung unterscheidet sich die politische Philosophie grundlegend von deskriptiven Untersuchungen politischer Phänomene, wie sie zum großen Teil in den Politikwissenschaften und angrenzenden Disziplinen wie der politischen Soziologie oder Anthropologie vorgenommen werden. Diese anderen Wissenschaften untersuchen empirisch, was Menschen für politisch und unpolitisch halten, wie sie diesbezüglich urteilen, erleben und handeln, welche kulturellen, kontextuellen und individuellen Unterschiede dabei zum Tragen kommen und welche Konflikte hier entstehen, mit welchen Mitteln diese Konflikte wie gelöst werden, wie stabil diese Lösungen sind usw. Der empirische Zweig der Analyse von Politik unterscheidet sich vom normativen wesentlich darin, dass es darum geht herauszufinden, was der Fall ist, und nicht, was der Fall sein sollte.

Im Unterschied dazu handelt es sich bei der normativen Untersuchung von Politik um ein bewertendes, evaluatives und unter Umständen auch vorschreibendes, präskriptives Unterfangen. Gesucht werden Antworten auf normative Fragen sowie angemessene Maßstäbe für Handlungen, Entscheidungen und Institutionen im Kontext der öffentlichen Thematisierung und Regelung der gemeinsamen Angelegenheiten.

Methodisch arbeitet die politische Philosophie vor allem mit den argumentativen Mitteln geltungsorientierter Philosophie. Von der eher sozialwissenschaftlich operierenden Politik*wissenschaft* unterscheidet sie sich – eben als politische *Philosophie* – also nicht so sehr durch ihre Untersuchungsgegenstände als vielmehr durch die für sie charakteristische normative Orientierung und geisteswissenschaftliche Methodologie.

Trotz dieser einigermaßen deutlichen Differenz zwischen deskriptiver Politikwissenschaft und normativer politischer Philosophie kann man sich fragen, ob und, wenn ja, wie sich beide sinnvoll ergänzen könnten und womöglich auch aufeinander verwiesen sind. Die klarste Verbindung von Politikwissenschaft und politischer Philosophie ergibt sich daraus, dass die öffentliche Thematisierung und Regelung der gemeinsamen Angelegenheiten, vor allem in Form allgemeinverbindlicher Entscheidungen, ein gemeinsames Verständnis der Situation, der Probleme und der Lösungsoptionen bei den Beteiligten voraussetzt. Damit sich ein solches gemeinsames Verständnis der Bürgerinnen und Bürger herausbilden kann, bedarf es zuallererst eines gewissen deskriptiven und kausalen Faktenwissens (hierin liegt eine Zuständigkeit der Politikwissenschaft), dessen Interpretation allerdings zugleich auch – und dazu kann politische Philosophie mit ihrer Reflexion über allgemeine Gründe beitragen – zumindest zu einem gewissen Grad von allen geteilt werden muss.

Zudem impliziert Sollen Können. Anders gesagt: Nur das kann sinnvoll normativ vorgeschrieben werden, was auch realistischerweise verwirklicht werden kann. Eine normative politische Philosophie muss deshalb genug empirisches Wissen über die in einer bestimmten Situation faktisch bestehenden Möglichkeitsräume für politisches Handeln besitzen, wenn sie herrschende Verhältnisse verstehen und kritisch beurteilen, ihre Veränderungsmöglichkeiten einschätzen und Alternativen auch sozialwissenschaftlich ermitteln und bewerten will. Deshalb ist die normative politische Philosophie arbeitsteilig auf die deskriptive Politikwissenschaft, aber auch auf Soziologie, Ökonomie und andere Disziplinen angewiesen, in denen politisches Handeln und seine Effekte thematisiert werden.

8 *Moralphilosophie und politische Philosophie*

(1) Die Moralphilosophie zielt auf die Bewertung des Handelns von Individuen.
(2) Die politische Philosophie zielt auf die Thematisierung und Regelung der gemeinsamen Angelegenheiten.

Als *politische* Philosophie unterscheidet sich diese Unterdisziplin aber nicht nur von der deskriptiven Politikwissenschaft, sondern auch von der philosophischen Befassung mit anderen Gegenstandsbereichen wie der Moral und dem Recht. Im Unterschied zu der ebenfalls normativ orientierten Moralphilosophie und Ethik, in denen es primär um die Bewertung des Handelns von Individuen geht, richtet sich der Fokus der politischen Philosophie auf die Regeln des Zusammenlebens. Sie konzentriert sich auf die Begründung jener Normen, die die Thematisierung und Regelung der *gemeinsamen* Angelegenheiten auf der Ebene des Gemeinwesens betreffen, vor allem auf allgemeinverbindliche Regelungen mittels öffentlicher Institutionen und expliziter, sanktionsbewährter Normen. Oft wird politische Philosophie entsprechend als angewandte Moralphilosophie oder als Teilbereich der Moralphilosophie verstanden, der spezifisch auf Institutionen und kollektives Handeln bezogen ist. Dabei können in den unterschiedlichen Bereichen der Moral und des Politischen aufgrund der verschiedenen Kontexte durchaus auch unterschiedliche Normen gelten. Diesem Verständnis zufolge liefert die Moralphilosophie der politischen Philosophie ihre grundlegenden Kategorien und bestimmt ihre Grenzen.

Diese moralische Auffassung politischer Philosophie wird von zwei Seiten angegriffen, die sich gegen das vermeintliche Primat der Moral wenden und sich stattdessen für die Autonomie des Politischen einsetzen.

Der einen Seite der Kritik liegt die (oben schon angeführte) »realistische« Auffassung politischen Handelns als Kampf um Macht zugrunde. Nach dieser realistischen Auffassung sollte man einsehen, dass politisches Handeln oft gar nichts mit der Anwendung moralischer Regeln zu tun hat und auch nicht zu tun haben sollte. Moral und Politik werden aus dieser Perspektive also als gänzlich unterschiedliche Gegenstandsbereiche aufgefasst.

Die andere Seite der Kritik hingegen versteht, anders als die realistische Auffassung und zusammen mit der moralischen Auffassung, die politische Philosophie durchaus als normativ: Politik und Moral sind nicht *vollkommen* voneinander verschieden. Allerdings darf politische Philosophie diesem Verständnis zufolge auch nicht bloß als angewandte Moralphilosophie begriffen werden: Man darf nicht mit normativen Prinzipien beginnen und diese auf das Feld der Politik nur noch anzuwenden versuchen. Vielmehr muss man mit einem realistischen Verständnis der Bedingungen politischen Handelns ansetzen, das bestimmt ist durch Uneinigkeit, Konflikt, Autorität und Macht. Menschen haben demnach *unterschiedliche* Interessen und unterschiedliche normative Auffassungen sowohl vom guten Leben als auch von Moral. Um die aus dieser Uneinigkeit stets drohenden Konflikte einzuhegen, bedarf es allerdings der Autorität, die mit Mitteln des positiven Rechts und der Macht verbindliche Regelungen des gemeinsamen Zusammenlebens festlegen kann. Aus dieser Sicht geht es der politischen Philosophie also nicht um die Verwirklichung bestimmter vermeintlich allgemeiner, unumstrittener Normen, sondern darum, unter Bedingungen real existierender *Uneinigkeit* spezifisch *politische* Problemlösungen in Form von rechtfertigbaren, verbindlichen Regelungen zu finden.

Versteht man politische Philosophie normativ, ist nicht nur ihr Übergang zur Moralphilosophie, sondern außerdem der Übergang zur Rechtsphilosophie sowie zur Sozialphilosophie fließend. Letztere haben (mit sozialen bzw. rechtlichen Praktiken und Institutionen) ein enger gefasstes Themenfeld und sind stärker deskriptiv-analytisch ausgerichtet. So beschäftigt sich die Sozialphilosophie mit der Struktur der sozialen Wirklichkeit und der kollektiven Praktiken und Institutionen, aus denen diese besteht. Die Rechtsphilosophie wiederum analysiert Fragen der Legitimität von Rechtsordnungen, Quellen und Bestandteile des

Rechts sowie Prinzipien der einzelnen Rechtsbereiche wie etwa die des Strafrechts. Da soziale, rechtliche und politische Praktiken und Institutionen in einem offensichtlichen Wechselverhältnis stehen, können auch politische, Rechts- und Sozialphilosophie von einer stärkeren Verschränkung profitieren.

Die Aufgaben der politischen Philosophie

Da es der politischen Philosophie wesentlich um die Analyse der Gründe für die öffentliche Regelung der gemeinsamen Angelegenheiten eines Gemeinwesens durch allgemeinverbindliche Entscheidungen geht, strebt sie eine grundlegende Klärung (1) der basalen Normen, Werte und Prinzipien (Freiheit, Gleichheit, Solidarität, Gerechtigkeit, Demokratie, Menschenwürde etc.), (2) der Arrangements der politischen und sozialen Institutionen (Staat, Recht, Verfassung, Wirtschaftssystem, Familie etc.) und (3) der konkreten politischen Prozesse und Akteure sowie substantieller politischer Programme an, wobei sie vor allem die Legitimität und damit die Begründbarkeit der auf diesen drei Ebenen der Politik erhobenen Ansprüche untersucht.

Zu den wesentlichen Aufgaben der politischen Philosophie in der Gesellschaft können demnach im Anschluss an John Rawls die folgenden gezählt werden:

9 *Vier Aufgaben der politischen Philosophie*

(1) *Klärung* der Legitimitätsbedingungen politischer, also allgemeinverbindlicher Regelungen
(2) Bestimmung der politischen und sozialen Zwecke der gesellschaftlichen Institutionen und in diesem Sinne *Orientierung* der politischen Praxis

(3) Einschätzung der Rationalität der politischen Ordnung und der Institutionen zum Zwecke der *Rechtfertigung* und der *Kritik*
(4) *Sondierung politisch-praktischer Möglichkeiten* der Weiterentwicklung und Veränderung

Es könnte so aussehen, als stünden diese Aufgaben der politischen Philosophie in einem Spannungsverhältnis zueinander, wenn nicht gar im Widerspruch zu dem grundlegenden Recht der Bürgerinnen und Bürger auf eine eigenständige und autoritative demokratische Willensbildung. Vorausgesetzt, dass die Frage nach den Gründen und die Kritik bestimmter Regelungen der gemeinsamen Angelegenheiten den philosophischen Experten vorbehalten wäre: Welche Rolle bliebe dann noch den Bürgern selbst bei der politischen Gestaltung ihres Gemeinwesens? Auch wenn diese Frage unter dem Stichwort »Demokratie« noch ausführlicher zu erörtern ist (vgl. 4.3.), so sei schon hier darauf verwiesen, dass die normativen Überzeugungen der Bürger zum einen in das weite Überlegungsgleichgewicht einfließen und somit bereits in der philosophischen Theoriebildung berücksichtigt werden. Zum anderen ist heute niemand mehr der Meinung, dass Philosophen (wie in Platons *Staat*) aufgrund der ihnen zugeschriebenen Weisheit wie Könige regieren sollten. Ihrem bescheideneren demokratischen Selbstverständnis zufolge kann die politische Philosophie der Gemeinschaft nur Vorschläge machen, die diese, wenn sie denn gut begründet sind, in ihren Beratungen zwar berücksichtigen sollte, dann aber natürlich anzunehmen oder abzulehnen befugt ist. Die normativen Beiträge der politischen Philosophie richten sich an Bürger, die nicht immer der gleichen Meinung sind, die ihr soziales und politisches Zusammenleben aber friedlich und gerecht regeln wollen. Einen anderen Bezugspunkt als die Fachöffentlichkeit sowie die demokratische Gesellschaft, in der sie angesiedelt ist, hat die politische Philosophie nicht. Deshalb sollte sie auch wachsam gegenüber expertokratischen Tendenzen und kritisch gegenüber dem Glauben sein, philosophische Gültigkeit impliziere schon politische Autorität oder Implementationsfähigkeit. In der demokratischen Öffentlichkeit ist die – alles andere als einheitliche – Stimme der politischen Philosophie nur eine unter anderen.

Zusammengefasst kann man sagen:

10 *Was leistet die politische Philosophie?*

Der politischen Philosophie kommt die Aufgabe zu, die politische Praxis verstehend zu analysieren, politische Argumente rational zu rekonstruieren, mittels dieser eine Kritik bestehender Verhältnisse zu ermöglichen und begründete Vorschläge für die bessere Gestaltung der öffentlichen Ordnung zu machen.

2. Der Naturzustand und die anarchistische Herausforderung – zur Rechtfertigung politischer Herrschaft

Seit Beginn der Neuzeit gilt die Frage der Rechtfertigung politischer Ordnung bzw. der Legitimität politischer Herrschaft gemeinhin als die erste und wichtigste Frage der politischen Philosophie. In Reaktion auf die Herausforderung durch anarchistische Positionen, die grundsätzlich die Illegitimität jeder Form politischer Herrschaft behaupten, haben zahlreiche Philosophen immer wieder neu zu begründen versucht, warum ein Staat notwendig oder wünschenswert ist. Die klassische Begründungsstrategie der sogenannten Vertragstheorie (auch Kontraktualismus genannt) will zeigen, dass es im Interesse aller bzw. moralisch oder vernunftmäßig geboten ist, statt in einem (hypothetisch angenommenen) anarchistischen, d.h. staats- und rechtsfreien Naturzustand in einem geordneten politischen Gemeinwesen bzw. Staat zu leben. Allein eine staatliche Rechtsordnung vermag die innere und äußere Sicherheit und Interessenbefriedigung (Hobbes), Freiheit, Grundrechte und Eigentum (Locke), Autonomie (Rousseau) und wiederum rechtsstaatliche Freiheitsgrundrechte (Kant) zu gewährleisten. Politische Herrschaft ist dieser Vorstellung zufolge dann gerechtfertigt, wenn die ihr Unterworfenen ihr im Rahmen eines Vertrags zustimmen oder vernünftigerweise zustimmen könnten. Aufgrund dieser Bezugnahme auf einen (fiktiven, vorgestellten) Vertrag wird dieser Ansatz wie gesagt als »Vertragstheorie« bzw. »Kontraktualismus« bezeichnet. Sowohl die Vertragstheorie als auch der Anarchismus gehen in ihrer vorherrschenden Form methodisch wie normativ vom einzelnen Individuum und seiner Freiheit aus. Die freie Zustimmung des Individuums stellt den letzten unhintergehbaren

Bezugspunkt der philosophischen Rechtfertigung und die entscheidende Quelle politischer Legitimität dar. Damit wird die Freiheit des einzelnen zum Leitwert der politischen Philosophie – umstritten ist allerdings, was aus ihr folgt.

In diesem Kapitel wird zunächst dieses Grundproblem der politischen Philosophie exemplarisch im Zusammenhang mit der Debatte von Vertragstheorie und Anarchismus näher behandelt: Was steht bei Versuchen, Herrschaft zu rechtfertigen, aber auch bei der Ablehnung jeglicher Form von politischer Herrschaft auf dem Spiel? Wo liegen die argumentativen und normativen Schwachpunkte sowohl von theoretischen Positionen, die die Legitimation bestimmter politischer Strukturen nachweisen wollen, als auch von anarchistischen Gegenpositionen (2.1.)? Daran anschließend werden die klassischen Vertreter der Vertragstheorie (Hobbes, Locke, Rousseau, Kant) diskutiert. Ihre Argumentationen beeinflussen die philosophischen Debatten bis weit in die Gegenwart hinein (2.2.). In der jüngeren Diskussion wurde an die vertragstheoretische Argumentation insbesondere von John Rawls und Robert Nozick angeknüpft. Das in der Politik sehr einflussreiche Paradigma des Utilitarismus lässt sich in gewisser Hinsicht als verwandte Alternative zum vertragstheoretischen Grundgedanken verstehen, die die Legitimität von Herrschaft zwar nicht an die Zustimmung der ihr untergebenen Individuen zurückbindet, wohl aber an den größten gemeinsamen Nutzen aller von ihr betroffenen Individuen. Beide, die jüngeren Varianten der Vertragstheorie und der politiktheoretische Utilitarismus, werden im letzten Teil dieses Kapitels kurz vorgestellt (2.3.).

Vertragstheorie und Utilitarismus gehören einer im weitesten Sinn liberalen Theoriefamilie an. Das Charakteristikum aller liberalen Auffassungen vom legitimen Staat ist der Schutz von Gleichheit und Freiheit als grundlegenden Werten durch Rechte. Zentral im Liberalismus ist die herausgehobene Bedeutung des Individuums, das mit seiner Autonomie bzw. Selbstbestimmung als letzter unhintergehbarer Bezugspunkt aller politisch-moralischen Legitimität gilt. Der Zusammenschluss von Individuen ist im Liberalismus entsprechend eigentlich nur als begründeter, freiwilliger Zusammenschluss von einzelnen zu einer Gesellschaft legitim. Weil der Liberalismus die gegenwärtig dominanteste Strategie der Begründung von politischer Herrschaft darstellt, wird hier mit dem Liberalismus begonnen. Im anschließenden Kapitel werden die Kritik am Liberalismus und die meistdiskutierten Alternativen vorgestellt.

2.1. Das Grundproblem

Unter welchen Bedingungen ist Herrschaft – also der Anspruch einer Autorität, dass ihre Adressaten auf ihre Forderungen mit Gehorsam reagieren – legitim? Wird nach den Bedingungen legitimer Herrschaft gefragt, so geht es nicht darum, zu bestimmen, was benötigt wird, damit jemand *de facto* andere zum Rechtsgehorsam zwingen *kann*, sondern darum, zu ermitteln, unter welchen Bedingungen jemandem *de jure* die Autorität oder das *Recht* zukommt, bindendes Recht zu setzen, anzuwenden und durchzusetzen, mit anderen Worten: unter welchen Bedingungen jemand regieren *darf*. Wer rechtmäßig regiert, der hat ein *Recht* auf den Gehorsam der Regierten – und diese unterliegen im Umkehrschluss einer *Pflicht* zum Rechtsgehorsam, der Pflicht, sich deshalb an die Gesetze zu halten, weil es die Gesetze sind.

Eine der konsequentesten Strategien, eine solche Pflicht zum Rechtsgehorsam zu begründen, stellt wie bereits erwähnt die Vertragstheorie dar. Die Vertragstheorie nimmt ihren Ausgang von der Gegenüberstellung von Naturzustand – einem fiktiven Zustand vor jeder staatlichen Regulierung – und Staatszustand. Sie begründet die Notwendigkeit und Legitimität staatlicher Autorität damit, dass der Naturzustand signifikant schlechter als jeder Staatszustand sei: Die Betroffenen selbst würden sich, vor eine entsprechende Wahl gestellt, vernünftigerweise dazu bereitfinden, die Freiheit eines jeden durch einen Vertrag zu beschränken, mit dem eine staatliche Instanz eingesetzt wird. Die Rechtfertigung staatlicher Gewalt hat im Kontraktualismus allgemein die folgende Struktur:

11 *Rechtfertigung staatlicher Gewalt im Kontraktualismus*

Prämisse (1): Menschen haben ein Recht darauf, in Frieden und Freiheit zu leben, wenn sie niemandem etwas zuleide tun.
Prämisse (2): Man kann nicht damit rechnen, dass alle Menschen dieses Recht aller anderen freiwillig respektieren, ohne jemals in Streit miteinander zu geraten.
Konklusion: Da nur eine staatliche Gewalt bzw. ein staatliches Gewaltmonopol dazu in der Lage ist, friedfertige Menschen zu schützen und Konflikten vorzubeugen bzw. sie geordnet zu schlichten, ist eine solche Gewalt bzw. ein solches Gewaltmonopol einzurichten.

Die *anarchistische Herausforderung* geht von dem Zweifel aus, ob diese Begründung von Autorität und legitimer Herrschaft gelingen kann. Diese Frage kann in drei Gestalten auftauchen:

a) Ist der Staatszustand tatsächlich besser als der Naturzustand?

b) Stellt der Staatszustand tatsächlich eine Überwindung des Naturzustands dar?
c) Gibt es andere Möglichkeiten der Überwindung des Naturzustands?

Je nachdem, wie die Antworten auf diese Fragen ausfallen, hat man es mit unterschiedlichen Spielarten des Anarchismus zu tun.

12 *Varianten des Anarchismus*

(1) *Positiver/politischer Anarchismus*: Entwurf einer alternativen Gesellschaftsordnung ohne staatliche Herrschaft, die in der politischen Praxis angestrebt werden soll
(2) *Negativer/philosophischer Anarchismus*: Kritik der Rechtfertigung staatlicher Herrschaft, ohne aus der Zurückweisung ihrer Legitimität direkte praktische Schlüsse zu ziehen
(3) *Individualistischer Anarchismus*: Annahme der Unvereinbarkeit der Freiheit des Individuums mit staatlicher Herrschaft
(4) *Sozialer/kommunitaristischer Anarchismus*: Annahme der Möglichkeit eines gemeinschaftlichen Zusammenlebens ohne staatliche Herrschaft

Ganz allgemein lassen sich *positive* und *negative* Varianten des Anarchismus unterscheiden, je nachdem, ob sie den positiven Gegenentwurf einer Gesellschaft ohne staatliche Herrschaft umfassen oder sich auf die Kritik staatlicher Herrschaft und ihrer Rechtfertigungsversuche beschränken, ohne selbst eine Alternative zu ihr zu präsentieren.

Zu den positiven Varianten zählen auch die Positionen (3) und (4): Der *individualistische* Anarchismus (wie ihn etwa Max Stirner und, allerdings mit negativer Intention, Robert Paul Wolff vertreten) geht von einem absoluten Freiheitsrecht der Individuen aus, das schlicht unvereinbar mit unfreiwilligen Bindungen, insbesondere aber mit der unfreiwilligen Unterwerfung unter Zwangsgesetze sei. Der *soziale bzw. kommunitaristische* Anarchismus (wie ihn etwa Lew Tolstoi, Michail Bakunin und der Anarchosyndikalismus vertreten) geht von der Möglichkeit eines zwangsfreien und kooperations- sowie solidaritätsbasierten Zusammenlebens in kleinen Gemeinschaften ohne starre Hierarchie und staatliche Herrschaft aus. Schließlich könnte man auch von einem *kommunistischen* Anarchismus sprechen, der für die Zeit nach der Überwindung der Klassengegensätze ein »Absterben des Staates« (als von der Gesellschaft vermeintlich unabhängiger Herrschaftsapparat) prognostiziert, an dessen Stelle dann eine freie Assoziation der Menschen trete (so etwa Karl Marx). Auf diese Weise sei ein Zusammenleben ohne Staatsapparat auch in größeren Gemeinschaften möglich.

Die Unterschiedlichkeit dieser Positionen macht bereits deutlich, dass es sich beim Anarchismus keineswegs (und zwar weder im politischen Denken noch in der politischen Praxis) um eine einheitliche Strömung handelt. Ultraliberale Tendenzen stehen konservativen und revolutionären Tendenzen gegenüber. Radikal sind diese verschiedenen Positionen jedoch darin, dass ihr Ziel nicht eine Reform, sondern die Abschaffung des Staates bzw. von Herrschaft überhaupt ist. Die Regelung des gemeinsamen Zusammenlebens unter Gleichen und Freien soll ohne Bezug auf mit Zwangsbefugnissen ausgestattete Herrschaftsapparate allein in konsensuellen Verfahren erfolgen. Als Beispiele hierfür werden von Anarchisten oft unter anderem Formen der Selbstorganisation der Arbeiter, etwa in Genossenschaften, angeführt.

Solche positiven Konzeptionen sehen sich allerdings mit zahlreichen Problemen konfrontiert, von denen hier drei genannt werden sollen. Sie scheinen (1) von unrealistischen Voraussetzungen auszugehen, denn entweder setzen sie auf der materiellen Seite einen Überfluss an notwendigen Gütern voraus, so dass bestimmte, einer staatlichen oder rechtlichen Regelung bedürftige Konflikte gar nicht mehr auftreten, oder sie hängen einer recht optimistischen Anthropologie an, die den Menschen zutraut, auf Dauer aus Solidarität und nicht eigeninteressiert zu handeln. Zumindest die kommunitaristische Vision kleiner anarchistischer Gemeinschaften scheint zudem das Ausmaß der (globalen) sozialen Interdependenz zu unterschätzen. Gegen die positiven Varianten des Anarchismus können (2) die Vorteile des Staates geltend gemacht und etwa auf die emanzipatorische Kraft der Verrechtlichung und die Rolle des Staates als notwendigen Garanten von Sicherheit und Gerechtigkeit verwiesen werden. Fallen diese politischen Rahmenbedingungen weg, dann herrscht letztlich nichts anderes als das Recht des Stärkeren. Zudem lassen die positiven Konzeptionen (3) meist völlig offen, wie der Übergang zum anarchistischen Zustand gestaltet werden soll. Verzichtet man dabei auf die geschichtsphilosophische Annahme eines automatischen Übergangs, stellt sich die Frage, ob dieser Übergang selbst gewalt- und zwanglos, rein durch Überzeugung eintreten kann oder ob er nicht erst aus einem gewaltsamen Kampf hervorgehen müsste.

Diese Probleme, auf die sich in der anarchistischen Tradition freilich auch verschiedene Antwortversuche finden, haben zur Herausbildung einer spezifisch *negativen* Variante des Anarchismus geführt, die häufig auch als *philosophischer Anarchismus* bezeichnet wird, um sie auf diese Weise von den eher politisch-programmatischen positiven Ansätzen abzugrenzen. Negativ ist diese Position vor allem deshalb, weil sie sich auf die Zurückweisung derjenigen Argumente beschränkt, die zur Rechtfertigung staatlicher Herrschaft gemeinhin angeführt werden. Zunächst gibt es den Vertretern dieser Position zufolge keinen moralischen Grund, der als solcher zum Gehorsam gegenüber dem Staat verpflichtet. Es gibt also keine moralische Pflicht zum Rechtsgehorsam bzw. keine genuin politische Verpflichtung. Daraus folgt ihres Erachtens aber umgekehrt keineswegs schon die moralische Pflicht, sich *gegen* den Staat zu wenden, vielleicht nicht einmal das Recht dazu. Ob es ein Recht oder gar eine Pflicht zur Beseitigung des Staates gibt, ist aus Sicht des philosophischen Anarchismus gerade unklar (insofern könnte man beim negativen auch von einem schwachen im Unterschied zu einem starken positiven Anarchismus sprechen, der, wie gesehen, die Abschaffung des Staates bzw. von Herrschaft überhaupt fordert).

Es wurde oben bereits darauf hingewiesen, dass Vertragstheorie und philosophischer Anarchismus in den Idealen der Autonomie und der Gleichheit der Individuen, im Ideal einer Gemeinschaft der Freien und Gleichen, eine gemeinsame normative Grundlage zu haben scheinen. Die Frage, um die sie sich streiten, ist also, inwiefern Freiheit und Gleichheit mit Autorität und Herrschaft vereinbar sind. Die Vertreter des Anarchismus sind der Ansicht, dass sie unvereinbar sind. Die Vertreter dieser Richtung unterscheiden sich allerdings darin, ob sie diese Unvereinbarkeit für notwendig oder für zufällig bzw. kontingent halten. In dieser Hinsicht kann man einen apriorischen von einem aposteriorischen Anarchismus unterscheiden: Während für letzteren staatliche Herrschaft in (allen bisherigen) empirischen Einzelfällen illegitim ist und nicht überzeugend begründet werden konnte, ist es für ersteren aus prinzipiellen bzw. begrifflichen Gründen ausgeschlossen, dass es so etwas wie legitime Herrschaft oder eine kohärente Begründung staatlicher Autorität geben kann.

Im folgenden wird an drei prominenten Argumenten für die Gehorsamspflicht (die sich mehr oder weniger explizit auch in den vertragstheoretischen Begründungen von Herrschaft, auf die später genauer eingegangen wird, wiederfinden lassen) exemplarisch verdeutlicht, welche Einwände der negative Anarchismus gegen die Begründbarkeit von Herrschaft erhebt.

13 *Drei Argumente für die Gehorsamspflicht*

(1) *Naturrechtliches Argument*: Die Gehorsamspflicht ergibt sich aus natürlichen Pflichten.
(2) *Assoziatives Argument*: Die Gehorsamspflicht ergibt sich aus sozialen Rollen und Identitäten.
(3) *Transaktionsbasiertes Argument*: Die Gehorsamspflicht ergibt sich aus expliziter oder impliziter Zustimmung oder aus empfangenen Vorteilen.

Eine erste naturrechtliche Begründung rechtfertigt die Gehorsamspflicht gegenüber dem Staat damit, dass es normativ vorgelagerte natürliche Pflichten gebe – Pflichten, die allen Menschen als Menschen zukommen –, etwa die Pflicht zur Förderung oder Ermöglichung von Gerechtigkeit oder zur Sicherung gleicher Freiheit. Das Problem dieser Argumentation besteht darin, dass hier versucht wird, eine Pflicht zum Gehorsam gegenüber *spezifischen* Einzelstaaten aus Prinzipien abzuleiten, die *allgemeiner* Natur sind und nur eine Pflicht zur Förderung und Unterstützung gerechter Institutionen überhaupt – nicht unbedingt der Institutionen spezifischer Staaten – begründen können.

Eine zweite assoziative bzw. kommunitaristische Begründung für die Pflicht zum Gehorsam führt unsere faktische Mitgliedschaft in der sozialen und politischen Gemeinschaft sowie unsere sich aus dieser speisende Identität als Bürgerinnen und Bürger ebendieser Gemeinschaft an. Als echtes Mitglied einer Gemeinschaft sei man so in deren Wertvorstellungen verwurzelt, dass man sich verpflichtet fühlen müsse, diese Werte gemeinsam mit anderen zu verfolgen und deshalb einer Herrschaft, die dies zum Ziel habe, zu gehorchen. Hier stellt sich die Frage, warum sich aus faktischen Beziehungen und Identitäten moralische Verpflichtungen ergeben sollten.

Die dritte, transaktionsbasierte Begründung geht besonders deutlich auf die bereits erwähnte Vertragstheorie zurück und verweist auf das Kriterium der expliziten oder impliziten Zustimmung. Freiheit und Gleichheit auf der einen Seite und Herrschaft auf der anderen Seite seien durchaus miteinander vereinbar, nämlich dann, wenn die Zustimmung der Betroffenen vorliegt. Eine in freier Zustimmung begründete Herrschaft schränkt die Freiheit der Zustimmenden schließlich ebenso wenig ein wie ein freiwillig gegebenes Versprechen.

Wie aber lässt sich das vertragstheoretische Kriterium der Zustimmung genauer verstehen? Muss die geforderte Zustimmung explizit sein oder reicht eine implizite oder gar hypothetische Zustimmung aus? Es scheint offensichtlich, dass eine explizite Zustimmung der Herrschaftsunterworfenen nicht vorausgesetzt werden kann, denn im Normalfall wird man gar nicht gefragt, sondern einfach in eine politische Gemeinschaft hineingeboren (eine interessante Ausnahme stellt der Fall der freiwilligen Einwanderung dar). Angesichts dieses Problems haben zahlreiche politische Philosophen, unter ihnen John Locke, argumentiert, eine implizite Zustimmung sei ausreichend und liege schon dann vor, wenn man die Vorteile einer Gesellschaft genießt, sich an der politischen Praxis beteiligt oder auf Auswanderung verzichtet.

Aber würde diese angenommene implizite Zustimmung schon durch eine explizite Verweigerung der Zustimmung aufgehoben – und damit die Gehorsamspflicht gegenüber dem Staat als Ganzes hinfällig? Oder stünde man dann eben vor der Alternative, zu gehorchen oder den bisherigen Wohnsitz zu verlassen? Und wenn ja, wer hat das

Recht, einen vor eine solche Alternative zu stellen? Hume wendet diesbezüglich ein, dass derjenige, der ohne seine Zustimmung auf ein Schiff getragen worden sei, auf hoher See nicht einfach vor die Alternative Gehorsam oder »Auswanderung« (in dem Beispiel also ein Sprung über Bord) gestellt werden dürfe. Unter welchen Bedingungen zieht der Genuss von Vorteilen eine Verpflichtung nach sich? Muss ich die Vorteile nicht freiwillig und willentlich genießen, damit sie mich zum Gehorsam verpflichten? Angesichts dieser Probleme mit dem Kriterium der impliziten Zustimmung wird schließlich in transaktionsbasierten Argumenten für Herrschaft häufig die Position vertreten, eine hypothetische Zustimmung sei ausreichend; es müsse also nur die Frage beantwortet werden, ob hinreichend informierte und vernünftige Individuen der politischen Ordnung zustimmen *könnten*. Aber wie sollte uns eine hypothetische Zustimmung faktisch binden können?

Nehmen wir an, diese aussichtsreichsten Kandidaten für eine Begründung staatlicher Autorität scheitern tatsächlich, wie der philosophische Anarchismus zu zeigen beansprucht. Was wären dann die Konsequenzen? Können der Staat, seine Autorität und die entsprechende Gehorsamspflicht der Bürger ihm gegenüber nicht begründet werden, so ist der Zweifel des Anarchisten nicht ausgeräumt. Das hat weitreichende Konsequenzen: Alle existierenden staatlichen Ordnungen sind dann nämlich als illegitim zu betrachten. Ist ein Staat legitim, kommt ihm die Autorität zu, für seine Untertanen bindendes Recht zu setzen. Die Untertanen haben dementsprechend eine Gehorsamspflicht. Im Gegenzug haben die Untertanen illegitimer Staaten jedoch keine derartigen politischen Verpflichtungen, weil dem Staat nicht die notwendige Autorität zukommt.

Wie bereits angedeutet, folgt hieraus aber nicht, dass man das Recht oder gar die Pflicht hat, sich gegen die staatlichen Gesetze zu wenden. Denn selbst dann, wenn es keine (prinzipielle) Pflicht zum Rechtsgehorsam gibt, kann es (legitime oder normativ verbindliche) moralische und prudentielle (d.h. auf Klugheit beruhende) Gründe geben, sich an die Gesetze zu halten. Dass es keine politischen Pflichten gibt, bedeutet nämlich nicht, dass es keine nichtpolitischen, z.B. moralischen Pflichten geben kann, deren Inhalt mit den positiven Gesetzen zusammenfällt. Ein offensichtliches Beispiel hierfür ist das Tötungsverbot, ein anderes ist das Verbot, sich Leistungen zu erschleichen. Es gibt also ausschlaggebende moralische Gründe, sich an die entsprechenden Gesetze zu halten. Auch an die Straßenverkehrsordnung sollte man sich vermutlich aus Klugheitsgründen halten, selbst wenn man dem Staat die rechtmäßige Autorität abspricht, den Straßenverkehr für alle Bürger verbindlich zu regeln. In beiden Fällen – dem moralischen wie dem prudentiellen – sind die Untertanen aber nicht deshalb dazu verpflichtet, dem entsprechenden Rechtssatz zu folgen, *weil* es sich um staatlich gesetztes Recht handelt. Das Recht ist nicht als solches bindend, und dem Staat kommt nicht als solchem Autorität zu. Zumindest der philosophische, negative Anarchismus räumt allerdings ein, dass auch ein illegitimer Staat bestimmte Vorteile mit sich bringen kann, die moralisch signifikant sind und in die Überlegung, was man tun soll, Eingang finden müssen. Die Bürger sollten sich demnach durchaus auf eine bestimmte Weise »gesetzestreu« verhalten, und zwar nicht allein deshalb, weil es das Recht fordert, sondern weil es moralisch gefordert oder klug ist. Solange es diese unabhängigen Gründe zur Befolgung der Gesetze gibt, folgt aus dem philosophischen Anarchismus praktisch tatsächlich nichts – philosophisch aber eben doch einiges. Die Gesetze werden dann nämlich nicht mehr, wie es die Idee der Autorität verlangt, unabhängig von ihrem Inhalt (allein aufgrund ihrer Quelle) und daher bedingungslos befolgt, sondern gerade aufgrund und nach *Prüfung* ihres Inhalts. Um sich diesen Unterschied klarzumachen, reicht es vermutlich, sich die Reaktion eines Richters oder eines Polizisten vorzustellen, dem mitgeteilt wird, man müsse sich zunächst ein Bild über die moralische oder prudentielle Begründbarkeit des entsprechenden Gesetzes machen, bevor die Frage geklärt werden könne, ob ein zu ahndender Verstoß vorliegt.

Zusammenfassend ist festzuhalten, dass die Begründung staatlicher Autorität vor einigen gravierenden Schwierigkeiten steht. Auch von denjenigen, die an der Begründbarkeit einer Gehorsamspflicht festhalten, wird diese Pflicht heute meist nicht mehr als unbedingte gefasst, sondern an die Bedingung geknüpft, dass zugleich auch Herrschaft selbst sich verpflichte und etwa an prozedurale und substantielle Kriterien (Demokratie, Menschenrechte etc.) gebunden werde. Die Pflicht zum Gehorsam wird damit zu einer Prima-facie-Pflicht: Unter bestimmten Umständen kann sie durch gewichtigere moralische Überlegungen außer Kraft gesetzt und ein Recht zum Ungehorsam oder gar Widerstand begründet werden.

Nach dieser kurzen Übersicht darüber, was ganz allgemein auf dem Spiel steht, wenn die Frage nach der Legitimität von Herrschaft beantwortet werden soll, wendet sich der folgende Teil eingehender der vertragstheoretischen Begründung von Herrschaft zu, auf die wir bereits exemplarisch Bezug genommen haben.

2.2. Die Idee des Gesellschaftsvertrags

Die allgemeine Idee des Gesellschaftsvertrags

Die Vertragstheorien gelten als die klassische Antwort der politischen Philosophie auf die anarchistische Herausforderung bzw. auf die Frage, ob und, wenn ja, unter welchen Bedingungen Herrschaft legitim ist.

14 *Definition »Vertragstheorien«*

Als »(Gesellschafts-)Vertragstheorien« bezeichnet man Konzeptionen von legitimer politischer Herrschaft, die die politischen Prinzipien der institutionellen gesellschaftlichen Ordnung als Ergebnis eines (meist hypothetischen) Vertrags begründen, den freie und gleiche Individuen in einem wohldefinierten (fiktiven) Ausgangszustand geschlossen haben.

Dahinter steht eine Zurückweisung von traditionalistischen, religiösen oder metaphysischen Vorgaben für die politische Ordnung. Eine Abkehr von solchen Vorgaben begann in Europa spätestens mit der Aufklärung im 18. Jahrhundert. Weder eine göttliche noch irgendeine faktisch herrschende Autorität (wie beispielsweise Monarchie, Aristokratie oder Oligarchie, d.h. die Herrschaft einer kleineren Gruppe) noch eine als natürlich oder objektiv angenommene soziale Werteordnung können demnach die politische Ordnung vorgeben. Denn bei allen drei angeblichen Quellen der Begründung staatlicher Autorität kann man immer noch zurückfragen: Warum sollten die der Herrschaft Unterworfenen den Willen Gottes oder des faktischen Herrschers oder die natürliche Ordnung als bindend anerkennen?

Anstatt sich einer gegebenen metaphysischen, faktischen oder natürlichen Ordnung zu unterwerfen, verstehen sich die Bürgerinnen und Bürger unter Bedingungen der Moderne so, dass sie ihre politische Ordnung selbst gestalten dürfen und müssen. Deren Begründung kann sich darum letztlich nur auf die Interessen, Rechte oder Glücks- und Wertevorstellungen der betroffenen Individuen beziehen.

Der fundamentale Bezugspunkt der kontraktualistischen Argumentation ist also das moderne, autonome Individuum. Als Ursprung staatlicher und moralischer Legitimität und als letzter Maßstab jeder normativen Ordnung gilt demnach die freie Person. Die unterstellte Freiheit ist dabei die Freiheit des Menschen in seiner Eigenschaft als sich selbst bestimmende Person, nicht die Freiheit von politischem Zwang. Diese personale Freiheit wird im schwachen Sinn als Handlungs- und Willkürfreiheit verstanden, nicht auch im Sinne innerer Autonomie, die alle heteronomen Beweggründe ausschließt. Zugleich darf aus vertragstheoretischer Perspektive kein Individuum im Zuge der Begründung der politischen Ordnung mehr Rechte gegenüber anderen oder höhere Einsichten für sich beanspruchen: Alle Individuen sind rechtfertigungstheoretisch als gleichberechtigt anzusehen. Die Bürgerinnen und Bürger haben sich bei der Wahl ihrer politischen Ordnung daher wechselseitig als frei und gleich anzuerkennen.

Die Normen des Zusammenlebens sind das zu Legitimierende, und die freie Person ist der Legitimationsgrund. Daher gilt in allen Vertragstheorien die allgemeine Zustimmungsfähigkeit, also die *rationale* Übereinkunft ihrer Adressaten, d.h. der vernünftigerweise unterstellbare Konsens aller der politischen Ordnung Unterworfenen als grundlegendes Kriterium der Gültigkeit bzw. Legitimität der politischen Ordnung.

15 *Rechtfertigung der Freiheitsbeschränkung*

Mit Hilfe des Vertragsgedankens soll die Frage beantwortet werden, wie es sich rechtfertigen lässt, die Freiheit der Menschen durch Normen zu beschränken.

Das zentrale Argument der Rechtfertigung dabei ist: Die Betroffenen selbst würden sich, vor eine entsprechende Wahl gestellt, vernünftigerweise dazu bereitfinden, die Freiheit eines jeden, also auch ihre eigene, durch einen Vertrag zu beschränken, sofern sich alle an diesen Vertrag halten. Die durch den Vertrag geregelten Verhältnisse (sei es die politische Ordnung, die staatliche Herrschaft, eine Rechtsordnung oder eine Verfassung, gesellschaftliche Institutionen und Wirtschaftsformen, Prinzipien der sozialen, politischen und ökonomischen Gerechtigkeit oder auch moralische Regeln) müssen plausiblerweise als etwas dargestellt werden können, auf das sich die einzelnen Betroffenen selbst unter bestimmten, wohldefinierten und allgemein akzeptierten Bedingungen (vor allem Freiheit und Gleichheit aller) vernünftigerweise einigen könnten, so dass sie diesbezüglich einen Vertrag schließen oder schließen könnten. Jeder muss freiwillig zustimmen können, denn es handelt sich um eine freie Selbstbeschränkung der Individuen.

Der argumentative Rekurs auf den Gedanken eines Vertrags ist nötig, weil bei der Begründung von Moral und Politik ein *direkter* Rückgriff auf das Eigeninteresse misslingen muss. Wenn Moral und Politik im rationalen Eigeninteresse lägen, dann hätten alle ein sie überzeugendes, ›zwingendes‹ Motiv, sich an die gemeinsamen Regeln zu halten. Das würde bedeuten, dass die Normenbegründung direkt zweckrational möglich wäre. Die Regeln der Politik oder Moral würden sich aus der optimalen Verfolgung der eigenen subjektiven, rationalen Interessen ergeben. Diese Auffassung, dass Individuen rationalerweise ihre subjektiven Zwecke mit den besten Mitteln optimal zu erreichen suchen sollten, wird in der Tat häufig vertreten – einige Theorien, vor allem im Bereich der Ökonomie, bedienen sich sogar ausschließlich dieser instrumentellen Rationalitätskonzeption. Die Geltung einer allgemeinverbindlichen politischen oder moralischen Norm kann jedoch nicht im *direkten* Rückgriff auf das Eigeninteresse und dessen zweckrationale Erreichung begründet werden. Denn wenn das subjektive Eigeninteresse aller Individuen und die zu begründende Norm harmonieren würden, bedürfte es gar keiner Normenbegründung. Die Individuen würden der Norm schon aus egoistischem Interesse folgen; Vorschriften wären überflüssig. Damit wäre man wieder bei der Auffassung des Anarchismus angelangt, dass politische Autorität, die Menschen durch Vorschriften politisch verpflichten kann, überflüssig und normativ nicht zu rechtfertigen sei. Die Gegner des Anarchismus halten hingegen unter den gegebenen Bedingungen staatlichen Zwang und politische Autorität für unvermeidlich. Demnach bedarf es der Normen zur Regulierung der sozialen Praxis und einer politischen Ordnung, die die eigene Handlungsfreiheit einschränkt. Dabei widersprechen sich Eigeninteresse und soziale Forderungen häufig zunächst einmal. Eine Norm zu akzeptieren bedeutet, ihrer Geltung zuzustimmen, *obwohl* man damit einen Teil der nicht regulierten Freiheit, seinen Eigeninteressen zu folgen, aufgibt.

Um den Widerstreit von kurzfristigen und langfristigen Interessen an einem gemeinsamen, für alle vorteilhaften Zusammenleben zu lösen – so der vertragstheoretische Grundgedanke –, binden wir uns mittels Verträgen an ein gemeinsames Ziel und stellen ein entsprechendes Verhalten mittels Sanktionen im Fall einer Vertragsverletzung sicher, auch wenn dies unseren unmittelbaren Freiheitsinteressen widersprechen mag. Vertragstheorien versuchen daher, die Forderungen der Normbefolgung *indirekt* mit Bezug auf die Kooperationsinteressen der Betroffenen, die in einem hypothetischen Vertrag geregelt werden, zu rechtfertigen. Die Selbstbindung ist also der normative Kern dieser Begründungsfigur. Die Begründung für das Gelingen dieser Selbstbindung – für die freiwillige Einschränkung der eigenen Handlungsfreiheit – folgt in den verschiedenen Ausprägungen der Vertragstheorie immer wieder dem gleichen Muster:

(1) Der Zustand der Vertragslosigkeit (auch Naturzustand genannt), in dem jeder seine eigenen Zwecke mit den ihm recht scheinenden Mitteln verfolgt, ist für alle untragbar. Das uneingeschränkte Selbstinteresse aller führt zu einem gesellschaftlichen Zustand, in dem mittelbar – beispielsweise aufgrund von Konflikten und notorischer Unsicherheit – die Interessenbefriedigung für alle suboptimal bleibt.

(2) Dieser Nachteil des Naturzustands wird behoben, indem jeder eine Einschränkung seiner Freiheit auf sich nimmt. Der Vertrag ist die ursprüngliche Vereinbarung zwischen freien Menschen.

Staatliche Herrschaft erhält ihre Rechtfertigung durch die *Zustimmung aller* Betroffenen. Meist wird bei diesem anspruchsvollen Begründungsversuch kein realer Vertrag, sondern nur ein fiktiver, hypothetischer zugrunde gelegt. Ein Vertrag, der der abstrakten Rechtfertigung von Normen und Institutionen dienen soll, kann nur ein hypothetischer Vertrag sein, da die vertragliche Vereinbarung alle Beteiligten verpflichten soll und daher gegenüber allen gerechtfertigt werden muss. Die Rechtfertigung soll – wie oben erwähnt – darin bestehen, dass alle dem Vertrag zustimmen (können) müssen, indem sich ein jeder zu jeder Zeit in die ursprüngliche Vertragssituation versetzen und sich überlegen kann, ob er (und jeder andere) dem Vertrag zustimmen sollte oder nicht. Nur in einem hypothetischen Verfahren kommt allen diese Möglichkeit zu, an der Vertragsschließung teilzunehmen. Die Behauptung lautet dann, dass diejenigen Prinzipien, die in einer solchen hypothetischen Vertragssituation von allen Beteiligten rational gewählt würden, gültige normative Prinzipien sind.

Klassische Varianten des Kontraktualismus

Die zentralen Elemente dieser begründungstheoretischen Grundfigur, vor allem die Konzeptionen des Naturzustands, des Vertrags sowie des durch den Vertrag entstehenden Staates, werden bei den nun in aller Kürze vorzustellenden Klassikern der Gesellschaftsvertragstheorie unterschiedlich ausgearbeitet. Das Gesellschaftsvertragsmotiv findet sich schon in der Antike, vor allem bei den Sophisten, etwa bei Thrasymachos in Platons Dialog *Der Staat*. Doch erst in der neuzeitlichen Philosophie kristallisiert sich der Gesellschaftsvertragsgedanke insbesondere bei vier Denkern heraus, nämlich bei Thomas Hobbes, John Locke, Jean-Jacques Rousseau und Immanuel Kant. Nach dieser Blüte der Vertragstheorie fand sie eine Zeitlang wenig Beachtung, bis sie dann bei der Formulierung eines zeitgenössischen Liberalismus im 20. Jahrhundert von John Rawls, Robert Nozick und anderen in veränderter Form reaktualisiert wurde. Die kontraktualistischen Theorien dieser Hauptfiguren der politischen Philosophie sollen im folgenden in chronologischer Abfolge kurz vorgestellt werden, um auf diese Weise alle relevanten Varianten des Gesellschaftsvertragsgedankens zu verdeutlichen.

Hobbes

Thomas Hobbes (1588–1679) gilt allgemein als Begründer der politischen Philosophie der Neuzeit. Sein Denken bleibt bis in unsere Gegenwart wirkmächtig und in seinen Kerngehalten nach wie vor aktuell. Hobbes hat die Begründungsfigur des Gesellschaftsvertrags in seinem Hauptwerk *Leviathan* (1651) als erster zur Legitimation des Staates und seiner Zwangsgewalt eingesetzt. Als hypothetischen Ausgangszustand nimmt seine Theorie einen anarchischen Naturzustand an, in dem es noch keinen Staat, keine politische Herrschaft oder Regierung und keine durchsetzbaren allgemeinverbindlichen moralischen oder politischen Regeln gibt. In diesem Zustand kommt jedem das natürliche Recht auf Selbsterhaltung zu. Da Hobbes zufolge jeder selbst zu entscheiden befugt ist, was er zu seiner Selbsterhaltung zu tun hat, führt dies zum Recht eines jeden auf alles. Die einzigen, sogenannten natürlichen Gesetze, die Hobbes zufolge im Naturzustand gelten, sind solche, die die instrumentelle Vernunft zum Selbsterhalt gebietet. Sie sind allerdings für den Handelnden nur so lange verbindlich, wie es für ihn rational oder nützlich ist, sich an sie zu halten, und das heißt vor allem: solange auch alle anderen sich an sie halten. Diese natürlichen Gesetze stellen also keine wirklichen Beschränkungen des natürlichen Rechts auf Selbsterhaltung dar, sondern sind vielmehr aus ihm abgeleitet.

16 *Der Krieg aller gegen alle*

In Hobbes' methodischem Konstrukt des fiktiven Gedankenexperiments erscheint der noch nicht vergesellschaftete Naturzustand nicht als ein Zustand der natürlichen Harmonie oder friedlichen Kooperation, sondern als einer des potentiell größten Konflikts, nämlich – in Hobbes' häufig zitierter Formulierung – als Krieg aller gegen alle (»bellum omnium contra omnes«).

Hobbes leitet die Konflikthaftigkeit des menschlichen Zusammenlebens im Naturzustand aus einer Anthropologie ab, der zufolge es für den Menschen charakteristisch ist, nach Selbsterhaltung zu streben. Dieses Streben richtet sich zunächst auf die Erhaltung von Leib und Leben, darüber hinaus aber auch auf das eigene Glück. Um seine Selbsterhaltung und die Befriedigung seiner Bedürfnisse und Leidenschaften auch in der Zukunft sicherstellen zu können, muss der Mensch nach Hobbes Besitz und Macht erwerben. Denn des zukünftigen Genusses kann man sich nur sicher sein, wenn man auch über die Macht verfügt, sich die jeweils erforderlichen Mittel zur Befriedigung seiner Wünsche zu eigen zu machen. Um etwas dauerhaft besitzen, also das Erreichte sichern und gegen potentielle Angreifer verteidigen zu können, müssen die Menschen deshalb immer mehr wollen, als sie bereits haben.

Dieses aus der jeweils eigeninteressierten Perspektive der Individuen rationale Mehr-haben-Wollen und Machtstreben führt nun unweigerlich zum Konflikt mit allen anderen, die aus ihrer Perspektive ebenso handeln müssen. Denn die Lebensumstände des Menschen sind durch Güterknappheit und Interessenkonflikte gekennzeichnet, so dass nicht jeder seine Wünsche befriedigen kann, ohne mit anderen um das angestrebte Gut zu konkurrieren. So ist es unmöglich, dass alle ihre Ziele realisieren können. Aus diesem Grund muss es schließlich zu einem Kampf um diese Güter kommen, in dem – wie Hobbes es formuliert – der Mensch dem Menschen ein Wolf ist (*homo homini lupus*). Diesen Kampf aller gegen alle kann jedoch keiner auf Dauer für sich entscheiden, denn letztlich sind, so Hobbes, alle Parteien von Natur aus gleich. Sie sind gleich in der fundamentalen Hinsicht, dass sie alle sowohl über die Fähigkeit zu töten verfügen als auch Furcht vor dem Tod haben: Selbst die Starken haben Schwachpunkte, die sie verletzlich machen, und selbst die Schwächsten können durch List oder Zusammenschluss den Starken gefährlich werden. In Hobbes' Naturzustandskonzeption führt also das uneingeschränkte Selbstinteresse eines jeden zu einem Zustand eines zumindest latenten Krieges, den letztlich aber keiner gewinnen kann und der die Selbsterhaltung und das Glück eines jeden bedroht.

In diesem Zustand leben die Menschen »in ständiger Furcht und der drohenden Gefahr eines gewaltsamen Todes«, und ihr Leben ist deshalb »einsam, armselig, scheußlich, tierisch und kurz« (Hobbes 1984, S. 96). Ein solcher Zustand muss für alle gleichermaßen unerträglich sein. Individuell rationales, d.h. optimal eigennützliches Handeln führt so nur zu einem kollektiv suboptimalen Ergebnis. Deshalb liegt es im fundamentalen Interesse aller, den gesetzlosen vorstaatlichen Zustand zu verlassen, die absolute Ungebundenheit aufzugeben und eine die friedliche Koexistenz verbürgende, politische, machtbewehrte Ordnung zu etablieren.

Wenn die Menschen ihre Lage selbst reflektieren, dann müssen sie erkennen: Ein Vertrag aller mit allen, eines jeden mit einem jeden zum Zwecke der Errichtung einer staatlichen Herrschaftsordnung, ist die einzige rationale Lösung, um dem elenden Naturzustand zu entkommen. Deshalb verpflichten sich die Menschen im Naturzustand in wechselseitiger vertraglicher Selbstbindung zum Zwecke der Friedenssicherung (1) darauf, auf ihr »Recht auf alles« und ihre natürliche Freiheit sowie jede Gewaltanwendung zu verzichten, wenn alle anderen das auch tun. Und (2) schaffen sie bei ihrem Zusammenschluss einen künstlichen Souverän, dem sie das Herrschaftsrecht und das Monopol der alles übertrumpfenden Gewaltmittel übertragen: Ihm fällt die Aufgabe zu, die Einhaltung des Vertrags zu sichern. Die Menschen unterwerfen sich ihm, indem sie ihn bevollmächtigen, alles zur Aufrechterhaltung der Ordnung Notwendige zu unternehmen. Diesem Souverän gibt Hobbes wegen seiner jede Gegenwehr abschreckenden Gewaltfülle den Namen des biblischen Ungeheuers Leviathan. Mit der Schaffung und Autorisierung der staatlichen Souveränität ist für jeden eine Situation entstanden, die ihn mittels der Furcht vor einer Strafe des Souveräns an die Erfüllung der eingegangenen Verträge bindet. Denn »Verträge ohne das Schwert sind bloße Worte« (Hobbes 1984, S. 131). Durch diesen politisch-rechtlichen Zusammenschluss aller Vertragsparteien – durch ihre gemeinsame Unterwerfung unter den Souverän – entsteht eine politische Einheit, wie das Titelblatt der Erstausgabe des *Leviathans* verdeutlicht, auf dem diese Einheit in der Staatsperson des Leviathans – dessen Körper zugleich aus allen Bürgern zusammengesetzt ist – symbolisiert wird.

Obwohl der Leviathan nichts anderes als das Geschöpf der Vertragsparteien ist, ist er nach Hobbes selbst frei von allen rechtlichen Bindungen und den Bürgern gegenüber zu nichts verpflichtet. Vielmehr ist er absoluter Souverän; seine Herrschaft ist unbegrenzt. Nur so können die politische Einheit des Staats(-körpers) und die friedliche Koexistenz gesichert werden. Der Souverän ist einzig dem Zweck des Vertrags, also vor allem der staatlichen Friedenssicherung, verpflichtet, sonst keiner Person oder Idee. Da es im Naturzustand für den Rechtspositivisten Hobbes keine vernunftrechtlichen Normen des Guten und Bösen gibt, bestimmt nicht die Wahrheit (die man mittels Vernunft ausmachen könnte), sondern nur die legislative Autorität des Staates, was Recht und Unrecht ist (*auctoritas, non veritas facit legem*). Um die seiner Meinung nach notwendig kriegerische Anarchie zu verhindern – was im Interesse eines jeden liegt –, gibt es für Hobbes nur ein Mittel, nämlich die unbeschränkte absolute Macht des souveränen Herrschers.

Hobbes' vertragstheoretische Nachfolger haben vor allem an seiner Apologie der bedingungslosen Unterwerfung unter einen unumschränkten Souverän Anstoß genommen und argumentiert, dass die Herrschaft, folgt man der Logik des Gesellschaftsvertrags konsequent, beschränkt werden muss – etwa durch Rechte, die den Individuen unveräußerlich zukommen. Dennoch ist sein Entwurf noch immer das Muster derjenigen Legitimationsstrategien, die auf der Basis eines möglichst realistischen normativen Individualismus von Interessenkonflikten in der Gesellschaft ausgehen und ohne weitere moralische Prämissen Staat und Herrschaft zu begründen suchen.

Locke

In seiner *Zweiten Abhandlung über die Regierung* von 1689 stellt der englische Philosoph John Locke (1632–1704) seine Theorie der Legitimation staatlicher Herrschaft vor. Obwohl auch er vom Gedanken des Gesellschaftsvertrags Gebrauch macht, unterscheidet sich seine Konzeption des Naturzustands, des Vertrags und auch der legitimen Herrschaft radikal von derjenigen von Hobbes. Aus Lockes kontraktualistischer Rechtfertigung von Herrschaft ergeben sich nämlich zugleich wesentliche Kriterien für eine Begrenzung von legitimer Herrschaft.

Auch Locke geht vom Naturzustand aus. Im Gegensatz zu Hobbes unterstellt er dabei jedoch, dass man im Naturzustand im Prinzip friedlich leben kann. Lockes Naturzustand ist geprägt von der vollkommenen Freiheit und absoluten Gleichheit der Menschen und der Geltung des natürlichen Gesetzes; letzteres ist sicherlich die entscheidende Differenz zu Hobbes. Während bei Hobbes im Naturzustand keine verbindlichen vernunftrechtlichen Normen existieren, ist der Naturzustand nach Locke bereits ein Rechtszustand. In ihm verpflichtet das natürliche Gesetz – bei Locke letztlich der Wille Gottes – einen jeden aus vernünftigen, naturrechtlichen und theologischen Gründen zur Erhaltung der Natur einschließlich der Menschheit und deren Frieden. Nach diesem natürlichen Gesetz, das für alle durch Vernunft erkennbar ist, kommt jedem Menschen Freiheit zu, und das heißt bei Locke: zum einen das Recht auf Selbstbestimmung, also die Freiheit von dem Willen anderer, zum anderen das Naturrecht auf Privateigentum. Im Gegensatz zu den anderen Naturrechtslehren will Locke im berühmten 5. Kapitel der *Zweiten Abhandlung* nachweisen, dass Privateigentum bereits im Naturzustand besteht, und zwar als natürliches Recht, sich herrenloses Gut (etwa Land und Rohstoffe) anzueignen, sofern man seine Arbeit mit dem Gut vermischt und für andere noch genug übrig lässt.

Anders als Hobbes sieht Locke den wichtigsten Staatszweck im Schutz individueller Freiheitsrechte. Aus diesem Grunde gilt er als (Mit-)Begründer des Liberalismus. Niemand darf jemand anderem seinen Willen aufzwingen. Damit ist der Naturzustand bei Locke auch ein anarchischer, herrschaftsfreier Zustand, denn niemandem kommt das natürliche Recht zu, andere zu beherrschen. Alle sind gleichermaßen frei. Und da alle frei sind, herrscht im Naturzustand Gleichheit. Diese Gleichheit besteht also deshalb, weil es keine Unterordnung oder Unterwerfung unter andere geben darf. Für alle gelten aufgrund des natürlichen Gesetzes die gleichen Rechte. Damit wendet Locke sich gegen die in seiner Zeit häufig vertretenen naturrechtlichen Begründungen von Hierarchie zwischen den Menschen und von Sklaverei. Für Locke verbieten sich aufgrund der absoluten Gleichheit und des damit zusammenhängenden Fehlens einer natürlichen Rangordnung Eingriffe in die Freiheit anderer. Nur Verstöße gegen dieses natürliche Gesetz selbst – und hierin liegt der eigentliche Ansatzpunkt von Lockes Vertragstheorie – dürfen angemessen und abschreckend von jedem geahndet werden: Jeder hat das natürliche Recht zur Durchsetzung des natürlichen Gesetzes.

Verstöße gegen das natürliche Gesetz, dessen Geltung eigentlich jeder einsehen kann, treten deshalb auf, weil nicht alle ausreichend motiviert sind, ihm zu folgen, weil Menschen auch kriminell sind oder weil sie das natürliche Gesetz verkennen. Wer aber die Grundrechte anderer verletzt, der versetzt sich, so Locke, gegenüber seinen Opfern in den Kriegszustand. Zugleich existiert im Naturzustand keine autoritative Auslegung und gesetzliche Fortbestimmung des natürlichen Gesetzes, keine unparteiliche richterliche Autorität und keine zentrale und unwiderstehliche Macht, die Gesetze und Gerichtsurteile effektiv durchsetzen und so den sozialen Frieden dauerhaft wiederherstellen könnte. Darum können die Menschen im Naturzustand ihr Recht auf Leben in Freiheit und Gleichheit und auf Besitz nicht in Frieden und Sicherheit genießen. So ist in der lockeschen Theorie also der Naturzustand deskriptiv betrachtet ein Kriegszustand, auch wenn er normativ betrachtet keiner sein müsste. Erst mit der Etablierung einer politischen Herrschaftsinstanz – einer Regierung – durch eine wechselseitige Vertragsschließung aller kann dieser Kriegszustand überwunden und das natürliche Gesetz für alle verbindlich ausgelegt und durchgesetzt werden.

17 *Das natürliche Gesetz*

Die durch den Vertrag etablierte politische Herrschaft dient bei Locke der autoritativen Auslegung, Fortbestimmung und Durchsetzung des natürlichen Gesetzes. Politische Herrschaft wird deshalb – ganz anders als etwa bei Hobbes – auch durch das natürliche Gesetz begrenzt.

Im lockeschen Gesellschaftsvertrag überträgt jeder nur die Wahrnehmung seiner ursprünglichen Rechte, nicht aber die Rechte selbst, an die politischen Institutionen. Der Staat und seine Institutionen werden zu diesem Zwecke von den Vertragsschließenden aus pragmatischen Gründen eingerichtet. Durch die Einwilligung der Individuen, auf die Freiheiten des Naturzustands zu verzichten und in eine Gemeinschaft mit anderen einzutreten, entsteht ein als Einheit aufzufassender politischer Körper. Kraft dieser Einwilligung wird zugleich das Mehrheitsprinzip beschlossen, also das Recht der Mehrheit, die Minderheit an ihre Entschlüsse zu binden, da die oberste Staatsgewalt, die bei der Gründung eines Staates errichtet wird, also die Legislative, ansonsten handlungsunfähig wäre. Weil diese

Gewalt der Regierung nur aus der an sie abgetretenen Gewalt der einzelnen im Naturzustand folgt, hat sie auch nicht mehr Gewalt über ihre Untertanen, als diesen im Naturzustand gegeben war. Insbesondere ist es selbst der Legislative als höchster Gewalt im Staat niemals bis ins letzte möglich, ihre »Untertanen zu vernichten, zu unterjochen oder mit Vorbedacht auszusaugen« (Locke 1986, § 135, S. 103), ebenso wie dies einzelnen Menschen gegenüber ihren Mitmenschen im Naturzustand nicht möglich wäre, verfügt doch keiner von ihnen über ein natürliches Machtmonopol. Die Legislative ist deshalb bei Locke entsprechend durch Gewaltenteilung beschränkt.

Damit ein solcher Vertrag und die aus ihm hervorgehende Regierung als legitim gelten können, reicht es für Locke noch nicht aus, wenn angenommen werden kann, dass sie hypothetisch die Zustimmung der Menschen finden würden. Machte man es aber andererseits zum Legitimitätskriterium einer sozialen Ordnung, dass die ihr Unterworfenen ihr tatsächlich und nicht bloß hypothetisch zugestimmt haben müssen, dann wäre diese Vertragsschließung für die Nachfahren der Vertragsparteien nicht mehr bindend, die Einrichtung des Staates aus ihrer Sicht also nicht mehr gerechtfertigt. Nach Locke können der Vertrag und die politische Gemeinschaft mit ihren Gesetzen daher nur dann Legitimität beanspruchen, wenn *jedes freiwillige Mitglied* der Gemeinschaft dem Vertrag entweder ausdrücklich (explizit) oder stillschweigend (implizit) zugestimmt hat. Als ausdrückliche Zustimmung gilt etwa der freiwillige Beitritt zur Gemeinschaft. Als stillschweigende Zustimmung hingegen zählt es Locke zufolge, wenn jemand die Vorteile eines Staates genießt, insbesondere Eigentum im Herrschaftsbereich eines Staates besitzt oder benutzt und dabei den für Locke so zentralen Schutz des Eigentums durch den Staat in Anspruch nimmt. Wie aber schon David Hume in seiner Schrift *Über den ursprünglichen Vertrag* (1748) gegen Locke einwendet, bleibt unklar, ob auch ein Verbleiben aus Mangel an Alternativen als stillschweigende Zustimmung betrachtet werden darf, etwa dann, wenn man sich selbst und seinen Besitz nicht ohne hohe Kosten außer Landes bringen kann. Allerdings begründet der lockesche Gesellschaftsvertrag nur eine Art Treuhänderschaft seitens der staatlichen Gewalten. Wenn diese eingesetzten Gewalten das Vertrauensverhältnis brechen, dann versetzen sie sich gegenüber dem Volk in den Kriegszustand. Damit fällt die Gewalt an das Volk zurück, und dieses hat das Recht auf Widerstand.

Alles in allem tritt Lockes *Zweite Abhandlung* somit engagiert für eine freiheitliche, politische Macht durch (Menschen-)Rechte begrenzende Verfassung mit Gewaltenteilung ein und hat damit unter anderem das Verfassungsverständnis der Amerikanischen und Französischen Revolution beeinflusst.

Rousseau

Jean-Jacques Rousseau (1712–1778) überbietet seine vertragstheoretischen Vorgänger Grotius, Hobbes, Pufendorf und Locke, deren Vertragsmodelle er als legitimationstheoretisch unzureichend ablehnt, indem er einen demokratisch-republikanischen Kontraktualismus vertritt. Im *Diskurs über die Ungleichheit* (1755), dem sogenannten *Zweiten Diskurs*, entwickelt er im Rahmen einer hypothetischen Geschichte der Vergesellschaftung des Menschen eine kulturkritische Auffassung davon, wie aus dem Menschen des Naturzustands, den er als freies Naturwesen postuliert, der abhängige und unfreie Mensch seiner Zeit werden konnte. Der dabei gedanklich unterstellte Naturzustand, in dem der Mensch ohne zivilisatorische Errungenschaften und gesellschaftliche Institutionen lebt, soll zu der Erkenntnis verhelfen, was an der gegenwärtigen gesellschaftlichen Situation der Ungleichheit, Unfreiheit und

Entfremdung bereits in der Natur des Menschen verankert und daher notwendig und was demgegenüber menschengemacht und daher veränderlich ist.

Im ursprünglichen Naturzustand kennen die Menschen weder Laster noch Tugend, sondern nur den Selbsterhaltungstrieb (*amour de soi*) und Mitleid. Da die Menschen isoliert und autark leben, herrscht auch noch keine Ungleichheit. Erst das Bevölkerungswachstum und die Notwendigkeit, angesichts widriger Naturumstände zu kooperieren, setzen den Prozess der Vergesellschaftung des Menschen in Gang und führen zur Entstehung einer staatlich gefestigten bürgerlichen Konkurrenzgesellschaft. Diese Entwicklung verstärkt den Drang nach Unterscheidung, Hierarchie, Konkurrenz, Rivalität und somit die Ungleichheit. Aus dem Selbsterhaltungstrieb (*amour de soi*) werden Eigenliebe und Vorteilsstreben (*amour-propre*). In dieser Situation, in der vor allem der Besitz der Reichen durch ständige Unsicherheit bedroht ist, ersinnen diese den perfiden Plan eines Staates zu ihrem Schutz und dem ihres Eigentums. Diesen Staatsvertrag stellen sie als vorteilhaft für die Freiheit und Sicherheit aller dar. Der Staatszustand, den Rousseau im *Zweiten Diskurs* beschreibt, ist daher keiner der Gleichheit, sondern einer der sozioökonomischen Ungleichheit. Darin liegt Rousseaus Meinung nach der Ursprung der zeitgenössischen Gesellschaft und der Gesetze begründet, Gesetze, die den Schwachen neue Fesseln und den Reichen neue Kräfte gaben. Mit dieser Gesellschaftskritik will Rousseau die gängigen Vertragstheorien seiner Zeit als raffinierten Betrugsversuch entlarven, der sozialer Ungerechtigkeit und Ungleichheit eine falsche, ideologische Legitimation verschafft.

Das normative Gegenmodell eines legitimen, freiheitssichernden Gesellschaftsvertrags entwickelt Rousseau in seinem Buch *Vom Gesellschaftsvertrag oder Grundsätze des Staatsrechts* (1762). Wie die ersten berühmten Sätze der Schrift unterstreichen, geht es ihm darum, aufzuzeigen, wie der Mensch, der doch frei geboren ist und nun überall in Ketten liegt (wie von Rousseau im *Zweiten Diskurs* beschrieben), rechtmäßig vergesellschaftet werden könnte. Welcher Form der Herrschaft kann es gelingen, zugleich verbindliche Regeln zu setzen und die Freiheit aller zu wahren? Die Zustimmung der Herrschaftsunterworfenen und die Wahrung ihrer Freiheit als Unabhängigkeit von fremder Willensbestimmung gelten für Rousseau als einziges moralisch zulässiges Kriterium legitimer Herrschaft. Die Verträge, die nicht Freiheit sichern, sondern wie bei seinen Vorgängern absolute Herrschaft oder unbedingten Gehorsam begründen, müssen deshalb als illegitim gelten.

18 *Forderung nach einer Republik*

Diese Forderung nach einer uneingeschränkten Freiheitswahrung führt notwendig zur Forderung nach einer Republik, in der sich die Bürger selbst die Gesetze geben, an die sie gebunden sind.

Rousseaus Vertragsmodell impliziert die völlige Entäußerung aller Individuen an das gesamte Gemeinwesen. Anders als bei Locke müssen bei Rousseau alle ihre natürlichen Freiheiten und Rechte abtreten. Auf diese Weise werden Gleichheit und Frieden zwischen den Vertragspartnern sowie Selbstbestimmung hergestellt. Da aber zugleich die Instanz, an die die Individuen ihre Freiheit abgeben, keine andere ist als das Volk, dem sie ja selbst angehören, bleiben sie auch in dieser Entäußerung noch frei: Sie haben selbst teil an der für alle verbindlichen Gesetzgebung, sind den Gesetzen zugleich unterworfen und ihre Schöpfer. Solange die Gesetzgebung von allen kollektiv ausgeübt wird und die Souveränität, der sie sich unterwerfen, mithin keine andere Souveränität als die des Volkes selbst ist – die für Rousseau unveräußerlich, unvertretbar, unteilbar, unfehlbar und demokratisch ist und an keine Einzelpersonen oder Gruppe delegiert werden kann –, gehorchen die Individuen niemals fremden Gesetzen, sondern nur ihren eigenen: Sie regieren sich selbst. Dieses strenge Legitimitätskriterium der Selbstbestimmung impliziert, dass der Gesellschaftsvertrag nach Rousseau nur dann gerechtfertigt und damit bindend sein kann, wenn er frei von normativen (z. B. naturrechtlichen) Vorgaben und einstimmig verabschiedet worden ist.

Zugleich sieht Rousseau aber für weitere, über den grundlegenden Vertrag hinausgehende politische Entscheidungen die Mehrheitsregel vor. Dies freilich wirft die Frage auf, ob sich auch von einer Minderheit, die einer Mehrheit bei einer Abstimmung unterliegt und sich deren Votum fügen muss, noch sagen lässt, sie bestimme sich selbst. Dieses klassische Problem jeder Demokratietheorie löst Rousseau so: Bei gemeinsamen Entscheidungen über Gesetze komme es auf den allgemeinen Willen (*volonté générale*) an, der auf das Gemeinwohl bezogen sei, nicht aber auf die einfache Ansammlung bzw. Aggregation oder den Kompromiss verschiedener partikularer Willen zu einem Willen aller (*volonté de tous*). Unterwirft sich ein Bürger der Mehrheit, so gehorcht er nach Rousseau letztlich nur dem allgemeinen Willen, der wiederum seinem eigenen reflektierten Willen entspricht, der nicht nur das unmittelbare eigene Wohlergehen, sondern auch das langfristige Wohlergehen aller (einschließlich des eigenen) in der Gemeinschaft im Blick hat. In diesem möglichen Auseinanderfallen des individuellen partikularen Willens und des autoritativen allgemeinen Willens sowie in der Abwesenheit individueller Rechte gegenüber dem souveränen Gesetzgeber haben liberale Kritiker ein totalitäres Potential des rousseauschen Ansatzes ausgemacht. Zugleich gilt Rousseau aber bis heute als ein Vordenker jeder Form partizipatorischer Demokratie.

Kant

Immanuel Kant (1724–1804) begründet in seiner *Metaphysik der Sitten* (1797) den Staat rein normativ und vernunftrechtlich. Im Gegensatz zu seinen kontraktualistischen Vorgängern, die den Gesellschaftsvertrag als im wohlverstandenen *Interesse* bzw. Nutzen der Vertragsparteien liegend begründeten, ist für Kant die Etablierung und Aufrechterhaltung einer staatlichen Rechtsordnung ein Gebot der praktischen *Vernunft.*

19 *Ein Gebot der praktischen Vernunft*

Kant begründet staatliche Herrschaft nach dem Prinzip »exeundum e statu naturali«, also mit der rechtlichen Notwendigkeit gemäß reiner praktischer Vernunft, den Naturzustand zu verlassen.

Dadurch verändert sich der Charakter des gedachten Gesellschaftsvertrags: Der Vertrag ist kein Faktum, das herzustellen wäre, sondern eine Idee der Vernunft, wie der Staat »nach reinen Rechtsprinzipien sein soll, welche jeder wirklichen Vereinigung zu einem gemeinen Wesen (also im Inneren) zur Richtschnur (norma) dient« (Kant 1990, S. 170). Der Vertrag muss also nicht tatsächlich abgeschlossen worden sein bzw. werden.

Für Kant stellt schon der Naturzustand einen Rechtszustand dar: Es herrscht das Vernunftrecht. Das bedeutet, dass jede Person, sofern sie vernünftig ist, einsehen oder anerkennen muss, dass bestimmte Prinzipien absolut verbindlich gelten: Es gibt sowohl moralische als auch rechtliche Gesetze, die die Vernunft gebietet. Moralisch muss sich jede vernünftige Person selbst in ihrem eigenen reflektierten Willen an den kategorischen Imperativ als durch Vernunft einsichtiges Verallgemeinerungsprinzip binden. Entsprechend darf man nur so handeln, dass dieser Handlungsweise von keinem Betroffenen vernünftigerweise widersprochen werden könnte. Rechtlich binden sich die Menschen in einem ursprünglichen vorgestellten Kontrakt, in dem sie ihre äußere Willkür durch das qua Vernunft einsichtige *Rechtsprinzip* einschränken, nach dem »die Freiheit der Willkür eines jeden mit jedermanns Freiheit nach einem allgemeinen Gesetze zusammen bestehen kann« (Kant 1990, S. 67).

Um von dieser nach dem Verallgemeinerungsprinzip der praktischen Vernunft einem jeden zugestandenen äußeren Freiheit Gebrauch zu machen, dürfen sich Menschen auch Sachen – vorläufig bis zur Errichtung des Rechtsstaates – zum Eigentum machen. Das Vernunftrecht vermag jedoch im Naturzustand die Handlungs- und Eigentumskonflikte nicht zu regulieren. Der Naturzustand ist ein Zustand der Rechtsunsicherheit und des Konflikts, weil es in ihm lediglich private Rechtsinterpretationen gibt. Im Naturzustand muss es zwar keine Ungerechtigkeit geben, aber dennoch ist es ein Zustand der Rechtlosigkeit, da kein kompetenter Richter und damit keine Instanz für eine verbindliche Konfliktlösung vorhanden ist. Deshalb ist die Etablierung eines Zustands erforderlich, in dem der Krieg der divergierenden privaten Rechtsinterpretationen durch eine durchsetzungsfähige öffentliche Rechtsbestimmung überwunden werden kann. Nach Kant ist es eine apriorische Vernunftidee und keine empirische Einsicht, dass Menschen ohne gesetzlichen Zustand nach eigenem Denken und Recht handeln und vor Gewalttätigkeiten nicht sicher sein können. Daraus folgt der Grundsatz einer Vereinigung aller, um aus dem Naturzustand herauszutreten und sich dem öffentlich-gesetzlichen äußeren Zwang zu unterwerfen. Menschen oder Gruppen, die wechselseitigen Einfluss aufeinander haben, bedürfen nach Kant des rechtlichen Zustands unter einem vereinigenden Willen in Form einer Verfassung. Da es Kant zufolge das

Menschenrecht eines jeden ist, in seiner Freiheit nur durch allgemeine Regeln eingeschränkt zu werden, hat jeder aus diesem Grundsatz abgeleitet auch das Recht auf einen Zustand, der diese Verallgemeinerbarkeit rechtsstaatlich, durchsetzungsfähig und zugleich unter gleichberechtigter Mitwirkung aller in repräsentativen demokratischen Verfahren regelt. Diese Verwirklichungsbedingungen von Freiheit gewährt nur die vernunftrechtliche Verfassung des Staates, so Kant.

Bei Kant entwickelt die Idee des Gesellschaftsvertrags zudem kosmopolitische Reichweite. Denn die vernunftrechtliche Notwendigkeit des Übergangs in einen Rechtszustand besteht nicht nur im Verhältnis der Mitbürger untereinander. Auch für das Verhältnis unter den Völkern, zwischen denen ja, wenn keine Regelung vorhanden ist, ein vergleichbarer Naturzustand herrscht, gilt die Vernunfteinsicht, dass der Naturzustand zugunsten eines Rechtszustands zu überwinden ist. In seiner Schrift *Zum ewigen Frieden* (1795) entfaltet Kant erstmalig eine Theorie der internationalen Rechts- und Friedensgemeinschaft. Anstatt die in der Logik seiner Argumentation naheliegende Forderung nach einem Weltstaat zu stellen, lehnt Kant diesen unter anderem als unrealistisch und zu gefährlich ab. Anstelle dessen propagiert er – wegweisend für die spätere internationale Politik – einen Völkerbund mit völkerrechtlichen Regelungen zwischen den Staaten als kosmopolitische Rechtsordnung.

2.3. Was ist der Zweck des Staates?

Nach diesem knappen Überblick über einige Klassiker der Vertragstheorie ist nun zu fragen, wie diese Begründungsfigur staatlicher Herrschaft in die neuere Philosophie Eingang gefunden hat. Im Gegensatz zu den klassischen

Theorien von Hobbes, Locke, Kant und anderen liegt die zentrale normative Aufgabe der *gegenwärtigen* politischen Philosophie im 20. und 21. Jahrhundert in der Reflexion der Bedeutung nicht mehr nur von Koexistenzsicherung und Freiheitsregelung, sondern vielmehr auch wesentlich der Gerechtigkeit einschließlich der Verteilung ökonomischer Güter und sozialer Chancen. Die sich auf den klassischen Liberalismus stützenden gegenwärtigen liberalen Theorien des Staates haben sich prototypisch in zwei einander wechselseitig kritisierende Varianten gespalten: Zum einen interpretiert eine marktliberale Variante des Liberalismus die Freiheit ökonomisch und erlaubt eine allenfalls minimalistische Staatsintervention in marktwirtschaftliches Handeln. Die Daseinsberechtigung des Staates sieht sie nur in der Sicherung des äußeren und inneren Friedens, insbesondere durch eine staatliche Garantie von Eigentumsrechten. Auf der anderen Seite verteidigt eine sozialliberale egalitäre Variante des Liberalismus den Staat aus Gründen der (sozialen) Gerechtigkeit und tritt für wohlfahrtsstaatliche Umverteilung ein. Daneben gibt es spätestens seit dem 19. Jahrhundert eine vor allem in den angelsächsischen Ländern verbreitete und einflussreiche Theorie, die des Utilitarismus, die den Sinn und Zweck des Staates in der Maximierung des Nutzens aller sieht. Diese drei Theorien werden nun zusammen mit ihren bekanntesten Vertretern kurz vorgestellt.

Ökonomische Freiheit: Marktliberalismus

Aus dem von vielen politischen, vor allem liberalen politischen Theorien geteilten normativen Primat der individuellen Freiheit werden oft spezifische, und zwar marktliberale Gerechtigkeitstheorien entwickelt, die primär an der rein marktökonomisch verstandenen Freiheit der Individuen und deren Recht auf Privateigentum orientiert sind.

Eine solche Betonung eines eigenen, unabgeleiteten Werts von Privateigentum und Markt findet sich beim sogenannten »Libertarismus«, der im Deutschen meist als »Wirtschafts- oder Marktliberalismus« bezeichnet wird. Die Verfechter des Marktliberalismus versuchen, individuelle Ansprüche auf privates Eigentum als Resultat einer legitimen Aneignungssituation in der Vergangenheit zu rechtfertigen. Sie leiten aus dieser historischen Begründung von Eigentumsansprüchen üblicherweise gerechtigkeitstheoretische, ökonomische und politische Konsequenzen ab, die zur Konzeption eines Nachtwächter- oder Minimalstaates und einer strikten Verteidigung freier Marktwirtschaft führen.

Dieses Verfechten von Freiheit vor allem im Markt kann dabei – wie bei dem marktliberalen Ökonomen Friedrich August von Hayek in der 1960 auf Englisch erschienenen Schrift *Die Verfassung der Freiheit* – so weit gehen, dass Verteilungsgerechtigkeit oder soziale Gerechtigkeit als normative Ziele vollständig geleugnet werden, und zwar mit der Begründung, dass das reine Prinzip der Marktwirtschaft gar keine Gerechtigkeit kenne. Allerdings leugnen die Vertreter des Marktliberalismus die Relevanz sozialer Gerechtigkeit für die normative Qualität von Gesellschaften zumeist nicht vollständig. Marktliberale lehnen jedoch grundsätzlich all jene Gerechtigkeitsprinzipien ab, nach denen Gerechtigkeit in der Herstellung einer bestimmten *gesamtgesellschaftlichen Verteilungsstruktur* wie beispielsweise Gleichheit oder Mindestsicherung (etwa mittels Umverteilung) besteht. Entsprechend marktliberaler Auffassung hängt Verteilungsgerechtigkeit vielmehr von vorgängig etablierten *individuellen Rechten* auf Eigentum ab. Im Rückgriff auf Lockes liberale Naturrechtstheorie nimmt sie ursprüngliche Freiheits- und Besitzrechte – Prinzipien der Aneignung von Eigentum und dessen Tausch – an, welche selbst schon gerecht sein und das Ganze der distributiven Gerechtigkeit ausmachen sollen. Eine freie Marktwirtschaft, die nach diesen Freiheits- und Besitzrechten funktioniert, ist nach libertärer Auffassung bereits deshalb von vornherein gerecht, weil und insofern der Markt die Prinzipien des gerechten Tausches realisiert. Zu keinem Zeitpunkt, weder am Ausgangspunkt noch als Ergebnis des freien Tausches von gerecht erworbenem Eigentum im Markt, sei eine bestimmte Verteilungsstruktur nötig oder gerecht. Im Gegenteil: Die staatliche Durchsetzung einer bestimmten (sozial-)liberalen (Um-)Verteilung wäre sogar ungerecht, weil auf diese Weise die ursprünglichen Rechte der Menschen verletzt und sie zur Zwangsarbeit herangezogen würden. Da die Güter sich bereits im Besitz von Personen befinden, wäre es Diebstahl, sie ihnen zu nehmen, selbst dann, wenn dies für einen guten Zweck geschieht. Diese ursprünglichen Rechte (letztlich das Recht auf freie Verfügung über Eigentum) sind nach Ansicht der Libertären so gewichtig und weitreichend, dass die Legitimität staatlicher Einflussnahme generell in Frage gestellt ist.

Diesen historischen Begründungsversuchen ist gemeinsam, dass sie Eigentum für gerechtfertigt erklären, insofern sich jemand in der Vergangenheit die Dinge, für die er Eigentumsrechte beansprucht, legitimerweise angeeignet hat, indem er sie also von einem Zustand, in dem sie noch niemandem gehörten, berechtigterweise, d.h. durch einen rechtmäßigen Erwerb, in sein Privateigentum überführt hat. Durch diese historische Aneignung sei ein rechtmäßiger Anspruch erworben worden. Aus diesem Grunde werden die auf dieser Begründungsstrategie basierenden Theorien »Anspruchstheorien« genannt.

Der bekannteste Vertreter dieser Version des Libertarismus ist Robert Nozick (1938–2002). Seine in dem 1974 zuerst in den USA erschienenen Buch *Anarchie, Staat, Utopia* dargelegte historische Eigentumstheorie bzw. »Anspruchstheorie« postuliert drei Hauptgrundsätze:

20 *Die drei Hauptgrundsätze nach Nozicks »Anspruchstheorie«*

(1) Grundsatz des gerechten ursprünglichen Erwerbs von Besitz
(2) Übertragungsgrundsatz: Das, was gemäß (1) auf gerechte Weise erworben wurde, kann frei übertragen werden
(3) Grundsatz der Beseitigung von Ungerechtigkeit (dieser legt fest, wie mit ungerecht Erworbenem oder Übertragenem umzugehen ist)

Diese drei Prinzipien machen, so Nozick, die distributive Gerechtigkeit aus. Eine Verteilung ist nach dieser Konzeption genau dann gerecht, wenn jede Person einen gerechtfertigten Anspruch auf die sich in ihrem Besitz befindlichen Güter hat, also dann, wenn sie diese Güter entweder ursprünglich erworben hat oder aber sie ihr rechtmäßig von anderen übertragen worden sind. Alle heutigen Eigentumsverhältnisse müssen sich, sollen sie als legitim gelten, mithin als Ergebnis fairer Übertragungen von Gütern von ihren ersten bis zu ihren jetzigen Besitzern rekonstruieren lassen.

Der Übertragungsgrundsatz, der faire Verträge spezifizieren soll und Diebstahl, Betrug etc. ausschließt, dürfte relativ unkontrovers sein. Der Grundsatz der Beseitigung von Ungerechtigkeit wirft aber vor allem Fragen nach der Möglichkeit seiner praktischen Umsetzung auf, bestätigt jedoch in jedem Fall, dass es keine Gerechtigkeit ohne irgendeine, wenn auch nur minimale Art der Umverteilung gibt.

Spezifisch für historische Begründungen von Eigentumsverhältnissen und heftig umstritten ist hingegen der Grundsatz des gerechten ursprünglichen Erwerbs. Seine mögliche Rechtfertigung soll nun kurz diskutiert werden.

Warum sollte der ursprüngliche Erwerb von etwas, was vorher keiner Einzelperson gehört hat, also noch kein Privateigentum war, gerecht sein? Die bloße Tatsache, dass jemand ein Gut als erster beansprucht hat, kann noch nicht als Legitimation gelten. Auch Gewalt als häufig angeführte Ursache für eine Erstaneignung liefert keinen rechtfertigenden Grund, den beanspruchten Besitz auch als rechtmäßig anzuerkennen, eher im Gegenteil.

Der berühmteste Versuch, Bedingungen für die rechtmäßige ursprüngliche Aneignung vorher besitzerloser Güter anzugeben, stammt von John Locke. Er will in seiner *Zweiten Abhandlung über die Regierung* zeigen, dass jede Person schon im Naturzustand vor der Schaffung einer bürgerlichen Gesellschaft natürliche Rechte besitzt, und zwar vor allem Rechte auf die eigene Person, ihre Freiheit und ihre Arbeit. Auf diesen Punkten basiert sein zentrales Argument für Eigentumsrechte: »Denn diese Arbeit ist das unbestreitbare Eigentum des Arbeitenden, und niemand außer ihm selbst kann ein Recht haben auf irgend etwas, was einmal mit seiner Arbeit verbunden ist – zumindest dort nicht, wo für die anderen bei gleicher Qualität noch genug davon in gleicher Güte vorhanden ist.« (Locke 1986, § 17, S. 22f.)

Dieses Argument nennt sowohl die positive Bedingung – die eigene Arbeit muss mit etwas Besitzerlosem vermischt werden – als auch als einschränkende Bedingung den sogenannten lockeschen Vorbehalt – es muss ausreichend und von gleicher Qualität für andere übrig bleiben, und das angeeignete Gut darf durch den Besitzer nicht verschwendet werden (als zweiter Vorbehalt, der von Locke an späterer Stelle eingeführt wird).

Nozick vertritt eine Modifikation des lockeschen Arguments: Er leitet Eigentumsrechte aus dem »Eigentum an der eigenen Person« (*self-ownership*) ab. Man kann Nozicks Eigentumsbegründung wie folgt zusammenfassen:

21 *Nozicks Eigentumsbegründung*

(1) Die Menschen besitzen sich selbst.
(2) Die Welt gehört ursprünglich niemandem.
(3) Die Menschen können absolute Rechte über einen ungleichen Anteil an der Welt erwerben, wenn dadurch niemand schlechtergestellt wird.
(4) Dies ist ziemlich leicht möglich. Daher sind die Erstaneignung von Privateigentum und a fortiori alle weiteren Eigentumsrechte im Prinzip gerechtfertigt.
(5) Gesetzt den Fall, dass es nun Privateigentum gibt, so ist ein freier Kapital-, Güter- und Arbeitsmarkt moralisch erforderlich.

Lockes und Nozicks Gerechtigkeitsvorstellungen gehen beide von Rechten auf die eigene Person aus. Den Grundgedanken des Selbsteigentums macht folgende Überlegung verständlicher: Warum lehnen wir das Eigentumsrecht am Körper einer anderen Person (wie in der Sklaverei oder beim Frauenhandel) ab? Eine erste intuitive Reaktion könnte lauten: Nur der betreffenden Person selbst steht das Recht am eigenen Körper zu und niemand anderem. Insofern ist die Idee vom »Recht am eigenen Körper« zunächst einmal intuitiv einsichtig. Aus dem Recht am eigenen Körper glauben Locke und Nozick aber auch Rechte an äußeren Gütern ableiten zu können, die jede Umverteilung illegitim machen: Zum Recht auf Selbsteigentum gehört nach libertärer Auffassung nicht nur die freie Ausübung der eigenen Fähigkeiten, sondern auch, Anspruch auf die Früchte der Ausübung stellen zu dürfen.

Dieses abgeleitete Argument für äußeres Eigentum wird von vielen Theoretikern aus zwei gewichtigen Gründen kritisiert: (1) Aus Selbsteigentum folgen nicht notwendig absolute Sacheigentumsrechte an Dingen der äußeren

Welt. Vielmehr ist das Selbsteigentum mit verschiedenen Regelungen des Gütereigentums verträglich. So schließt gemeinschaftlicher Güterbesitz ja keineswegs Selbsteigentum aus. (2) Der Grundsatz des Selbsteigentums ist keine adäquate Umsetzung des fundamentalen moralischen Grundsatzes der gleichen Menschenwürde und des Anspruchs aller auf Behandlung als Gleiche. Warum sollte anerkannt werden, dass die Welt ursprünglich für eine Art Selbstbedienung zur Verfügung stand? Sie könnte auch als Gemeineigentum aller aufgefasst werden, so dass jedem ein gleiches Vetorecht etwa bei Verfügungen über Land zukommt. Aus dieser Warte scheint das libertäre Argument auf kaum mehr als den Grundsatz »Wer zuerst kommt, mahlt zuerst!« hinauszulaufen (gäbe es nicht die bereits erwähnten Vorbehalte, die Locke und Nozick in ihren Konzeptionen einräumen und auf die gleich noch einmal eingegangen werden soll). Aus Sicht der Kritiker steht Nozicks Anspruchstheorie damit vor einem ernsthaften Begründungsproblem: Weil ihre Plausibilität fast gänzlich von der Legitimität des ursprünglichen Erwerbs der individuellen Eigentumsrechte abhängt, da es ohne eine gerechte ursprüngliche Verteilung per definitionem keinen legitimen Transfer geben kann, ist fraglich, ob es in diesem Sinne überhaupt jemals legitimes Eigentum gegeben hat (und wie sich das im Einzelfall historisch nachweisen lassen soll).

Locke wie Nozick akzeptieren allerdings eine wichtige Einschränkung ihrer Theorie des ursprünglichen Erwerbs von Privateigentum an äußeren Sachen: Die Menschen können absolute Rechte über einen ungleichen Anteil an der Welt nur dann erwerben, wenn dadurch niemand schlechtergestellt wird. Der Erwerb ist nur dann legitim, wenn er für andere etwas übrig lässt, so dass diese nicht schlechtergestellt sind als der Erwerber. Was aber bedeutet es, »niemanden schlechterzustellen«? Nozicks Bedingung für die erste, ursprüngliche Aneignung verlangt, dass niemand *gegenüber einer vorherigen gemeinschaftlichen Nutzung* schlechtergestellt werde. Nozick interpretiert Schlechterstellung also (1) rein materiell und (2) mittels des Vergleichsmaßstabes der gemeinschaftlichen Nutzung. Beides ist jedoch selektiv und lässt viele andere Möglichkeiten außer Betracht. Ist man nicht auch dann schon schlechtergestellt, wenn man nicht die gleiche *Chance* zur ursprünglichen Erwerbung hatte oder wenn man nicht gleich viele Güter *erhalten* hat? *Linkslibertäre* interpretieren die Einschränkungen des Prinzips »Eigentum aufgrund ursprünglichen Erwerbs« viel umfassender und egalitärer und gelangen so zu ganz anderen Vorstellungen gerechtfertigter materieller Verteilungen.

Soziale Gerechtigkeit: egalitärer Liberalismus

Im Gegensatz zum libertären Marktliberalismus tritt eine sozialliberale egalitäre Variante des Liberalismus für soziale Gerechtigkeit und entsprechende wohlfahrtsstaatliche Umverteilung ein. Der wichtigste Vertreter dieser Version des Liberalismus, die man in Deutschland als sozialdemokratisch bezeichnen würde, ist John Rawls (1921–2002). Er wird heute allgemein als der bedeutendste politische Philosoph des 20. Jahrhunderts angesehen. Gegenstand von Rawls' wirkungsmächtigem Hauptwerk *Eine Theorie der Gerechtigkeit* (1971) ist die normative Reflexion über eine gerechte Regelung von Interessenkonflikten in einer Gesellschaft sozialer Kooperation: Wie können, so lautet die Grundfrage, in einer idealtypischen Gesellschaft, in der mäßige Güterknappheit herrscht und in der alle Individuen einen möglichst hohen eigenen Anteil an den zu verteilenden Gütern anstreben, Kooperationslasten und -gewinne gerecht verteilt werden?

Eine Gerechtigkeitslehre hat nach Rawls Prinzipien für die Grundstruktur einer Gesellschaft zu entwickeln, d.h.

für deren wesentliche Institutionen, vor allem die Verfassung und die wichtigsten wirtschaftlichen und sozialen Verhältnisse. In diesem Sinne ist Gerechtigkeit die erste Tugend sozialer Institutionen. Ziel ist es, allgemein geteilte Prinzipien zu finden, die die Gesellschaft als ein faires System der Kooperation regeln können, und zu klären, wie dieses Ideal einer wohlgeordneten Gesellschaft institutionell verwirklicht werden kann. Rawls will eine realistische Utopie formulieren, also Prinzipien ermitteln für einigermaßen günstige, aber immerhin mögliche historische Bedingungen, die von den Gesetzen und Tendenzen der sozialen Welt zugelassen werden. Dabei unterstellt er, dass in einer gerechten und stabilen Gesellschaft die Beziehungen der Bürger idealerweise von Gerechtigkeitsgrundsätzen geregelt werden, die alle anerkennen und von denen alle zudem wissen, dass sie auch von allen anderen anerkannt werden.

Für eine Theorie der Gerechtigkeit, die bestimmen will, wie eine gerechte Gesellschaft institutionell verfasst sein sollte, gilt es also diejenigen institutionellen Prinzipien zu formulieren, die die Bedürfnisse und Interessen eines jeden Gesellschaftsmitglieds gleichermaßen unparteilich berücksichtigen und mithin von allen vernünftigerweise anerkannt werden können.

Um dieses Kriterium der Unparteilichkeit zu operationalisieren, schlägt Rawls das Gedankenexperiment einer fiktiven Prinzipienwahl im Urzustand vor. Diese soll als bloßes Darstellungsmittel betrachtet werden, dessen Charakterisierung im Überlegungsgleichgewicht gerechtfertigt oder gegebenenfalls angepasst werden kann. Die konkreten Ergebnisse, die sich aus der Theorie ergeben, müssen wohlüberlegt beurteilt und im Vergleich mit den allgemeinen, akzeptierten moralischen Prinzipien in ein solches Überlegungsgleichgewicht gebracht werden. Das Überlegungsgleichgewicht stellt Rawls' Methode der Begründung von moralischen und politischen Grundsätzen dar, in dem wohlüberlegte Urteile über konkrete Fälle, allgemeine Grundsätze und konkurrierende Gerechtigkeitsvorstellungen gegeneinander abgewogen und in der Reflexion zu einem widerspruchsfreien, kohärenten Gesamtsystem werden. Rawls nimmt damit das vertragstheoretische Begründungsprogramm der Neuzeit (Hobbes, Locke, Rousseau, Kant) in allerdings stark modifizierter Form wieder auf.

Gerechtfertigt sind nach dieser Konzeption jene Prinzipien der Gerechtigkeit, auf die sich freie, gleiche und zweckrational handelnde, d. h. nur ihrem eigenen Interesse folgende Menschen einigen würden, wenn sie in einen ursprünglichen Zustand der Gleichheit und Fairness versetzt würden und die Aufgabe hätten, Gerechtigkeitsgrundsätze zu wählen, die die Grundstruktur ihrer Gesellschaft regeln und denen sie folgen, sobald sie diesen Urzustand verlassen haben. Die Situation der Menschen im Urzustand ist also selbst schon moralisch entsprechend den geteilten wohlüberlegten Urteilen der Bürgerinnen und Bürger geregelt. Aus diesem Gedanken ergibt sich die Formel der rawlsschen Konzeption »Gerechtigkeit als Fairness«.

22 *Gerechtigkeit als Fairness*

Laut Rawls gilt: Gerecht ist diejenige Grundordnung, auf die sich ihre Mitglieder unter selbst schon fairen Bedingungen einigen würden.

So begründet sich auch das Hauptmerkmal des rawlsschen Urzustands, der »Schleier des Nichtwissens« (*veil of ignorance*): Bei der Wahl der besten Grundordnung für ihre Gesellschaft dürfen die Individuen aus Fairnessgründen nicht wissen, welche Position sie später in der Gesellschaft einnehmen werden, welche Interessen, Anlagen, Fähigkeiten sie haben werden und welches die näheren Umstände der betreffenden Gesellschaft sein werden. Der Schleier verdeckt Informationen, die zu einer parteiischen Wahl führen könnten. Die Subjekte werden durch den Schleier des Nichtwissens so entindividualisiert, dass sie notwendig eine einmütige Entscheidung treffen, die sich allein aus ihrem Interesse an einem möglichst großen Anteil an sozialen Gütern ergibt.

Rawls geht davon aus, dass vor allem folgende Grundgüter für alle relevant sein und deshalb den zentralen Gegenstand der zu etablierenden gerechten Verteilungsordnung bilden werden: (1) gewisse Grundrechte und Grundfreiheiten, (2) Freizügigkeit und Berufswahl, (3) mit beruflichen Positionen verbundene Befugnisse und Vorrechte, (4) Einkommen und Besitz, (5) die sozialen Grundlagen der Selbstachtung. Wenn nun die Parteien im Urzustand sich auf die gerechten Prinzipien der Verteilung dieser Güter einigen, dann wird es, so Rawls, rational für sie sein, sich bei ihrer Wahl von der Maximin-Regel leiten zu lassen. Entsprechend dieser Regel sollte man unter den gegebenen Alternativen diejenige wählen, deren schlechtestmögliches Ergebnis besser ist als das schlechteste Ergebnis jeder anderen Alternative und die also im Fall aller Fälle das geringste Schadenspotential birgt. Vereinfacht dargestellt beruht Rawls' Begründung der Maximin-Regel im Urzustand auf der Annahme, dass das Wissen um die psychische Grundverfassung der Menschen in einer gerechten Gesellschaft die Parteien im Urzustand gleichgültig macht gegenüber Gewinnen, die über das Minimum hinausgehen. Aus diesem entscheidungstheoretischen Argument ergibt sich die moralische Kernaussage der rawlsschen Gerechtigkeitskonzeption: Eine Gesellschaft soll so organisiert sein, dass die in ihr am schlechtesten Gestellten (dennoch) möglichst gut dastehen, und zwar so gut, dass sich keine andere institutionelle Ordnung denken ließe, in der sie bessergestellt wären, ohne dass dadurch andere schlechtergestellt werden müssten.

Unabhängig von diesem vertrags- und entscheidungstheoretischen Argument spielt bei Rawls aber noch ein moralphilosophisches Argument eine viel gewichtigere Rolle: Die Grundstruktur einer Gesellschaft sollte nicht derart beschaffen sein, dass sie einigen Menschen aufgrund moralisch arbiträrer Faktoren, wie etwa der sozialen Stellung oder der natürlichen Begabung, lebenslange Vorteile auf Kosten anderer verschafft. Da man seine natürlichen Fähigkeiten nicht verdient hat, hat man, so Rawls, auch keinen exklusiven Anspruch auf die aus ihnen resultierenden Vorteile. Gerechtigkeitsprinzipien müssen demnach einen ungebührlichen Einfluss moralisch arbiträrer Faktoren auf die gesellschaftliche Grundstruktur verhindern.

Mit diesen Argumenten (und einem weiteren, gegen den Utilitarismus gerichteten Argument) kommt Rawls letztlich zu dem Schluss, dass man sich im Urzustand auf zwei Grundsätze der Gerechtigkeit einigen würde. Sie lauten:

23 *Rawls' 1. Grundsatz der Gerechtigkeit*

»Jede Person hat den gleichen Anspruch auf ein völlig adäquates System gleicher Grundrechte und Freiheiten, das mit demselben System für alle vereinbar ist, und innerhalb dieses Systems wird der faire Wert der gleichen politischen (und nur der politischen) Freiheiten garantiert.« (Rawls 1998, S. 69)

Letzteres ist so zu verstehen, dass gleich begabte und motivierte Bürgerinnen und Bürger ungefähr gleiche Chancen haben müssen, politische Ämter zu erlangen und an politischen Entscheidungen mitzuwirken – unabhängig von ihrer ökonomischen oder sozialen Klasse. Zu einem ›System von Grundfreiheiten‹ gehören bei Rawls besonders »die politische Freiheit (das Recht, zu wählen und öffentliche Ämter zu bekleiden) und die Rede- und Versammlungsfreiheit; die Gewissens- und Gedankenfreiheit« (Rawls 1975, S. 82) sowie die Unverletzlichkeit der Person und das Recht auf persönliches Eigentum.

24 *Rawls' 2. Grundsatz der Gerechtigkeit*

»Soziale und ökonomische Ungleichheiten müssen zwei Bedingungen erfüllen: *erstens* müssen sie mit Ämtern und Positionen verbunden sein, die allen unter Bedingungen fairer Chancengleichheit offen stehen, und *zweitens* [so lautet das sogenannte Differenzprinzip; RC/SG] müssen sie sich zum größtmöglichen Vorteil für die am wenigsten begünstigten Gesellschaftsmitglieder auswirken.« (Rawls 1998, S. 69f.)

Das erste Prinzip hat für Rawls absoluten Vorrang vor dem zweiten, d.h., eine Einschränkung der Bürgerrechte zugunsten größerer ökonomischer Vorteile soll ausgeschlossen sein. Das Differenzprinzip hat aber sehr wohl sozialstaatliche Konsequenzen, weil ihm entsprechend die Resultate einer freien Marktwirtschaft durch Umverteilung korrigiert werden sollen. Die Personen im Urzustand werden sich nach Rawls statt für Gleichheit für das Differenzprinzip entscheiden, weil dieses allen Personen im Vergleich zur vollständigen Gleichverteilung der Güter einen größeren Vorteil verspricht und zugleich die in der wirtschaftlichen Verteilung am schlechtesten Gestellten möglichst gut dastehen lässt.

In seinem zweiten Hauptwerk *Politischer Liberalismus* (1993) geht Rawls von folgender methodischen Einsicht aus: Eine Theorie der Gerechtigkeit, die für eine moderne demokratische Gesellschaft Geltung beansprucht, muss das Faktum des Pluralismus unterschiedlicher Auffassungen des Guten grundlegend berücksichtigen. Heutzutage bedarf es nach Rawls einer rein politischen Gerechtigkeitskonzeption, der es wesentlich um eine allgemein akzeptierbare, stabile Einigung über die grundlegenden institutionellen Prinzipien einer wohlgeordneten, gerechten Gesellschaft geht, in der alle Menschen ein nach ihrem Ermessen gutes Leben führen können – nicht aber darum, eine für alle Menschen gleichermaßen verbindliche Vorstellung davon zu entwickeln, was ein gutes Leben ist.

Rawls zufolge ist die öffentliche politische Kultur moderner demokratischer Gesellschaften von einer tiefgreifenden Uneinigkeit über grundlegende Wertvorstellungen gekennzeichnet, für die es gute Gründe gibt. Ob eine Theorie der Gerechtigkeit normativ adäquat ist, kann sich unter diesen Bedingungen nur in ihrer öffentlichen Rechtfertigung erweisen: Ihre normativen Prämissen und die Gerechtigkeitsgrundsätze, die sie aus ihnen ableitet, müssen unter freien und gleichen Bürgern vernünftigerweise zustimmungsfähig sein. Eine solche aus Vernunftgründen anzustrebende politische Gerechtigkeitskonzeption muss laut Rawls auf der Schnittmenge eines übergreifenden Konsenses aufbauen: Die verschiedenen, in einer freiheitlichen Grundordnung vertretenen moralischen, religiösen und philosophischen Positionen sollen sich in einer politischen Gerechtigkeitskonzeption für die gesellschaftliche Grundordnung überschneiden, d.h., jede Person kann diese Konzeption vor dem Hintergrund ihrer umfassenden Weltanschauung zwar nicht als wahr, aber als vernünftig anerkennen.

Rawls strebt daher eine Gesellschaft an, deren Bürgerinnen und Bürger sich aus Gerechtigkeitsgründen weigern, einander Institutionen oder Gesetze aufzuzwingen, die nicht öffentlich nachvollziehbar begründet werden können. Rawls' Idee des öffentlichen Vernunftgebrauchs verlangt, dass die Bürgerinnen und Bürger ihr politisches

Handeln, z. B. ihr Argumentieren, Entscheiden oder Abstimmen, in der Öffentlichkeit nur an gemeinsam geteilten Kriterien, Richtlinien und Informationen orientieren sollen. Man darf sich also in Gerechtigkeitsfragen nicht allein von der eigenen umfassenden Weltanschauung leiten lassen. Nur dann ist mit einem übergreifenden Konsens solcher Lehren, seien sie religiöser oder säkularer Natur, zu rechnen, die die Gerechtigkeit aus ihrer Perspektive bejahen. Aus den geteilten Gründen bestimmt sich für Rawls der Bereich des moralisch Richtigen, der sich in einer wohlgeordneten Gesellschaft institutionell in der Garantie allgemeiner individueller Grundrechte niederschlägt. Deren Befolgung hat kategorische Priorität vor der ansonsten im liberalen Sinn freigestellten Verfolgung von spezifischen Konzeptionen des Guten. Es ist für Rawls dabei genau die Vorstellung von Gesellschaft als fairem Kooperationssystem zwischen freien und gleichen Bürgern, die er in seiner *Theorie der Gerechtigkeit* entwickelt hat, die die gesuchte gemeinsame Wertgrundlage bietet: Alle vernünftigen Wertvorstellungen, die in einer demokratischen politischen Kultur existieren, überlappen sich in diesem Verständnis von Gesellschaft. Somit liefert Rawls hier also eine neue, das Faktum des Pluralismus stärker berücksichtigende Rechtfertigung für die beiden schon zuvor von ihm formulierten Gerechtigkeitsprinzipien.

Alle heutigen Gerechtigkeitstheorien müssen sich entweder positiv oder negativ auf Rawls beziehen. Sofort nach Erscheinen der *Theorie der Gerechtigkeit* setzte eine bis heute anhaltende Auseinandersetzung mit Rawls' Werk ein, in der neben Zustimmung auch kritische Einwände von verschiedenen philosophischen und politischen Seiten vorgebracht wurden:

Da sind (1) die Angriffe des oben behandelten Marktliberalismus gegen seine Rechtfertigung der ökonomischen Umverteilung zugunsten der weniger Begünstigten, weil das gegen marktwirtschaftliche, besitzindividualistische oder verdiensttheoretische Kriterien verstoße.

Zudem wird (2) die Begründungsstruktur der Theorie der Gerechtigkeit kritisiert: Die Methode des Überlegungsgleichgewichts sei bloß kohärentistisch und zu solipsistisch (also nur auf die einzelne Person bezogen), das Maximin-Prinzip nicht das einzige rationale Entscheidungsverfahren: Im Sinne der Maximin-Regel zu wählen sei für die Parteien im Urzustand nicht unbedingt vernünftig.

Darüber hinaus hat sich (3) an Rawls eine zum Teil antiliberalistische, antiuniversalistische Gegenbewegung namens Kommunitarismus entzündet, die hier in 3.2. vorgestellt wird. Kommunitaristen halten eine inhaltsreichere gemeinsame Vorstellung des Gemeinwohls als Grundlage eines gerechten Zusammenlebens für erforderlich. Auch hat (vgl. 3.3.) die feministische Theorie an der *Theorie der Gerechtigkeit* bemängelt, dass diese es nicht erlaube, Ungerechtigkeiten zwischen den Geschlechtern und insbesondere Ungerechtigkeiten in der Rollen- und Ressourcenverteilung innerhalb von Familien aufzuzeigen. Rawls hat sich unter anderem infolge dieser Debatten in seinen späteren Schriften mit solchen Einwänden auseinandergesetzt und seine Theorie neu formuliert. Diese Weiterentwicklungen in den Schriften *Politischer Liberalismus* und *Gerechtigkeit als Fairneß* sollen ausdrücklich dem Geist und Inhalt der *Theorie der Gerechtigkeit* treu bleiben, enthalten jedoch wesentliche Veränderungen und Akzentverschiebungen, die solche Kritiken entkräften sollen. – Wie spätere Verteilungstheoretiker sich heute weiterführend auf Rawls' politischen (Sozial-)Liberalismus beziehen, wird in 4.1. dargestellt.

Kollektiver Nutzen: Utilitarismus

Neben den Gesellschaftsvertragstheorien in ihren demokratischen oder liberalen Varianten wurde in der Moderne ein anderes Paradigma der politischen Zweckbestimmung des Staates sehr einflussreich. Dieses konsequentialistische Paradigma wählt eine andere Strategie als die Vertragstheorien, den Zweifel des Anarchisten an der Legitimität staatlicher Herrschaft auszuräumen. Mit der Vertragstheorie teilt der Konsequentialismus allerdings die Betonung des Individuums als rechtfertigender Letztinstanz. Dieses Paradigma sieht in den (absehbaren) Folgen einer Handlung den einzig relevanten Gesichtspunkt für ihre moralische und politische Bewertung. Im Utilitarismus als wichtigster Ausprägung dieses Paradigmas wird der Nutzen aller Betroffenen als selbst nichtmoralisches und objektives Kriterium der Bewertung der Handlungsfolgen verstanden.

Als Begründer des klassischen Utilitarismus gilt Jeremy Bentham (1748–1832), John Stuart Mill als zweiter wichtiger Hauptvertreter (1806–1873), ein wichtiger gegenwärtiger Vertreter ist Peter Singer (*1946). Für den Utilitarismus sollen die Interessen aller Menschen – ohne Rücksicht auf ihren Inhalt oder die materielle Lage einer Person – in moralischer Hinsicht gleich behandelt werden; sie sollen also gleiche Berücksichtigung finden, wenn es darum geht, das für alle moralisch Gebotene zu bestimmen. Denn das Leben aller einzelnen wiegt moralisch gleich, gemäß Benthams Leitsatz »Jeder zählt für einen, keiner für mehr als einen«. Nach dieser Auffassung ist es weder ein bestimmtes, partikulares Sonderinteresse noch aber ein irgendwie geartetes, von den Interessen der Menschen unabhängiges höheres Prinzip, das den Maßstab des Richtigen liefert, sondern über die Richtigkeit einer Handlung entscheidet allein, in welchem Maße diese Handlung zur *allgemeinen Interessenbefriedigung* beizutragen vermag.

25 *Nutzenmaximierung*

Dem Utilitarismus zufolge ist diejenige Handlung richtig, die (langfristig) die Summe an individuellem Wohlergehen maximiert, also den vergleichsweise größten Gesamtnutzen nach sich zieht. Der Nutzen bezeichnet dabei das Ausmaß des von einer Handlung bewirkten kollektiven Glücks oder Wohlbefindens.

Dies kommt in der bekannten Formel »Das größte Glück der größten Zahl« zum Ausdruck (die Formel darf allerdings nicht so verstanden werden, als stelle die *Zahl*, also die Quantität der Betroffenen, ein separates und zusätzliches Kriterium neben der Quantität des Glücks dar, da das unplausibel wäre und die Maximierung zweier Variablen verlangen würde). Diese Formel wurde von den Utilitaristen in erster Linie als philosophische Grundlage eines sozialreformerischen Programms verstanden, das vor allem eine Zurückweisung konservativer und reaktionärer Positionen einschließt, für die der Wohlstand der gesamten Bevölkerung kein erwünschtes Ziel ist. Intrinsischen Wert (also Wert allein aus sich heraus) haben im Utilitarismus nur *subjektive* Zustände, nämlich Lust bzw. Glücksempfindungen sowie die Abwesenheit von Schmerz bzw. unangenehmen Empfindungen. Werte objektiver Art wie Wahrheit, Freiheit und Leben haben lediglich extrinsischen Wert, da ihr Wert abhängig ist von dem Wert der von ihnen bewirkten subjektiven Zustände; und auch Handlungen – etwa das Einhalten von Versprechen oder Mord – sind weder intrinsisch gut noch schlecht. Der Utilitarismus kennt nur *individuell* realisierte Werte: Subjekt des Nutzens ist im Utilitarismus immer das Individuum. Alle kollektiven Werte werden als Ansammlungen bzw. Aggregate aus individuellen Werten gedacht. Es gibt für den Utilitarismus deshalb kein »Gemeinwohl« jenseits des Wohls der einzelnen, die Gemeinschaft ausmachenden Individuen. Der Utilitarismus kennt also keine *strukturellen* Werte, d.h. Werte, die sich statt auf die Summe auf das *Verteilungsmuster* der Wertrealisierung beziehen, etwa die Gleichheit der Nutzenverteilung oder die Proportionalität von Nutzen und Verdienst im Sinne der ausgleichenden Gerechtigkeit.

Der Utilitarismus richtet sich entsprechend seinem Grundprinzip auf alle empfindungsfähigen Wesen und schließt damit die empfindungsfähigen Tiere ein, empfindungsunfähige menschliche Wesen wie frühe menschliche Embryonen schließt er hingegen aus. Räumliche, zeitliche und soziale Distanz der Betroffenen führen im Utilitarismus dabei nicht zu einer Minderung ihrer moralischen Relevanz (allerdings zu einer erhöhten Unsicherheit bei der Folgenabschätzung). Damit vertritt der Utilitarismus eine Moral der Unparteilichkeit, in der die Interessen des Unbekannten ebenso viel zählen wie jene der engsten Freunde. Dies hat dem Utilitarismus allerdings den Vorwurf eingetragen, die Menschen zu überfordern, weil er vom einzelnen zu viel verlange.

Die Attraktivität des Utilitarismus in der Moderne ergibt sich daraus, dass er nur ein einziges, scheinbar exaktes Prinzip der Entscheidung durch Quantifizierung zur Verfügung stellt und zudem an lebensweltlich verbreitete Formen der Abwägung zwischen mehr oder weniger guten Konsequenzen anschließen kann. Utilitaristisches Kalkulieren ist auch in vielen Bereichen der Politik weit verbreitet, etwa bei der Besteuerung, bei positiver Diskriminierung, Enteignung oder Kriegsführung. Allgemein verlangt der Utilitarismus, dass wir von einem unparteilichen Standpunkt aus mit Bezug auf alle das wollen, was jeder von uns mit Bezug auf sein eigenes Wohl will. Dieser Ansatz macht das Prinzip des größten Nutzens so allgemein eingängig. Der Utilitarismus besticht zudem dadurch, dass er aufgrund der gleichen Berücksichtigung der Interessen aller egalitär ist. Schließlich ist er metaphysikfrei, weil er ausschließlich innerweltliche und subjektiv akzeptable Ziele befördert und zur Begründung einzelner Handlungen und Normen außer den utilitaristischen Maximen selbst nur empirische Informationen verwendet.

Dennoch sieht sich der Utilitarismus – vor allem aus der Perspektive des Liberalismus – mit verschiedenen Problemen konfrontiert. So ist etwa unklar, wie die vom Akteur *beabsichtigten*, die *vorausgesehenen* oder gar die *voraussehbaren* Handlungsfolgen bei der utilitaristischen Kalkulation gewichtet werden sollen: Oft sind Handlungsfolgen nicht mit Sicherheit vorauszusehen oder nur ungenügend quantifizierbar und gegeneinander verrechenbar, ebenso wie sich Glückszustände nicht nur quantitativ, sondern auch qualitativ voneinander unterscheiden. Zudem kann der Utilitarismus extrem ungerechte Nutzenverteilungen nicht ausschließen, wie das drastische Beispiel der Versklavung einer Minderheit zum größeren Nutzen der Mehrheit illustriert. Der Utilitarismus kennt keine moralischen Rechte bzw. Menschenrechte als absolute moralische Forderungen – er kann sie nur so lange respektieren, wie es nicht insgesamt von größerem Nutzen wäre, gegen sie zu verstoßen. Die Behandlung aller als Gleiche verlangt dagegen nach verbreiteter Überzeugung einen Sockel an gleichen Rechten und Ressourcen, die einem unter keinen Umständen genommen werden dürfen, was immer auch die Wünsche der anderen sein mögen. Es ist kein Zufall, dass der Utilitarismus keinen Begriff der Gerechtigkeit bzw. des gerechten Anteils für einzelne Personen kennt, sondern eine Folge des Umstands, dass er die unbedingte Relevanz der einzelnen Person auch gegen und gegenüber dem Kollektiv(-nutzen) ignoriert. Alle rein aggregativen Ansätze, wie der Utilitarismus oder Wohlfahrtstheorien, verfehlen einen wesentlichen moralischen Gesichtspunkt: Die moralische Gleichheit der Personen schreibt die Achtung vor dem je einzelnen individuellen Leben vor, nicht etwa vor einer abstrakten Durchschnittsperson. Nutzenberechnung – wie sie oft bei politischen Entscheidungen zu beobachten ist – ist nach weithin geteilter liberaler Auffassung nur dann moralisch legitim, wenn ihr eine Theorie der fairen Verteilung vorgeschaltet ist, die einen basalen Besitz an Grundgütern noch der am schlechtesten Gestellten verbürgt: Menschen können nicht gerechterweise dazu verpflichtet werden, unbegrenzt zum Nutzen anderer Opfer zu bringen. Utilitaristen dagegen können keine auf Moral oder Gerechtigkeit beruhenden Einschränkungen für Interessen zulassen. Vertreter des Utilitarismus haben auf dieses Problem reagiert, indem sie zwischen Handlungs- und Regelutilitarismus (wird der Nutzen konkreter Handlungen oder der Befolgung allgemeiner Regeln bewertet?) oder zwei Ebenen des moralischen Denkens unterscheiden. Es ist allerdings umstritten, ob die angesprochenen Probleme damit gelöst oder nur verschoben werden.

Ausgerechnet Mills eigenes Werk *Über die Freiheit* von 1869, dessen individualistisches Programm mit dem Programm der Wohlfahrtsoptimierung in seinem Buch *Utilitarismus* nach Ansicht vieler Interpreten schwer zu versöhnen ist, verteidigt dagegen in klassischer Weise individuelle Selbstbestimmungsrechte, die kein Staat beeinträchtigen darf. Allerdings bemüht sich Mill selbst, den individuellen Freiheitsrechten eine utilitaristische Rechtfertigung zu geben. Die Freiheitsbegründung bei Mill ergibt sich dabei aus dem Fortschritt der gesamten Menschheit, dem letztlich am besten durch eine Vielfalt von unterschiedlichen Individuen und Gemeinschaften mit jeweils anderen Lebensentwürfen gedient sei.

In diesem zweiten Kapitel wurden verschiedene im weitesten Sinn liberale Antworten auf den Zweifel des Anarchisten vorgestellt, nämlich (1) die Theorie des Gesellschaftsvertrags in ihren verschiedenen Varianten und ihre

Aktualisierung im Rahmen des zeitgenössischen Liberalismus sowie (2) die Theorie des Utilitarismus. Die immerwährende Frage des Anarchismus lautet: Wann ist eine politische Ordnung legitim? Die allgemeine Antwort darauf: Eine politische Ordnung ist dann legitim, wenn sie bestimmten normativen Anforderungen genügt. Die Antworten auf die Frage, *welchen* Anforderungen politische Ordnung und staatliche Herrschaft genügen muss, um als legitim gelten zu können, variieren entsprechend den verschiedenen vorgestellten Theorien: etwa dem rationalen Eigeninteresse wie bei Hobbes, dem Schutz der Freiheit wie bei Locke, der Volkssouveränität wie bei Rousseau, dem Vernunftgebot der Rechtsstaatlichkeit wie bei Kant, dem Schutz des ursprünglich berechtigterweise angeeigneten Eigentums wie bei Locke und Nozick, der Durchsetzung der Prinzipien der Gerechtigkeit wie bei Rawls oder der Maximierung des Gesamtnutzens wie im Utilitarismus. Im folgenden Kapitel geht es um die Kritik an diesen klassischen liberalen Staats- und Herrschaftsbegründungen aus verschiedenen Richtungen und den damit verbundenen alternativen Paradigmen.

3. Kritik des Liberalismus – alternative Problembeschreibungen

In diesem Kapitel werden zum einen verschiedene Formen der Kritik am liberalen Paradigma, wie es bisher eingeführt wurde, und zum anderen die sich daraus ergebenden methodologischen und inhaltlichen Alternativen vorgestellt. Dabei wird sich zeigen, dass diese alternativen Ansätze nicht nur andere Lösungen anbieten, sondern auch von einer anderen Problembeschreibung ausgehen, als dies Liberalismus und Vertragstheorie tun. Geht es diesen darum, zu bestimmen, wie die Einrichtung eines Herrschaftsapparates mit dem normativen Primat der individuellen Freiheit versöhnt werden kann, so erklären jene Ansätze andere Einheiten als das Individuum zur eigentlichen Bezugsgröße der politischen Philosophie: Aus der Perspektive des Marxismus sollten die ökonomischen Verhältnisse im Zentrum der Aufmerksamkeit stehen, aus der Sicht des Kommunitarismus die Gemeinschaft, aus der des Feminismus die Geschlechterverhältnisse und aus der des Poststrukturalismus das Ineinander von Subjektkonstitution und Macht.

Mit der Zurückweisung der Vorstellung vom rationalen Individuum als Grundeinheit des Politischen geht in diesen alternativen theoretischen Ansätzen eine Kritik an einer rein normativen, ausschließlich auf die rationale Begründung von politischer Herrschaft bezogenen politischen Philosophie (wie sie von den meisten Vertretern des Liberalismus und der Vertragstheorie bevorzugt wird) einher: Diese führe nicht nur zu einem inadäquaten, die Rationalität und Vernünftigkeit von sozialen Verhältnissen überschätzenden Verständnis unserer politischen Wirklichkeit, sondern könne auch das normative Ziel, auf das hin sich diese Wirklichkeit verändern sollte (bzw. auf das hin wir diese Wirklichkeit verändern sollten), nur falsch oder unzureichend bestimmen. Doch lassen sich gegen diese Kritiken am liberalen Mainstream der politischen Philosophie jeweils wiederum Einwände erheben.

3.1. Ökonomische Verhältnisse: Marxismus

Ist die Politik tatsächlich ein autonomer Bereich, in dem die grundlegenden Fragen des politischen und gesellschaftlichen Zusammenlebens im Einklang mit den Prinzipien des Naturrechts bzw. der Moral demokratisch entschieden werden? Diese Grundannahme des Liberalismus wird vom Marxismus mit Nachdruck zurückgewiesen. Die vor allem auf die Schriften von Karl Marx (1818–1883) zurückgehende marxistische Perspektive (die als theoretische Strömung weder mit dem Marxismus-Leninismus kommunistischer Parteien noch mit dem »real existierenden Sozialismus« der ehemaligen DDR in eins gesetzt werden sollte) zeichnet sich primär dadurch aus, dass es sich bei ihr eher um eine wissenschaftlichen Status beanspruchende Gesellschafts- und Geschichtstheorie als um eine normative politische Philosophie klassischen Zuschnitts handelt. In dieser Einführung interessiert der Marxismus jedoch nicht primär als Gesellschafts- und Geschichtstheorie oder gar als ökonomische Theorie (die er auch ist), sondern in seinen Konsequenzen für die politische Philosophie. Aus dieser Perspektive ist der Marxismus als Kritik derjenigen philosophischen Ansätze interessant, die abstrakte und ahistorische Prinzipien des Naturrechts oder der Gerechtigkeit zu bestimmen versuchen, ohne dabei die realen ökonomischen, sozialen und politischen Verhältnisse zu berücksichtigen, in denen Gerechtigkeit allererst herzustellen wäre.

In diesem Abschnitt werden zunächst kurz die wichtigsten Grundannahmen des Marxismus skizziert, dann die von ihm diagnostizierten »blinden Flecken« des Liberalismus diskutiert und schließlich einige Einwände gegen den Marxismus angeführt.

Marx' Theorie lässt sich – in all ihrer Komplexität und Heterogenität – im wesentlichen durch fünf Grundannahmen charakterisieren.

26 *Fünf Grundannahmen des Marxismus*

(1) *Materialismus*: Das (gesellschaftliche) Sein bestimmt das Bewusstsein.
(2) *Historischer Materialismus*: Die gesellschaftliche Realität ist nicht statisch, sondern sie ist einer historischen Entwicklung unterworfen, die einer eigenen Logik folgt.
(3) *Dialektik*: Der Motor der historischen Entwicklung sind strukturelle Widersprüche zwischen Produktivkräften und Produktionsverhältnissen.
(4) *Klassenkampf*: Der Motor der historischen Entwicklung ist der Klassenkampf.
(5) *Überwindung des Kapitalismus*: Der Kommunismus steht am Ende dieser historischen Entwicklung.

Als erste Grundannahme ist der *Materialismus* zu nennen. Dessen Grundprinzip lautet in Abgrenzung vom Idealismus: Das Sein bestimmt das Bewusstsein. Unter »Sein« wird hier vor allem die gesellschaftliche Wirklichkeit und ihre ökonomische Struktur verstanden. Um deren grundlegenden Charakter zu verdeutlichen, spricht Marx auch von der »Basis« im Unterschied zum »Überbau«, zu dem alle Phänomene des Bewusstseins, aber auch ihre institutionellen Realisierungen, also etwa Recht, Moral, Religion und Politik (einschließlich staatlicher Institutionen) gehören. Diese Sichtweise ist nicht nur materialistisch, da sie bestimmte faktisch existierende soziale Verhältnisse als fundamental für alle anderen, insbesondere aber für geistige Verhältnisse auffasst; sie ist auch funktionalistisch, und zwar in dem Sinn, dass die zum Überbau gehörigen Phänomene, also etwa moralische und religiöse Überzeugungen, aber auch die Institutionen des Rechts und des Staates, als funktional – als förderlich oder gar notwendig – für die Reproduktion der sozialen Verhältnisse (insbesondere der ökonomischen Relationen zwischen den Menschen) verstanden werden. Entsprechend dieser Sichtweise sind es die gesellschaftlichen, insbesondere die ökonomischen Verhältnisse, in denen wir leben – die Institutionen, über die die Produktion und Verteilung von Gütern organisiert wird –, die bewirken, dass wir bestimmte Überzeugungen ausbilden und die Welt auf eine bestimmte Weise wahrzunehmen lernen. Wir werden in diesen Institutionen so sozialisiert, dass wir genau jene Interessen und Meinungen ausbilden, die dazu führen, dass wir unsere Rollen in diesen Institutionen einnehmen können und uns auf diese Weise relativ reibungslos in sie integrieren lassen. Unser gesellschaftliches Sein bestimmt mit anderen Worten unser Bewusstsein genau so, dass es funktional für den Fortbestand dieses Seins, also den gesellschaftlichen Status quo ist.

Die marxsche Theorie geht (2) davon aus, dass die gesellschaftliche Wirklichkeit nicht statisch, sondern dynamisch verfasst ist, also einer permanenten historischen Entwicklung unterliegt, die einer eigenen Logik oder Tendenz folgt, anstatt bloß eine kontingente Abfolge von Ereignissen zu sein. Dies macht aus dem marxschen Materialismus einen *historischen Materialismus*: Die Gesellschaft durchläuft bestimmte historische Entwicklungsstadien, die sich wissenschaftlich eindeutig erkennen bzw. deren zukünftige Abfolge sich sogar voraussagen lassen soll: Führte die gesellschaftliche Entwicklung bisher von den archaischen Stammes- und Sklavenhaltergesellschaften über den Feudalismus zum Kapitalismus, so werde dieser einst selbst vom Sozialismus überwunden und schließlich in den Kommunismus münden. Auf die Frage, welche Faktoren diese historische Entwicklung erklären, worin also ihr Motor besteht, gibt Marx nun zwei Antworten, deren Verhältnis zueinander allerdings nicht vollkommen klar ist.

In einer eher strukturorientierten Perspektive wird (3) die *Dialektik* von Produktivkräften und Produktionsverhältnissen als Motor der historischen Entwicklung verstanden. Dabei werden unter den »Produktivkräften« primär die Fähigkeiten der Arbeiter sowie die Produktionsmittel (Ressourcen, Technologien etc.) verstanden. Zu den Produktionsverhältnissen – den Bedingungen, unter denen produziert wird – zählen an erster Stelle die Eigentumsverhältnisse. Das Verhältnis zwischen Produktivkräften und Produktionsverhältnissen wird von Marx als ein dialektisches verstanden. Das bedeutet zunächst nichts anderes, als dass es auf der ökonomischen Ebene zu sich stets verschärfenden Widersprüchen kommt: Die Funktionserfordernisse oder -ansprüche der Produktivkräfte (die sich z.B. mit der technischen Entwicklung der Produktionsmittel verändern) sind mit den bestehenden Produktionsbedingungen (z.B. den überkommenen feudalistischen Besitzverhältnissen zur Zeit der industriellen Revolution im 19. Jahrhundert) nicht mehr vereinbar. Diese strukturellen oder funktionalen Widersprüche werden erst dann aufgelöst, wenn sie sich in einem sozialen und politischen Umwälzungsprozess entladen haben und die geschichtliche Entwicklung der Gesellschaft so eine höhere Stufe erreicht hat.

Unter den gegenwärtigen Bedingungen des Kapitalismus sind die Produktionsverhältnisse durch das Privateigentum an Produktionsmitteln geprägt, also durch die rechtliche und faktische Verfügungsgewalt von Privatpersonen etwa über Fabriken oder Maschinen. Marx vertritt die Ansicht, dass auch diese Form der Eigentumsverhältnisse die Entwicklung der Produktivkräfte zunächst zwar in historisch unbekanntem Ausmaß angetrieben, dann aber gehemmt hat. Auf diese Weise ist sie historisch gesehen überflüssig und ihre Überwindung unausweichlich geworden. Den Übergängen zwischen den durch unterschiedliche ökonomische Verhältnisse charakterisierten Gesellschaftsformationen wird demnach eine gewisse Notwendigkeit zugeschrieben. Veränderungen des Überbaus – also der Bewusstseinsformen, aber auch der staatlichen und rechtlichen Institutionen – folgen dabei den Veränderungen der ökonomischen Basis.

(4) Marx versteht in einer eher akteursorientierten Perspektive den *Klassenkampf* – also die sozialen und politischen Auseinandersetzungen zwischen verschiedenen kollektiven Akteuren – als Motor der Geschichte. Zu den eben skizzierten Veränderungen kommt es nicht gewissermaßen von selbst, sondern in Revolutionen, und Revolutionen gibt es nicht ohne revolutionäre Praxis, also nicht ohne Kampf.

Die Verbindung beider Antworten besteht nun darin, dass der Klassenkampf Marx zufolge einen bestimmten Entwicklungsstand der Produktivkräfte voraussetzt: Man kann nicht einfach beschließen, eine Revolution zu machen, sondern diese hat bestimmte, auch materielle Voraussetzungen, etwa einen bestimmten Entwicklungsstand der Produktivkräfte. Man könnte Marx hier so verstehen, dass es notwendige Bedingungen der gesellschaftlichen Umwälzung gibt, die aber nicht hinreichend sind und daher den sozialen und politischen Kampf nicht überflüssig machen. Zudem ist der Kampf, von dem Marx spricht, ein *Klassen*kampf. Ohne die Zuspitzung des Klassengegensatzes auf den Gegensatz von Bourgeoisie und Proletariat, deren sich widersprechende Interessen jeweils eine Funktion ihrer Stellung in der Gesellschaft bzw. im ökonomischen Prozess sind, würde es die entsprechenden kollektiven Akteure gar nicht geben. Nicht nur die effektive materielle Möglichkeit eines Kampfes der Klassen, sondern auch die Herausbildung von Klassen als Akteuren selbst, die sich ihrer geteilten Interessen bewusst sind, ist demnach das Ergebnis eines historischen Prozesses, der der oben beschriebenen Logik folgt. Ob die Herausbildung von Klassen »an und für sich« ein notwendiges Resultat der geschichtlichen Entwicklung ist oder aber erst noch – politisch, im Kampf – herzustellen wäre, bleibt eine bis heute umstrittene Frage.

Das Ziel sowohl der historischen Entwicklung als auch des Klassenkampfes ist (5) die *Überwindung des Kapitalismus* und schließlich der Übergang in den Kommunismus. Für Marx ist der am Ende dieser historischen Entwicklung stehende Kommunismus allerdings keine Utopie, von der man sich bereits vorher eine klare Vorstellung machen sollte, sondern eine historische Bewegung, die in der sozialen Realität selbst verankert ist; der Kommunismus ist sowohl eine geschichtliche Entwicklungstendenz als auch die politische Bewegung der Arbeiterklasse. Da die kommunistische Gesellschaftsformation jedoch nicht nur durch die Abschaffung des Privateigentums an Produktionsmitteln und die Aufhebung der Arbeitsteilung, sondern auch durch das Ende von Entfremdung, Ausbeutung und Ideologie, durch das Absterben des Staates und die umfassende Selbstverwirklichung des Menschen in solidarischer Gemeinschaft mit anderen charakterisiert wird, ist sie von utopischen Zügen nicht völlig frei.

Aus der Perspektive des marxistischen Politikverständnisses weist der Liberalismus (dessen interne Komplexität hier zurückgestellt werden muss) in mehreren Hinsichten blinde Flecken auf.

27 *Die blinden Flecken des liberalen Politikverständnisses aus marxistischer Sicht*

(1) *Die Bedingtheit der Politik*: Politik stellt keine autonome Sphäre dar, sondern wird als Teil des Überbaus durch die ökonomische Basis bestimmt.
(2) *Eine lediglich formale Vorstellung von Freiheit und Gleichheit*: Politik ist Legitimation und Reproduktion der (unfreien und ungleichen) bestehenden Ordnung.
(3) *Ausbeutung*: Die rechtliche Verfasstheit der Gesellschaft lässt die unfaire Ausnutzung sozialer Abhängigkeitsverhältnisse zu.
(4) *Entfremdung*: Die vom Liberalismus propagierten gesellschaftlichen (Rechts-)Verhältnisse machen eine sinnhafte Identifikation der Menschen unmöglich und erzeugen ein Gefühl des Machtverlusts.
(5) *Ideologie*: Der Liberalismus verkennt die Bedeutung notwendig falschen Bewusstseins als Strukturmerkmal kapitalistischer Gesellschaften und Hindernis eines radikalen Wandels.
(6) *Die Frage der Gerechtigkeit*: Zu beobachten sind eine einseitige Konzentration auf Verteilungsfragen und die unhinterfragte Voraussetzung der Umstände der Gerechtigkeit.

(1) Ein erster Problemkomplex resultiert aus der *Bedingtheit der Politik* durch die gesellschaftlichen, insbesondere durch die ökonomischen Verhältnisse, die vom Liberalismus schlicht ausgeblendet werde. Wie erwähnt, geht der Marxismus von einem Primat der gesellschaftlichen Kräfteverhältnisse und ökonomischen Bedingungen bzw. der Basis aus und begreift die Politik ebenso wie das Recht als

Teil des Überbaus. Damit steht er im Widerspruch zur liberalen Annahme einer Autonomie und eines Primats der Politik und des Rechts im Verhältnis zu Wirtschaft und Gesellschaft. Zudem versteht Marx Politik realistisch, d.h. nicht als faire Kooperation oder vernünftigen Austausch von Argumenten, sondern als Klassen- und damit Interessenkampf. Vor diesem Hintergrund wird auch die vermeintliche Unparteilichkeit von Staat und Recht gegenüber den Bürgern bestritten, von der der Liberalismus aber ausgeht; Staat und Recht sind viel eher als Herrschaftsmittel im Klassenkampf zu betrachten. Allgemein wird an der Theorie und Praxis des Liberalismus kritisiert, dass sie nur zu einer kosmetischen Kritik und zu lokalen Reformen der bestehenden problematischen Verhältnisse imstande sei. Solange aber die eigentliche und tiefere Ursache dieser Probleme – nämlich die Grundstruktur des Kapitalismus (mit Arbeitsteilung und Privateigentum an Produktionsmitteln) – bestehen bleibe, ließen sich auch diese Probleme nicht dauerhaft lösen. Der systematische Zusammenhang zwischen den verschiedenen Pathologien und Irrationalitäten der modernen kapitalistischen Gesellschaft lässt sich Marx zufolge nur durch eine grundlegende Revolution beseitigen.

(2) Das zweite große Problem des Liberalismus ist aus marxistischer Sicht seine *lediglich formale Vorstellung von Freiheit und Gleichheit.* Gleiche individuelle Rechte und formale Chancengleichheit sind aus der marxschen Perspektive aber Ausdruck des Individualismus kapitalistischer Gesellschaften und lassen sich gut vereinbaren mit deren massiven sozialen und ökonomischen Ungleichheiten, etwa mit der ungleichen Verteilung von Ressourcen sowie des Zugangs zu Produktionsmitteln. Sie tragen sogar zur Legitimation und damit zur Reproduktion der bestehenden Ordnung bei.

Wie sieht es etwa aus mit dem Beispiel der Vertragsfreiheit? Natürlich werden die Arbeiter im Normalfall nicht gezwungen, eine bestimmte Arbeit aufzunehmen, sie tun dies freiwillig. Aber inwiefern sind sie in dieser Entscheidung wirklich frei, wenn sie sich doch zugleich ausschließlich durch den Verkauf ihrer Arbeitskraft selbst ernähren können? Wirkliche Freiheit und Gleichheit lassen sich Marx zufolge nicht im Rahmen kapitalistischer Gesellschaften realisieren. Unter diesen Bedingungen dienen individuelle Rechte nur dem Schutz des Egoismus und stehen echter Gemeinschaft und Solidarität gerade im Weg.

(3) Eine Reihe von miteinander zusammenhängenden Problemen ergibt sich Marx zufolge daraus, dass der rechts- und gerechtigkeitszentrierten Perspektive des Liberalismus wesentliche Strukturmerkmale kapitalistischer Gesellschaften entgehen. Da ist zum einen das Problem der *Ausbeutung*. Der Begriff bezeichnet die unfaire Ausnutzung eines sozialen Abhängigkeitsverhältnisses, das formal als vertraglich geregelte Beziehung zwischen gleichen Rechtssubjekten erscheinen mag, wie dies beispielsweise beim Arbeitsvertrag der Fall ist. Die ausgebeutete Person bekommt nicht das, was ihr eigentlich zusteht, und wird generell von dem Produkt ihrer Arbeit getrennt, mit dessen Verkauf der Kapitalist den sogenannten Mehrwert erwirtschaftet. Neben der quantitativen Unangemessenheit (man bekommt nicht so viel Lohn, wie einem zusteht) haben wir es in Fällen von Ausbeutung daher auch noch mit einer qualitativen Unangemessenheit zu tun. Diese zweite Form der Unangemessenheit kann mit Phänomenen wie Unfreiwilligkeit, Abhängigkeit, ungleichen Machtverhältnissen, Zwang und Instrumentalisierung zusammenhängen. Nun ist Marx der Auffassung, dass der Kapitalismus strukturimmanent ausbeuterisch ist, sofern die Besitzer der Produktionsmittel über entscheidende Verhandlungsvorteile gegenüber den in dieser Hinsicht besonders verletzlichen Anbietern von Arbeitskraft verfügen. Dieses Problem lässt sich im Rahmen des Kapitalismus demnach gar nicht lösen.

(4) Ähnlich verhält es sich mit dem Problem der *Entfremdung*. Marx zufolge zeichnet sich Arbeit unter kapitalistischen Bedingungen durch eine vierfache Entfremdung aus: Der Arbeiter ist (a) vom Produkt seiner Arbeit, (b) von seiner eigenen Tätigkeit, (c) vom »Gattungswesen« (also der Natur des Menschen) und (d) von seinen Mitmenschen entfremdet. Entfremdung ist demnach eine Störung des Verhältnisses zu sich selbst, zur sozialen und zur natürlichen bzw. gegenständlichen Welt. Nicht entfremdete Arbeit würde im Gegenzug eine Form der produktiven Weltaneignung darstellen, die ein angemessenes Verhältnis zu sich selbst sowie zur sozialen und zur natürlichen bzw. gegenständlichen Welt einschließt.

Es lassen sich zwei Dimensionen der so verstandenen Entfremdung ausmachen, nämlich die Unfähigkeit der sinnhaften Identifikation mit dem eigenen Handeln und den gesellschaftlichen Bedingungen dieses Handelns und das Gefühl des Machtverlusts. Beide kommen in der individuellen oder kollektiven Unfähigkeit zum Ausdruck, »Subjekt der eigenen Handlungen« und nicht bloß »passives Objekt« der Verhältnisse zu sein. Letzteres aber ist für die erfahrene Realität der modernen Arbeitswelt charakteristisch.

(5) Auch *Ideologie* im Sinne notwendig falschen Bewusstseins stellt nach Marx ein Strukturmerkmal kapitalistischer Gesellschaften dar. Dabei handelt es sich nicht um eine einfache Täuschung oder einen (etwa von der Bourgeoisie eingefädelten) Betrug, sondern um in der sozialen Realität verankerte und für deren Reproduktion funktional förderliche oder sogar notwendige Bewusstseinsformen, also etwa Moral, Recht und Religion. Zwei typische Formen von Ideologie sind zum einen die Naturalisierung, die geschichtlich entstandene und veränderbare Verhältnisse wie beispielsweise die Organisationsweise kapitalistischer Gesellschaften als natürlich und unveränderbar erscheinen lässt, zum anderen die Universalisie-

rung partikularer Interessen, indem die herrschende Klasse diese als identisch oder zumindest kompatibel mit dem Gemeinwohl ausgibt. In einer von Klassenantagonismen bzw. Gegensätzen geprägten Gesellschaft, so die marxsche Kritik, ist die Berufung auf das Gemeinwohl notwendig ideologisch, da sie nahelegt, es gebe ein gemeinsames Interesse aller jenseits des Antagonismus ihrer Klasseninteressen. Ideologiekritik ist Marx zufolge Voraussetzung für politische Veränderungen, denn unter der Annahme, die Verhältnisse ließen sich sowieso nicht ändern oder würden im geteilten Interesse aller gestaltet, wird man sich auch nicht für ihre Veränderung einsetzen.

(6) Ein letzter Einwand gegen die liberale Betrachtungsweise schließt daran an, dass für den Liberalismus die *Frage der Gerechtigkeit* im Zentrum steht. Zum einen kann man mit Marx behaupten, dass die beliebte Konzentration auf Fragen der Verteilungsgerechtigkeit unterschätzt, wie sehr diese durch ungerechte Produktions- und Eigentumsverhältnisse bestimmt sind: Es geht nicht nur darum, wie wir den Kuchen verteilen sollen, sondern wer ihn unter welchen Bedingungen produziert hat und wem die Arbeitskraft, die Arbeitsmittel und das Produkt gehören. Noch grundlegender wird zum anderen aber auch die Einbeziehung der Umstände bzw. Anwendungsverhältnisse der Gerechtigkeit in Frage gestellt. Gerechtigkeitsprobleme stellen sich nämlich nur vor dem Hintergrund moderater Güterknappheit und der interessenbasierten Konkurrenz um diese knappen Güter. Nun sind Marx zufolge aber gesellschaftliche Verhältnisse denkbar – und im Kommunismus auch realisiert –, unter denen Gerechtigkeit überflüssig wird, da aufgrund der hohen Produktivität gar keine Güterknappheit mehr besteht und die Menschen nicht mehr miteinander konkurrieren müssen, zumal sie sich falscher Bedürfnisse (etwa nach für ein authentisches menschliches Leben unnötigen Konsumgütern) und falscher kompetitiver Strebungen (einfach nur

mehr haben zu wollen als andere) entledigt haben. Der Einwand zielt also darauf ab, dass der Liberalismus Konflikte als gegeben akzeptiert, die für eine bestimmte Gesellschaftsformation charakteristisch sind, die es aber eigentlich zu überwinden gilt.

Die hier nur grob skizzierte marxsche Theorie ist heftig kritisiert worden. Abschließend werden vier gewichtige Einwände gegen sie umrissen.

28 *Vier Einwände gegen den Marxismus*

(1) *Ökonomismus*: Lässt die Betonung der ökonomischen Faktoren Raum für eine relative Autonomie der Politik?
(2) *Determinismus*: Lässt die These von der historischen Notwendigkeit Raum für Kategorien der Kontingenz und Akteurschaft?
(3) *Szientismus*: Was ist der eigentliche Status der marxschen Theorie?
(4) *Totalitarismus*: Ist die Theorie in ihren politischen Implikationen totalitär oder demokratisch?

(1) Zunächst kann man sich grundlegend die Frage stellen, ob der Marxismus der Politik überhaupt eine eigenständige Rolle zuspricht oder ob er alle politischen Phänomene letztlich auf außerpolitische – gesellschaftliche und vor allem ökonomische – Faktoren reduziert. Ein solcher einseitiger *Ökonomismus* scheint nicht einmal eine relative Autonomie der Politik zuzulassen. Etwas abgeschwächt könnte man den Marxismus aber auch so verstehen, dass er sich nur gegen die übersteigerte Vorstellung einer vollkommenen Autonomie der Politik richtet und auf deren Einbettung in und Bestimmung (aber nicht Determiniertheit) durch gesellschaftliche und ökonomische Faktoren verweist. Das würde erklären, warum Marx politischem

Handeln doch eine wichtige Rolle zuzusprechen scheint. Allerdings scheint er tatsächlich zu unterschätzen, dass es in der Politik auch ganz andere Konfliktlinien als ökonomische gibt, die keineswegs einfach als sekundär abgetan werden können; so werden neben *class* heute meist auch *race* und *gender* als zentrale Kategorien sozialer Auseinandersetzung genannt.

(2) Wie bereits gesehen, steht Marx' Betonung der Relevanz politischen Handelns in einem Spannungsverhältnis zur geschichtsphilosophischen These der Notwendigkeit der historischen Entwicklung. Der latente *Determinismus* von Marx' Theorie, der zufolge der Kapitalismus aufgrund seiner internen Widersprüchlichkeit zum Untergang verdammt ist, scheint für Kontingenz und Akteurschaft wenig Raum zu lassen. Auch die These, dass die geschichtliche Entwicklung mit dem Kommunismus an ihr Ende kommt, ist nur schwer vorstellbar.

(3) Sodann stellt sich die Frage nach dem Status der marxschen Theorie. Unverkennbar erhebt sie den Anspruch einer wissenschaftlichen Analyse historischer Entwicklungsgesetze. Dieser *Szientismus* steht jedoch in einem Spannungsverhältnis zu den irreduzibel praxisorientierten, normativen und philosophischen Aspekten von Marx' Theorie, die unter anderem die Frage nach den normativen Grundlagen der marxistischen Gesellschaftskritik betreffen.

(4) Auch wenn Marx' Theorie nicht mit den späteren Versuchen ihrer praktischen Realisierung und ihrer Umdeutung etwa durch Lenin verwechselt werden sollte, muss die Frage nach ihrem unterschwelligen *Totalitarismus* doch gestellt werden. Zumindest scheint es im Marxismus ein Spannungsverhältnis zu geben zwischen eher autoritären Elementen wie der Betonung der Vorreiterrolle der Partei oder der Diktatur des Proletariats und der Betonung der Selbstemanzipation der Arbeiter und des radikal-demokratischen Charakters ihrer freien Verbindung bzw. Assoziation.

Sowohl Marx' Theorie als auch ihre Kritik und Weiterentwicklung sind natürlich viel komplexer, als diese Darstellung nahelegt. Es sollte aber deutlich geworden sein, inwiefern die marxistische Perspektive – trotz ihrer internen Spannungen und Widersprüche – eine Kritik der liberalen Politikvorstellung und ein alternatives Verständnis des Zusammenhangs von Politik und Gesellschaft erlaubt.

3.2. Gemeinschaft: Kommunitarismus

Die liberale Konzeption von (gerechtfertigter) Herrschaft beruht auf einer bestimmten Auffassung vom Individuum und seiner Stellung in der Gesellschaft. Dieser grundlegende Individualismus wird vom Kommunitarismus kritisiert, weil der Liberalismus die politisch-philosophische Bedeutung von Gemeinschaften in seiner Theorie systematisch unterschätze. In diesem Abschnitt wird zu Beginn nochmals an die zentralen Grundannahmen des Liberalismus erinnert, die im Zentrum der Kritik des Kommunitarismus stehen. Anschließend werden fünf vom Kommunitarismus diagnostizierte blinde Flecken des Liberalismus dargestellt und jeweils kritisch diskutiert. Im Zuge dieser Diskussion wird zugleich herausgearbeitet, was die vom Kommunitarismus häufig kritisierte liberale Forderung nach einem »neutralen« Umgang moderner Gesellschaften mit unterschiedlichen kulturellen, religiösen oder generell weltanschaulichen Gemeinschaften besagt. Diese Problematik wird später in 4.4. unter den Stichpunkten Neutralität, Toleranz und die Herausforderung des Multikulturalismus wieder aufgenommen.

Alle liberalen (also sowohl die sozial- als auch die marktliberalen) Auffassungen vom legitimen Staat stimmen darin überein, dass dessen Aufgabe darin besteht, Gleichheit und Freiheit als grundlegende Werte durch individuelle Rechte zu schützen. Zentral im Liberalismus ist – wie schon in 2.2. und 2.3. dargelegt wurde – die herausgehobene Bedeutung des Individuums, das mit seiner Autonomie bzw. Selbstbestimmung als letzter unhintergehbarer Bezugspunkt aller politisch-moralischen Legitimität anzusehen ist. Die liberale Sichtweise verlangt moralische Achtung vor Personen, d.h. den Respekt vor der Selbstbestimmung der (mündigen) Person.

Der Zusammenschluss von Individuen in Gemeinschaften ist im Liberalismus entsprechend eigentlich nur als begründeter, freiwilliger Zusammenschluss legitim. Zwangsverbände, in die man hineingeboren und in denen man ohne explizite Zustimmung als Mitglied angesehen wird, wie etwa die Familie, die Nation, Religionsgemeinschaften und der Staat, müssen nach liberaler Sicht zumindest hypothetisch gegenüber ihren Mitgliedern rechtfertigbar sein. Diesen muss zudem nach liberaler Auffassung von Freiwilligkeit eine konkrete, ungefährdete Option des Austritts aus der jeweiligen Gemeinschaft eingeräumt werden; sie dürfen nicht in einem Netz sozialer Bindungen gefangen gehalten werden. Verlassen viele Mitglieder eine Gemeinschaft, so kann dies auch zu deren Auflösung führen. Gemeinschaften genießen aus liberaler Perspektive keinen ›Artenschutz‹, sie haben keinen eigenständigen moralischen Wert.

Mit diesem normativen Primat des Individuums vor der Gemeinschaft hängt – auf eine noch auszuführende Weise – als weiteres spezifisch liberales Merkmal die Forderung nach der Neutralität des Staates zusammen. Im Gegensatz zu illiberalen Staaten, die es als ihre primäre Aufgabe ansehen, der entsprechenden Gesellschaft eine bestimmte (etwa kulturelle oder ethische) Form zu geben, spricht der Liberalismus dem Staat das Recht ab, seinen Mitgliedern eine bestimmte Konzeption des guten Lebens aufzuzwingen. Diese Beschränkung der staatlichen Verfügungsmacht zum Schutz der Selbstbestimmung der Individuen bildet die Grundlage der klassischen Forderungen nach politischen Freiheiten im Liberalismus. Der Staat darf sich nicht in die Interpretation und praktische Ausfüllung der den Bürgerinnen und Bürgern zugesicherten Freiheitsspielräume einmischen.

Gegen diese beiden Aspekte des Liberalismus, den liberalen Individualismus und die sich daraus ergebende liberale Vorstellung von Gemeinschaft, wendet sich eine moralisch-politische Strömung, die »Kommunitarismus« genannt wird. Der Begriff leitet sich ab vom lateinischen »communitas« für »Gemeinschaft« oder »Gemeinsinn«. Der Kommunitarismus versteht sich vor allem als Korrektiv und nicht als Alternative zu liberaldemokratischen Systemen; er hat es nicht vermocht, einen eigenständigen umfassenden Gegenentwurf vorzulegen. Eines muss vorab festgehalten werden: In seiner in der gegenwärtigen politischen Philosophie vertretenen Form hat der Kommunitarismus nichts mit der früher in Deutschland verbreiteten illiberalen Denktradition zu tun, die sich auf das Primat der Gemeinschaft vor dem Individuum beruft – eine Tradition, die sich im Nationalsozialismus verheerend ausgewirkt hat. Vielmehr reagiert der Kommunitarismus vor allem seit den 1980er Jahren kritisch auf den dominanten Einfluss des Liberalismus, insbesondere von John Rawls' Theorie, auf das Selbstverständnis liberaler westlicher Demokratien. Seine bekanntesten Vertreter sind Michael Walzer, Michael Sandel, Charles Taylor und Alasdair MacIntyre (mit wichtigen Unterschieden zwischen deren Positionen). Auch wenn der Kommunitarismus in dieser Form ein relativ junges Phänomen vor allem aus Nordamerika ist, so können sich seine Vertreter doch auf eine lang zurückreichende Tradition kommunitaristischen Denkens berufen: Diese reicht von Aristoteles über Hegel und Marx und Hannah Arendt bis zu den Klassikern der Soziologie wie Max Weber, Georg Simmel, Ferdinand Tönnies und Emile Durkheim mit ihren unterschiedlichen soziologischen Diagnosen eines gravierenden Gemeinschafts- und Werteverlusts im Zuge der Herausbildung moderner Gesellschaften.

Wie der Name nahelegt, geht es dem Kommunitarismus vor allem um die Rolle einer wohlfunktionierenden Gemeinschaft im guten politischen Zusammenleben. Während Liberale das Individuum deskriptiv wie normativ so verstehen, dass es seine Auffassung vom guten Leben innerhalb einer von der liberalen Gesellschaft definierten und durchgesetzten Konzeption des (Ge-)Rechten eigenständig realisiert, glauben Kommunitaristen, dass die Gemeinschaft eine entscheidende Rolle bei der Bestimmung und der Realisierung sowohl des Guten wie des Rechten spielt. Die liberale Theorie übersieht nach kommunitaristischer Auffassung die sozialen Vorbedingungen der Selbstbestimmung sowie die kulturelle Spezifizität dieses Ideals. Jede Auffassung der Gerechtigkeit müsste vielmehr an die gelebte Tradition der jeweiligen Gemeinschaft, für die sie formuliert wird, und an die in ihr enthaltenen Wertvorstellungen anknüpfen. Die Individuen wie auch die staatlichen Entscheidungsträger sollten sich bemühen, die jeweilige Tradition und Kultur sowie die in ihnen als werthaft angesehene Konzeption des Gemeinwohls zu fördern. Der Kommunitarismus als philosophische Theorie betont damit die soziale Natur des Menschen und formuliert auf dieser Basis den normativen Vorrang gemeinschaftlicher Werte und Institutionen in Politik und Moral. Aus dieser Perspektive wird eine spezifisch politische Programmatik entwickelt, die von der Diagnose ausgeht, dass gemeinschaftliche Bindungen in modernen Gesellschaften zunehmend verschwinden und an ihre Stelle die Sorge bloß um das private Wohl trete. Als Gegenbewegung propagiert der Kommunitarismus eine gemeinwohlorientierte Erneuerung politischer und sozialer bzw. zivilgesellschaftlicher Institutionen; er setzt dabei auf Gemeinsinn und Bürgertugend (so vor allem Amitai Etzioni in den USA).

29 *Die Schwachstellen des Liberalismus aus kommunitaristischer Sicht*

(1) Atomismus
(2) Individualistische Methodik
(3) Paradigma der liberalen ›Neutralität‹
(4) Unterscheidung zwischen Ethik und Moral
(5) Verkennung der Gefahr, die vom mangelnden Zusammenhalt in der modernen Gesellschaft ausgeht

Grundlegend für den Kommunitarismus, da auf einer ontologischen Ebene angesiedelt, ist seine Kritik des liberalen »atomistischen« Personen- und Freiheitsverständnisses (mit Vorformen dieser Kritik bereits bei Hegel und Marx). Ausgangspunkt des Liberalismus ist, so der Vorwurf, eine gänzlich unrealistische Vorstellung von der ontologischen Grundeinheit des politischen Zusammenlebens. Der Liberalismus unterstelle fälschlicherweise atomistische, »ungebundene« Personen ohne eigene ethische Identität, kritisiert etwa Michael Sandel. Eine Person sei jedoch immer schon in soziale Praktiken eingebettet und dort situiert, ja sie werde erst durch diese intersubjektiven Kontexte gebildet. Personen werden nach kommunitaristischer Auffassung durch Werte, Gemeinschaften und Traditionen wesentlich konstituiert. Sie sind alle Kinder ihrer Zeit, ihres Ortes, ihrer Herkunft und Geschichte, ihrer Kultur, ihrer geteilten Vorstellungen vom Guten und Gebotenen. Als Argument in Bezug auf die Psychogenese von Menschen betrachtet, ist das sicherlich richtig. Auch im Zeitalter des modernen Universalismus bleiben Individuen auf eine soziale Lebenswelt angewiesen, in der sie sich mit partikularen Rollen und konkreten Normen identifizieren. Denn nur so sind sie zur Ausbildung einer bestimmten Identität in der Lage.

Ein strittiger Punkt zwischen Liberalismus und Kommunitarismus bleibt dann aber, ob sich die Wertorientierungen der Individuen jenseits ihres Sozialisationshorizonts auch geltungstheoretisch ausschließlich aus ihrer kulturellen, ethisch-gemeinschaftlichen Konstitution ergeben, d.h., ob die Werte, die für die Menschen verbindlich sein sollten, notwendigerweise mit den je kulturell spezifischen identisch sein müssen, die ihnen anerzogen worden sind. Nach kommunitaristischer Auffassung können die Individuen von ihrer kulturellen, ethisch-gemeinschaftlichen Konstitution nicht gänzlich absehen. Dagegen unterstellen die Liberalen, dass das Individuum sich frei und gegebenenfalls kritisch zu seiner kulturellen Prägung einschließlich seiner Werte und Bindungen verhalten kann. Insofern muss das liberale Verständnis des Individuums nicht atomistisch sein, vielmehr kann es die faktische Situiertheit anerkennen. Es wird aber betonen, dass Individuen mehr sind als die Summe der auf sie wirkenden Einflüsse. Diese Fähigkeit der Individuen, für sich selbst zu entscheiden, also ihre Autonomie, stellt für den Liberalen den letzten Bezugspunkt der Legitimität und das höchste zu schützende »Hypergut« (Charles Taylor) dar. Deshalb legen Liberale so viel Wert auf die klassischen bürgerlichen Freiheiten, die den Individuen die Möglichkeit garantieren sollen, das für sie Gute selbst zu finden und auch zu realisieren. Auf diese Weise gelangen Liberale zu ihrer Gerechtigkeitskonzeption, die den Vorrang subjektiver Rechte vor gemeinschaftlichen Auffassungen des Guten behauptet. Subjektive Freiheitsrechte zu gewähren muss also nicht bedeuten, dass man von atomistischen Individuen ausgeht. Vielmehr ist ein Liberalismus, der sich ausschließlich politisch und nicht ethisch versteht (wie Rawls' *Politischer Liberalismus*), mit unterschiedlichen Auffassungen der Identität von Personen vereinbar.

Damit ist und bleibt der Liberalismus jedoch in jedem Fall an den methodologischen und normativen Individualismus gebunden. Das Individuum ist im Liberalismus nicht nur – wie schon mehrfach betont – der normativ letzte Bezugspunkt, sondern bildet auch methodisch die Grundeinheit, die das Erklären und Verstehen sozialer Handlungen leitet. Diese methodische Unterstellung kritisiert ein sich methodisch holistisch und kontextualistisch verstehender Kommunitarismus, dem zufolge soziale Handlungen nur vor dem Hintergrund der Werte und Traditionen der Kultur, in die sie notwendig eingebettet sind, verständlich werden. Handlungen können demnach methodisch gar nicht einzelnen Handelnden allein zugeschrieben und mit alleinigem Bezug auf sie erklärt werden, sondern nur dann, wenn man sie in ihrem kollektiven sozialen Kontext situiert. Aus diesem Grund könnten sich Individuen auch nicht selbst als losgelöst von den sie prägenden Werten und Traditionen verstehen: Ihre Motive, ihr Denken und Fühlen werden wesentlich mitbestimmt von den sozialen Bedingungen, in denen sie leben. Dies ist allerdings eine weit über die Liberalismus-Kommunitarismus-Debatte hinausgehende Grundsatzdifferenz sozialwissenschaftlicher Methoden. Wie bei allen methodischen Ansätzen, die anstelle des Individuums etwa größere Strukturen, Systeme oder historische Entwicklungen als grundlegende Erklärungseinheit für das Politische ansehen, bleibt jedenfalls unklar, wie sie die einzelnen Individuen normativ zum richtigeren politischen Handeln anleiten können: Kann das Individuum nicht als »Autor seiner Handlungen« gelten, so macht es wenig Sinn, praktische Forderungen an es zu stellen. Solche Ansätze in der politischen Philosophie können sich also eigentlich nicht als normativ verstehen und tun dies oft ja auch nicht (vgl. 1.; 3.4.).

Welcher normative Status sollte sozialen Gemeinschaften unter Bedingungen moderner Gesellschaften zukommen? Auch diesbezüglich haben Kommunitaristen und Liberale einander entgegengesetzte Ansichten. Aus liberaler Sicht schließt die Anerkennung der liberalen Grundwerte von Freiheit und Gleichheit eine Forderung an den Staat ein, alle Bürgerinnen und Bürger mit gleicher Rücksicht und Achtung zu behandeln. Die garantierten subjektiven Freiheitsrechte sollen es ermöglichen, dass »jeder nach seiner Façon selig werden kann«, wie der preußische König Friedrich II. es formuliert haben soll. Die subjektiven Rechte bekommen im Liberalismus einen Vorrang vor gemeinschaftlichen Auffassungen des Guten eingeräumt. Zugleich geht der Liberalismus von einem »Faktum des Pluralismus« von Auffassungen des Guten aus: Die moderne Gesellschaft besteht selbst wiederum aus unterschiedlich großen Gemeinschaften, in denen jeweils spezifische Auffassungen des Guten gelebt werden. Seitdem metaphysische und traditionale Weltbilder ihre Überzeugungskraft in der Moderne eingebüßt haben, stehen dabei keine alle überzeugenden Gründe mehr zur Verfügung, eine bestimmte Konzeption des guten Lebens einer anderen vorzuziehen. Wir sind daher nicht nur gezwungen, die Existenz einer Vielzahl divergierender Konzeptionen des guten Lebens anzuerkennen, sondern, was viel bedeutender ist, auch die Unmöglichkeit einer vernünftigen, für alle annehmbaren Einigung über Fragen des guten Lebens. Damit fallen zwei Dinge auseinander, die früher eng miteinander verbunden waren, nämlich die Moral im engeren Sinn von Normen der Gerechtigkeit auf der einen Seite und Konzeptionen des guten Lebens, die jetzt nur noch als subjektive Projekte verstanden werden, auf der anderen Seite. In rechtlichen und moralischen Kontexten geht es um das richtige Handeln nach allgemeingültigen Prinzipien, in ethischen Kontexten um die Auffassungen des guten Lebens, das jeder so leben darf, wie er will, vorausgesetzt, er lässt anderen die gleiche Freiheit.

Hat man dies einmal (an-)erkannt, ergibt sich für eine moderne liberale Staats- und Rechtsordnung, die Legitimität nur noch beanspruchen kann, wenn ihr von allen freiwillig zugestimmt werden kann, dass der Staat sich neutral zu allen Konzeptionen des guten Lebens verhalten muss. Der Staat sowie die Bürgerinnen und Bürger dürfen anderen Mitbürgern keine bestimmte ethische Auffassung des guten Lebens verbindlich vorschreiben. Der Vorrang des Rechten und die Anerkennung der Pluralität der Konzeptionen des Guten zwingen den liberalen Staat zu einer Neutralität, die keine der im Staat praktizierten Konzeptionen des Guten bevorzugen darf. Andernfalls würde er die Konzeption der einen Gruppe als höherwertig als die anderer Gruppen einschätzen und damit die Mitglieder der ersten Gruppe bevorzugen.

30 *Neutralität*

Unter »Neutralität« versteht man also allgemein das Prinzip, dass der Staat nicht versuchen sollte, nur aus dem Grunde eine bestimmte Konzeption des guten Lebens zu fördern, weil er annimmt, sie sei intrinsisch höherwertig, stelle also eine bessere Konzeption des guten Lebens dar.
Hingegen darf der Staat die Verfolgung einiger bestimmter Konzeptionen des guten Lebens aus Gerechtigkeitsgründen sehr wohl einschränken, wenn diese z. B. die Rechte anderer verletzen.
Dieser sogenannte Vorrang des Rechten vor dem Guten fordert, dass die zulässigen Konzeptionen des guten Lebens die Grenzen, die ihnen durch das Gerechtigkeitsprinzip auferlegt sind, beachten müssen.

Diese im Liberalismus angelegte Forderung nach der Neutralität staatlichen Handelns gegenüber den Bürgerinnen und Bürgern zieht von vielen Seiten Kritik auf sich. So wird von kommunitaristischer Seite eingewandt, dass die beanspruchte ethische Neutralität allgemeiner staatlicher Rechtsprinzipien voraussetze, dass zwischen dem allgemeinverbindlichen Richtigen und dem partikular geltenden Guten eine klare Grenze gezogen werden könne. Tatsächlich aber ruhten die liberalen Grenzziehungen selbst noch auf partikularen ethischen Auffassungen des guten Lebens, insbesondere einer bestimmten Konzeption von personaler Autonomie auf. Der Liberalismus selbst habe sein Fundament in kulturell und historisch spezifischen Wertungen und Werten (wie Freiheit, Mündigkeit, Kritikfähigkeit, Selbstbestimmung), so dass er also in Wahrheit gar nicht neutral sei. Manche Liberale wie beispielsweise Joseph Raz räumen dies ein und begründen den Liberalismus in einer bestimmten Auffassung des Guten, in der Autonomie den zentralen ethischen Wert darstellt.

Die meisten Liberalen jedoch versuchen, die beanspruchte Neutralität zu verteidigen, indem sie spezifizieren, in welchem Sinne Neutralität in der Rechtfertigung von Normen verlangt wird. Demnach dürfe die Forderung nach der Neutralität des Staates nicht so missverstanden werden, dass staatliches Handeln keine unterschiedlichen Auswirkungen auf die verschiedenen Konzeptionen des Guten in einer Gesellschaft haben dürfe, sprich, nicht bestimmte Konzeptionen im Vergleich zu anderen begünstigen oder benachteiligen dürfe. »Neutralität« des Staates in diesem falschen Sinne hieße, dass die faktischen Auswirkungen einer jeden politischen Regelung im Hinblick auf die verschiedenen Konzeptionen des Guten gleich sein müssten. Aber eine solche Art Neutralität ist im Liberalismus weder möglich noch angestrebt. Zum einen ist es philosophisch strittig, wie man diese Gleichheit des Ergebnisses messen und feststellen können sollte. Zum anderen legt jeder vernünftige politische Grundsatz notwendigerweise bestimmten Konzeptionen des Guten mehr Beschränkungen auf als anderen, und die grundlegenden Institutionen, welche die Grundsätze vorschreiben, bestärken unausweichlich einige Konzeptionen des Guten und beeinträchtigen andere oder schließen sie sogar aus. Das scheint unvermeidbar, da staatliches Handeln zu wesentlichen Teilen aus Regelungen für Streitfälle bzw. konkurrierende Ansprüche besteht. Unabhängig davon, was der Staat macht, welche Entscheidungen er fällt und umsetzt, wird dies immer einigen Leuten mehr nutzen als anderen. Eine Politik, die sich Wirkungsneutralität vorgenommen hat, ist also letzten Endes undurchführbar.

Neutralität muss deshalb anders aufgefasst werden, nämlich prozedural, d. h. als Neutralität nicht der (Wirkungen der) politischen Regelungen selbst, sondern als Neutralität der Begründungsverfahren, in denen sie beschlossen werden. Neutral ist deshalb ausschließlich eine solche Rechtfertigung von grundlegenden Institutionen und politischen Maßnahmen, die sich auf *neutrale Gründe* stützen kann. Unter einem neutralen Grund versteht man dabei einen Grund, der unabhängig von rein subjektiven und damit umstrittenen Wertüberzeugungen ist. Das ist absichtlich vage formuliert, denn verschiedene Konzeptionen politischer Neutralität haben jeweils andere Auffassungen davon, was als neutraler Grund in einem politischen Begründungsverfahren dienen kann. Eine Einigung über diese strittige Frage – und damit bereits die Ermittlung »neutraler Gründe« selbst – kann nach Rawls allein mittels *öffentlicher Rechtfertigung* erzielt werden: Die normativen Annahmen, die einer bestimmten Gerechtigkeitskonzeption, einem politischen Reformvorschlag oder einem Gesetzesentwurf zugrunde liegen, müssen unter freien und gleichen Bürgern zustimmungsfähig sein, d. h., sie müssen öffentlich gegenüber den Betroffenen gerechtfertigt werden können. Dabei müssen die vernünftigen Meinungsverschiedenheiten, die bei der Pluralität besonderer Konzeptionen des Guten bzw. von Wertvorstellungen unvermeidlich sind, vom Begründungsverfahren möglichst ausgeschlossen werden. Nur eine Gerechtigkeitskonzeption, die mit einem breiten Spektrum von Weltanschauungen und Auffassungen des guten Lebens vereinbar ist, kann gerechtfertigt und stabil sein und daher mit hinreichender moralischer Loyalität der Gesellschaftsmitglieder rechnen. Politische Neutralität besteht also in einer Einschränkung jener Faktoren, die bei öffentlichen Begründungen politischer Entscheidungen gegenüber allen Betroffenen als Gründe zulässig sind. Jede öffentliche Privilegierung bestimmter Wertvorstellungen wäre bei der Begründung *politischer* Prinzipien unzulässig.

Das Ideal der Neutralität des liberalen Staates besagt also nicht, wie man leicht missverstehen könnte, dass dieser sich gegenüber den spezifischen partikularen Wertvorstellungen in der Gesellschaft passiv verhalten soll. Vielmehr muss er engagiert für die öffentlich gerechtfertigten und geteilten liberalen Grundwerte eintreten und seine Institutionen entsprechend einrichten. Demgegenüber verlangen Liberale nicht, dass die Maßnahmen anderer sozialer bzw. zivilgesellschaftlicher Institutionen (z.B. von Kirche und Gewerkschaften) ebenfalls nach dem Neutralitätsprinzip gerechtfertigt werden. Neutralität als ein *politisches* Ideal bestimmt die öffentlichen Beziehungen zwischen dem Staat als Zwangsgewalt und seinen Bürgern, aber nicht die privaten und sozialen Beziehungen zwischen Personen untereinander oder die Beziehungen zu anderen Institutionen. Diese Trennung zwischen privatem und öffentlichem Bereich ist für den Liberalismus fundamental.

Die liberale Hoffnung ist also, dass durch öffentliche Rechtfertigungsverfahren Grundlagen der vernünftigen Rechtfertigung und des wechselseitigen Respekts rekonstruiert werden können, die jenseits des Streits zwischen den unterschiedlichen ethischen Lehren liegen. Hier bleibt auf kommunitaristischer Seite allerdings der tiefsitzende Zweifel bestehen, ob das überhaupt möglich sei. Zwischen liberalen und kommunitaristischen Theoretikern ist auf der Ebene der Rechtfertigung von Prinzipien der *Gerech-*

tigkeit umstritten, ob diese sich nach »geteilten Überzeugungen« (Walzer) oder nach allgemeineren normativen Überlegungen (Rawls) richten müssen. Liberale Theorien stehen damit vor der Herausforderung, die moralischen und epistemischen Grundlagen ihrer Konzeption einer vernünftigen Rechtfertigung des Staates und liberaler Werte auf eine Weise zu erläutern und zu begründen, die jenseits des Streits zwischen ethischen Lehren liegt. Kommunitaristen wie vor allem Alasdair MacIntyre wiederholen an dieser Stelle ihre Kritik an der vom Liberalismus in Anschlag gebrachten philosophischen Unterscheidung zwischen *Moral* und *Ethik*, also die zwischen dem allgemeinverbindlichen Richtigen bzw. (Ge-)Rechten und den partikular geltenden Auffassungen des Guten. Wie, so lautet der kommunitaristische Einwand, können Liberale sicher sein, dass es eine ausreichende Übereinstimmung in den Auffassungen des (Ge-)Rechten gibt, so dass das (Ge-)Rechte allgemeinverbindlich vorgeschrieben werden kann, ohne dass dies zugleich für die Auffassungen des Guten möglich ist? Gibt es nicht doch noch ausreichend gemeinsam geteilte ethische Wertvorstellungen in den Mehrheitskulturen der heutigen Gesellschaften, die es nur offenzulegen gilt?

Diese Frage ist allerdings nicht ungefährlich, bzw. eine Antwort könnte zweischneidig ausfallen. Denn die richtige Antwort könnte auch lauten, dass bereits die liberale Überzeugung trügerisch ist, es gäbe bzw. könne genügend Übereinstimmung hinsichtlich der Gerechtigkeitsgrundsätze geben. Dann allerdings wäre das Begründungsproblem noch größer, weil weder ein ethischer Zusammenhalt durch eine geteilte Konzeption des Guten noch ein moralischer Zusammenhalt durch eine geteilte Konzeption des (Ge-)Rechten bestünde – es würde schlicht keine Grundlage mehr für die Rechtfertigung bestimmter Prinzipien gesellschaftlicher Organisation geben.

Dieser Streit um die legitimen Grundlagen unseres Zusammenlebens wird insbesondere angesichts der gegenwärtigen Realität sogenannter posttraditionaler Gemeinschaften aktuell: Genügt, so die kritische, *soziologisch* fundierte Frage des Kommunitaristen an den Liberalen, eine Einigung auf grundlegende Rechte und Verfahren, oder bedarf es eines stärkeren *ethischen Konsenses* unter den Bürgern, um moderne, pluralistische und multikulturelle Gesellschaften zusammenzuhalten? Während Kommunitaristen wie Taylor und MacIntyre politische Grundsätze und Institutionen nur in der gelebten Sittlichkeit, dem Ethos einer historischen Gemeinschaft, begründet sehen, wenden Liberale ein, dass moderne, differenzierte Gesellschaften gar nicht mehr als ethisch integrierte politische Gemeinschaften verstanden werden können.

Diese Debatte spielt politisch beispielsweise eine große Rolle bei der Frage, was von Immigranten mit einem anderen kulturellen Hintergrund berechtigterweise erwartet oder gefordert werden darf. In der deutschen Diskussion wird in diesem Zusammenhang oft zustimmend die These des ehemaligen Bundesverfassungsrichters Ernst-Wolfgang Böckenförde zitiert: »Der freiheitliche, säkularisierte Staat lebt von Voraussetzungen, die er selbst nicht garantieren kann.« (Böckenförde 1976, S. 60) Eine rein prozedurale Demokratie allein, ohne religiöses Wertefundament und verbindende Traditionen, vermag – so muss man diese These verstehen – kein Zusammengehörigkeitsgefühl zu generieren, das ausreicht, den Bürgerinnen und Bürgern den Gemeinschaftssinn zu geben, der nötig ist, damit sie sich der Gesellschaft zugehörig fühlen und sich für das Gemeinwesen jenseits der Verfolgung ihrer Eigeninteressen einsetzen.

Ein reiner Verfassungspatriotismus, wie ihn Dolf Sternberger und Jürgen Habermas anstelle eines ethisch, ethnisch, religiös oder kulturell aufgeladenen Staatsverständnisses gefordert haben, der den staatsbürgerlichen Sinn der Zugehörigkeit zum Gemeinwesen allein auf den formalen Grundlagen des liberalen Staates, vor allem Freiheit, Gleichheit und gerechten Verfahren der Demokratie, aufruhen lassen will, reiche, so wird vielfach kritisiert, für die Entwicklung von Gemeinsinn und eine gelungene Integration nicht aus. Ohne ein gewisses, über die prozedurale Demokratie und Gerechtigkeit hinausgehendes Maß an patriotischer Gemeinschaftsbindung seien liberaldemokratische Gesellschaften nicht in der Lage, ihre freiheitsverbürgenden Institutionen aktiv und lebensfähig zu halten. Denn was soll sonst beispielsweise den Einsatz des eigenen Lebens im Kriegsfall oder die aktive Teilnahme an öffentlichem Widerstand gegen staatlichen Machtmissbrauch motivieren können? Würden diese empirischen Behauptungen über die Textur des »sozialen Kitts« zutreffen, was freilich selbst äußert umstritten ist, dann hätten die meisten der heutigen Staaten Probleme, weil fast kein Staat heute mehr aus einer ethisch, ethnisch, religiös oder kulturell homogenen Bevölkerung besteht (wenn das denn je der Fall war). Würde eine dieser gemeinsamen, sich aus der Tradition ergebenden Grundlagen für das Gefühl der Gemeinsamkeit nötig sein, dann würde das bedeuten, dass es gar kein Gemeinschaftsgefühl im modernen Staat mehr geben könnte.

Liberale wiederum geben – zumindest ein Stück weit durch die Erfahrungen der letzten Jahrzehnte in liberalen Demokratien gestützt – die Hoffnung nicht auf, dass auch in einem Staat mit multikultureller Bevölkerung allein auf Grundlage der liberalen Werte und Prozeduren ein stabiles und gerechtes Zusammenleben möglich ist. Eine solche Einstellung ermöglicht es, auch innerhalb der liberalen Theorie ein Konzept des Multikulturalismus zu vertreten (Will Kymlicka). Durch die Neutralität des Staates soll es zudem allen partikularen Wertegemeinschaften möglich sein, ihre Werte (wie sie in Kultur, Sprache, Religion, Identität etc. zum Ausdruck kommen) zu verfolgen, solange sie die liberalen Grundwerte des Staates akzeptieren.

Die zentrale Leistung des Kommunitarismus besteht wohl in der kritischen Befragung moderner liberaler Demokratien darüber, wie sichergestellt werden kann, dass die intersubjektiven Bindungen an die freiheitsverbürgenden Institutionen einer Gesellschaft ausreichen, um die Teilnahme aller an den öffentlichen Angelegenheiten, insbesondere an der partizipatorischen Praxis der öffentlichen Willensbildung in der Demokratie, zu sichern.

In Reaktion auf die Kommunitarismus-Debatte haben viele Liberale ihre Position modifiziert und versucht zu zeigen, dass sie sensibel gegenüber der Bedeutung von Gemeinschaften und Kulturen sind; manche haben sogar einen »liberalen Nationalismus« (David Miller, Yael Tamir), »liberalen Patriotismus« oder »liberalen Multikulturalismus« ausgearbeitet. Auch geht es der liberalen Theorie meist anstatt um grundsätzliche Fragen häufig um politisch-praktische Probleme, wie beispielsweise die Herstellung von Vertrauen und Solidarität in modernen Massengesellschaften, die Möglichkeit liberaler Erziehung ohne Herauslösung der Kinder aus ihren familiären Bindungen und kulturellen Kontexten oder staatliche Kultursubventionen.

3.3. Geschlechterverhältnisse: Feminismus

In seinen verschiedenen Versionen beklagt der Feminismus, ähnlich wie Postkolonialismus, Antirassismus und Multikulturalismus (s. 4.4.), systematische blinde Flecken in der politischen Praxis liberaler Demokratien, aber auch in der politischen Philosophie, die zu ungerechten Ausschlüssen oder Diskriminierungen bestimmter Gruppen (hier der Frauen) führen. Feministische Theorien weisen darauf hin, dass neben der Unterdrückung und Ausbeutung von Klassen und rassistischer Diskriminierung auch das Verhältnis der Geschlechter von struktureller Benachteiligung und illegitimer Herrschaft geprägt ist.

31 *Grundlegende Bedeutung der Geschlechterbeziehung*

Dem Geschlechterverhältnis kommt schon deshalb eine besondere und grundlegende Bedeutung zu, weil alle bisher bekannten Gesellschaften auf das Zusammenleben der Geschlechter sozial angewiesen sind und von ihm wesentlich geprägt werden. Wegen ihres grundlegenden und scheinbar unvermeidlichen Charakters ist die gesellschaftliche, aber auch die intime, sexuelle oder familiäre Beziehung der Geschlechter ein wesentliches Thema der politischen Philosophie und der Gerechtigkeitstheorie. Dies gilt insbesondere dann, wenn sich zeigt, dass dieses gesellschaftlich grundlegende Verhältnis meist durch sich historisch reproduzierende Ungleichheiten und Unfreiheiten geprägt ist. Der Kampf um Gerechtigkeit im Verhältnis der Geschlechter ist daher besonders fundamental.

Der Feminismus ist sowohl in der politischen Philosophie als auch in der Politik ein äußerst vielschichtiges Phänomen. Die Vielgestaltigkeit des Feminismus, genauer: der feministischen Theorien, ist unter anderem auf unterschiedliche politisch-philosophische Ausrichtungen zurückzuführen; so gibt es feministische Positionen mit libertärer, liberaler, poststrukturalistischer, sozialistischer, marxistischer, postmoderner oder noch anderer Ausrichtung. Ihnen allen ist zwar das Anliegen gemeinsam, die Unterdrückung der Frauen aufzuheben. Doch diese Übereinstimmung löst sich in grundsätzlich verschiedene Analysen dieser Unterordnung und der zu treffenden Maßnahmen auf. Zugleich stellt der Feminismus nicht nur eine Strömung in der Philosophie oder Wissenschaft allgemein dar, sondern ist vor allem auch eine politische Bewegung, die in liberalen Demokratien zahlreiche rechtliche, politische und kulturelle Veränderungen erwirken konnte.

Der folgende Abschnitt kann keinen vollständigen Überblick über dieses vielschichtige Phänomen liefern, sondern nur Schlaglichter auf einige besonders wichtige oder interessante Aspekte gegenwärtiger feministischer Positionen werfen. Vorgestellt werden vier feministische Kritiken daran, wie der Mainstream des politischen Denkens die Interessen und Belange von Frauen beachtet oder eben nicht beachtet.

32 *Blinde Flecken des liberalen Politikverständnisses aus feministischer Perspektive*

(1) »Geschlechtsneutrale« Analyse der Gleichheit
(2) Unkritische Unterscheidung von Öffentlichem und Privatem
(3) Fragwürdiges Legitimitätskriterium der »freiwilligen Zustimmung«
(4) Dominanz von Normen der Zweigeschlechtlichkeit und Heterosexualität

Liberale Gesellschaften beruhen ihrem Selbstverständnis zufolge auf den Werten der gleichen Würde und Freiheit. Der Feminismus ist entstanden als sowohl politische wie auch intellektuelle Bewegung, die sich gegen die Kluft richtet, die zwischen der offiziellen Ausrichtung liberaler Gesellschaften an Freiheit und Gleichheit einerseits und andererseits jenen systematischen Formen der Ungleichbehandlung besteht, denen Frauen ausgesetzt sind. Insofern Frauen faktisch nicht die gleiche Chance haben, im Rahmen gleicher Rechte ein Leben nach ihren eigenen

Vorstellungen zu leben, können sie nicht als frei und gleich betrachtet werden. Die heute noch vorherrschende Unvereinbarkeit von beruflicher Karriere und Familie, das geringere Einkommen von Frauen bei gleicher Arbeit sowie häusliche Gewalt gegen Frauen sind eklatante aktuelle Beispiele für diese Unfreiheit.

(1) Die feministische Kritik an dieser doppelbödigen Wirklichkeit der »Freiheit und Gleichheit« in liberalen Gesellschaften entwickelte sich historisch in mehreren Etappen. Dabei blieben frühere programmatische Entwürfe feministischer Kritik zum Teil (theoretisch wie politisch) einflussreich. In der Debatte mit althergebrachten Theorien, die einen natürlichen oder gottgewollten oder traditionell begründeten moralisch relevanten Unterschied zwischen den Geschlechtern behaupten, so dass dem einen ein höherer Status als dem anderen zukommt, verfochten und verfechten die meisten feministischen Positionen noch die liberale Grundposition von Gleichheit und Freiheit. So haben sich feministische Positionen schon mit Beginn der Aufklärung in Europa vor allem gegen sexuelle Übergriffe und Gewalt gegen Frauen zur Wehr zu setzen versucht, auch wenn die Gleichstellung der Frau damals noch kein erklärtes realistisches Ziel war.

Erst in der sogenannten »ersten Phase« des Feminismus, beginnend mit Frauen wie Olympe de Gouges und Mary Wollstonecraft Ende des 18. Jahrhunderts, und dann im 19. und 20. Jahrhundert wurde für die formale rechtliche Gleichstellung von Mann und Frau in den meisten westlichen Ländern erfolgreich gefochten. Die formale rechtliche Gleichstellung von Mann und Frau ist in vielen liberalen Demokratien erschreckend und beschämend spät verwirklicht worden; so wurde das Frauenwahlrecht in der Schweiz auf Bundesebene erst 1971 eingeführt.

In der sogenannten »zweiten Phase« des Feminismus, die 1949 mit der Veröffentlichung des Buches *Das andere Geschlecht* von Simone de Beauvoir begann und in den

1960er, 1970er und frühen 1980er Jahren die westliche Frauenbewegung prägte, konnten immerhin gewisse politische, rechtliche und kulturelle Veränderungen erkämpft werden. In dieser Phase übten Feministinnen eine Art *interner* Kritik am Liberalismus: Sie kritisierten ihn dafür, dass er seinen eigenen Ansprüchen in der durch ihn angeleiteten Praxis nicht gerecht werde.

Feministische Theorien klagen dabei auf einer ersten Kritikebene Gleichheit sowohl in der Theorie als auch in der praktischen Anwendung bzw. Umsetzung der Theorie ein. Die eingeforderte Gleichheit läuft hier zunächst, in ihrer schwächsten Version, auf ein Diskriminierungsverbot, also auf das Verbot der willkürlichen oder unbegründeten Zuerkennung von Vorteilen oder Positionen auf der Grundlage von Geschlecht hinaus. Dabei wird unter »Geschlecht« in der Regel das »biologische« Geschlecht (*sex*) verstanden, und es wird verlangt, dass sich dieses Geschlecht sozial nicht in Diskriminierungen oder Privilegien niederschlagen dürfe. (Später wurde die Unterscheidung zwischen biologischem und sozialem Geschlecht von vielen feministischen Theorien noch einmal problematisiert.) Erlaubt sind dieser Position zufolge jedoch begründete Unterschiede in der Behandlung der Geschlechter, beispielsweise unterschiedliche Toilettenräume für Frauen und Männer oder getrennte Wettkämpfe im Sport. Diese Position argumentiert auch dafür, dass nicht geschlechtsspezifische Kriterien wie Leistung oder Bedürfnis durchaus als legitime Maßstäbe dienen können, wenn es um die gesellschaftliche Verteilung von Gütern oder Positionen geht. Dabei könne und dürfe es legitimerweise im Ergebnis durchaus etwa zu einer Unterrepräsentation von Frauen in Führungspositionen kommen, solange nicht nach unzulässigen Kriterien wie nach dem Geschlecht ausgewählt werde. Die empirisch zu beobachtenden, oft massiven Ungleichheiten in der Behandlung der Geschlechter sind dieser Perspektive zufolge also zulässig, solange sie aufgrund nicht geschlechtsspezifischer Kriterien, wie beispielsweise dem der Leistung, gerechtfertigt sind.

Gegen diese angeblich zulässigen Ungleichheiten beanstanden feministische Theorien auf einer zweiten Ebene der Kritik die dahinterliegenden, in ihren Augen verzerrten oder falschen normativen Vorstellungen von Gleichheit. Auch wenn der Anspruch im Grunde richtig ist, die wirtschaftlichen und politischen Chancen, z.B. auf Führungspositionen, vom biologischen Geschlecht (*sex* im Unterschied zu *gender*, also dem sozialen Geschlecht) zu entkoppeln, so hat dieser Antidiskriminierungsansatz nach feministischer Meinung nur begrenzten Erfolg. Die empirische Wirklichkeit gibt dieser Position recht: Frauen werden im Berufsleben in Deutschland immer noch – so belegen es Daten von Eurostat und der OECD von 2009 – diskriminiert und sogar stärker benachteiligt als in vielen anderen Ländern mit vergleichbarem Wohlstandsniveau. So verdienen sie weniger als Männer bei gleicher Arbeit, zudem ist der Anteil von Frauen (besonders von Frauen mit Kindern) an der Gesamtzahl der Beschäftigten geringer. Sie arbeiten oft in Teilzeit und Zeitarbeitsverhältnissen, ihre Rentenversorgung im Alter ist infolge der geringer bezahlten Stellen und der Unterbrechung wegen der Kinderbetreuung schlechter. Schließlich sind Frauen in den Führungsetagen der Unternehmen deutlich unterrepräsentiert. So besetzten Frauen 2009 in der Führung der 500 größten Unternehmen in Deutschland 2,4 Prozent aller Vorstands- und Geschäftsführungspositionen.

Diese Tatsachen haben nach feministischer Analyse geschlechtsspezifische Ursachen, die vom bloßen Antidiskriminierungsansatz oder geschlechtsblinden Vergabeverfahren von Positionen systematisch ausgeblendet werden – was letztlich die Diskriminierung fortsetzt. Denn schon in die Definition der Positionen etwa, um die es dem liberalen Ideal gemäß einen Wettbewerb nach geschlechtsblinden Regeln geben sollte, gehen von Männern festgelegte Rollenvorstellungen und -erwartungen ein: Was eine Führungskraft zu leisten hat, wird heutzutage nach wie vor wesentlich von Männern festgelegt. Auch wenn die Regeln des Wettbewerbs – etwa die Regel, dass Positionen nach dem Leistungsprinzip zu vergeben sind – also offiziell geschlechtsneutral formuliert sind, so orientieren sich diese Regeln doch an den Normalbiographien von Männern. So erklärt sich die strukturelle Diskriminierung, prominent sichtbar in der weitgehenden Unvereinbarkeit von Kindererziehung und Erwerbsarbeit, die sich aus der patriarchalen Gesellschaftsordnung und den in ihr definierten Rollenanforderungen ergibt.

Das Geschlecht hat aus dieser feministischen Perspektive zudem bereits *vor* dem Zeitpunkt, da die Gesellschaftsmitglieder in das Erwerbsleben und also den formal geschlechtsblinden Wettbewerb um gesellschaftliche Positionen einsteigen, einen maßgeblichen Einfluss auf den *Ausgang* dieses Wettbewerbs: Weil die geschlechtsspezifischen Rollenerwartungen von klein auf vermittelt und internalisiert werden, sind die Startchancen im – selbst primär von männlichen Rollenerwartungen geprägten – Wettbewerb um Positionen von vornherein ungleich. Deshalb haben fast alle Feministinnen in der weiteren Entwicklung der Debatte eine solche naive geschlechtsneutrale Analyse der Geschlechterdiskriminierung aufgegeben. Die feministische Theorie hat auf dieser Kritikebene erkannt, dass eine Kritik der gesellschaftlichen Diskriminierung aufgrund des biologischen Geschlechts gar nicht zu trennen ist von der Kritik an den vielfältigen Weisen, in denen Geschlechtsunterschiede sozial vorgeprägt werden. Diese gesellschaftliche, und das heißt faktisch in der heutigen Situation: oft dominant männliche Prägung der Subjekte und der sie leitenden Ideale der politischen Gestaltung des gesellschaftlichen Lebens muss ebenso einer feministischen Analyse und

Kritik unterzogen werden. Diese Einsicht hat zur Ausbildung unterschiedlicher Arten von feministischer Differenztheorie geführt.

Einige Feministinnen haben gegen die Anpassung der Frauen an dominante Männerleitbilder (wie in ihren Augen bei sogenannten Karrierefrauen) gefordert, spezifisch »weibliche« Eigenschaften und damit weibliche Differenz zu kultivieren und zu zelebrieren. Diese Feministinnen betonen gerade den Unterschied zwischen Mann und Frau und machen in bestimmten geschlechtsspezifischen Charakteristika einen Vorteil von Frauen aus. So seien Frauen empirisch beobachtbar besser bei der Gestaltung von Beziehungen und Kindererziehung, weil sie einen besonderen Sinn für Fürsorge hätten. Einige Feministinnen haben die Besonderheiten der Frau in einem spezifisch weiblichen Denken (Luce Irigaray) gesehen oder in einer besonderen Orientierung an Fürsorge (am bekanntesten hat diesen Gedanken wohl die Entwicklungspsychologin Carol Gilligan vorgebracht, die eine nach ihr benannte Debatte ausgelöst hat). Aufgrund dieser vermeintlich grundlegenden Differenz der Geschlechter lehnen diese Feministinnen auch geschlechtsneutrale Prinzipien der Gerechtigkeit ab.

Dieser Differenzposition wurde von feministischen Gleichheitstheoretikerinnen vorgeworfen, dass es für die spezifische »Weiblichkeit« bestimmter Eigenschaften keine empirische Bestätigung gibt. So ist strittig, ob es die behaupteten Unterschiede tatsächlich gibt; ob sie, wenn es sie denn gibt, Produkt der Natur oder erst der geschlechtsspezifischen Arbeitsteilung sind (Sex-gender-Problem); ob die behaupteten weiblichen Eigenschaften gesellschaftlich wünschenswerte sind und schließlich wie man eine gesellschaftliche Anerkennung der Besonderheiten von Frauen jenseits von moralischen Appellen bewirken könnte. In der Tendenz streiten feministische Gleichheitspositionen also die These von einer *absoluten* Andersartigkeit der Geschlechter ab. Dennoch machen einige universalistische Gleichheitstheoretikerinnen wie Seyla Benhabib zugleich geltend, dass aus einer universalistischen Perspektive gesehen sehr wohl auf die jeweils *konkreten* anderen und deren individuelle Bedürfnisse eingegangen werden sollte.

Anstatt Besonderheit und Differenz als solche zu betonen, lautet die eigentlich politische Frage für die meisten Feministinnen heute jedoch, wie die wünschenswerten Differenzen zwischen den Geschlechtern so zugelassen werden können, dass die unterschiedliche Lebenssituation von Frauen (z.B. als Mütter) berücksichtigt und dennoch eine Gleichheit der Geschlechter mit Bezug auf ihren gesellschaftlichen Status hergestellt werden kann. Eine Strategie, um dies zu erreichen, sind Quotenregelungen, die beispielsweise festlegen, wie viele der in zentralen gesellschaftlichen Bereichen (Politik, Wirtschaft etc.) zu vergebenden Stellen von Frauen zu besetzen sind. Auf diese Weise soll die Gleichheit der Chancen von gesellschaftlich Schlechtergestellten, wie Frauen, dadurch hergestellt werden, dass ihnen in dem relevanten Wettbewerb ein gewisser Vorteil verschafft wird, um ihre vorhergehende Schlechterstellung auszugleichen (engl. »affirmative action«). Auch wenn die bewusste Bevorzugung von Frauen in Deutschland mittlerweile über Parteigrenzen hinweg gefordert wird, so bestehen dennoch unterschiedliche Meinungen über die Art der Quote (z.B. fest oder flexibel), über die Höhe der Quote (z.B. relativ zur Zahl der weiblichen Bewerber für die jeweilige Stelle, zur Zahl der Frauen in der jeweiligen Organisation, in der die Stelle zu vergeben ist, oder zum Gesamtanteil der Frauen an der Bevölkerung, also etwas mehr als 50 Prozent) und den Erzwingungsgrad (gesetzlich verpflichtend oder freiwillig). Eine andere Strategie lautet, Frauen die gleiche Macht, den gleichen Einfluss wie Männern bei der gesellschaftlichen, vor allem rechtlichen Festschreibung von etwa Rollen oder Berufen einzuräumen. Denn die ungleiche Lage von

Frauen in modernen westlichen Gesellschaften ist nach Catharine MacKinnons einflussreicher Analyse heute meist weniger Ergebnis willkürlicher, bewusster Diskriminierung als der Beherrschung durch männlich dominierte Strukturen. Deshalb schlägt MacKinnon auch vor, durch gleiche Macht von Frauen und Männern auszuschließen, dass Geschlechtsunterschiede jemals als Rechtfertigung für gesellschaftliche Statusunterschiede herangezogen werden können.

33 *Konsequenzen aus der feministischen Analyse*

Beim Kampf für geschlechtliche Gleichberechtigung kann es nicht darum gehen, dass Frauen dieselben Rollen besetzen, sich in dieselben arbeitsteiligen Abläufe integrieren und dieselben Lebensläufe übernehmen, die bislang Männern vorbehalten waren, denn diese Rollen, arbeitsteiligen Prinzipien und Lebensentwürfe sind selbst männlich definiert, spiegeln die Interessen und den Lebensstil von Männern wider. In einer tatsächlich geschlechtsneutralen im Sinne von genderneutralen Gesellschaft sollten vielmehr alle autonom sein können, d.h. sowohl in der Öffentlichkeit als auch im Privaten effektiv die gleichen Chancen haben, ihr Leben nach ihren eigenen Vorstellungen zu leben. Kurz: Es ist geboten, die immer auch sozial konstituierten Unterschiede zwischen Männern und Frauen ernst zu nehmen und dennoch gleiche Chancen auf autonome Lebensgestaltung zu gewährleisten.

In ihrer Kritik an faktisch vorherrschenden Diskriminierungen und in ihrer Orientierung an mehr Gleichberechtigung sind sich dabei Feminismus und Multikulturalismus ähnlich, sind doch Geschlecht wie Ethnie, Religion oder

Kultur gleichermaßen moralisch irrelevante Gründe für eine ungleiche Behandlung. Trotz dieser oft naheliegenden Parallelisierung von feministischen und multikulturalistischen Theorieaspekten wird in der feministischen Debatte auch kontrovers diskutiert, ob Feminismus und Multikulturalismus politisch zusammengehen (können) oder ob sie inkompatibel sind. So behauptet Susan Moller Okin, dass der Multikulturalismus letztlich den Frauen schade, weil in fast allen Kulturen, die nach multikultureller Auffassung durch Gruppenrechte zu schützen wären, Frauen auf die eine oder andere Weise diskriminiert würden. So wäre es beispielsweise undenkbar, die Genitalverstümmelung bei einigen kulturellen Gemeinschaften zu dulden, auch wenn dies deren Tradition entspreche. Verteidiger des Multikulturalismus versuchen dagegen zu zeigen, dass ein recht verstandener Multikulturalismus die Anliegen der Frauen auch in kulturellen Gemeinschaften ernst nehmen könne.

(2) Ein mit der Kritik am liberalen Ideal der »Geschlechtsneutralität« eng zusammenhängender Einwand der feministischen Theorie gegen den Liberalismus ist gegen die aus feministischer Sicht oft falsche Unterscheidung von Öffentlichkeit und Privatsphäre gerichtet. Denn viele der die Frauen benachteiligenden Ungleichheiten im öffentlichen Leben ergeben sich gerade aus den – vermeintlich unpolitischen – Strukturen der Privatsphäre, insbesondere von Ehe, Familie und Kindererziehung. In liberalen Theorien, so wurde gezeigt, wird zwischen der öffentlichen und der privaten Sphäre unterschieden: In der öffentlichen Sphäre, die im wesentlichen die Gesellschaft und den Staat umfasst, begegnen sich die Gesellschaftsmitglieder nach dieser Deutung idealerweise als Bürgerinnen und Bürger, die ihr Zusammenleben gemeinsam, gleichberechtigt und öffentlich regeln und diese Regelungen als demokratisch beschlossene Gesetze mit Hilfe staatlichen Zwangsrechts durchzusetzen bereit sind. Dabei

beschließen sie – wie an den Gesellschaftsvertragstheorien exemplarisch gezeigt wurde –, gleiche Rechte für alle zu etablieren und so vor allem auch gleiche Freiheitsspielräume gegen staatliche oder private Eingriffe anderer zu sichern. Die private Sphäre bezeichnet die Gesamtheit dieser Freiräume, die sich die Bürgerinnen und Bürger wechselseitig zugestehen sollten. Der »Wert des Privaten« (Beate Rössler) besteht nach liberaler Auffassung darin, bestimmte Belange zur Sicherung der Autonomie und der Garantie von Freiheitsrechten aus der öffentlichen Debatte und Beschlussfassung auszuklammern und dem Schutzbereich des Privaten zuzuweisen: Die Bürgerinnen und Bürger schränken wechselseitig den Bereich der gleichen Rechte zugunsten einer Privatsphäre ein, weil sie bestimmte persönliche Werte (wie Freundschaft und Liebe) oder persönliche Bereiche, in denen jeder ungestört nur nach seiner eigenen Ansicht handeln darf, als besonders wertvoll und schützenswert ansehen. Wie genau Art und Umfang der Privatsphäre aussehen, ist gesellschaftlich meist umstritten und muss gemeinsam festgelegt werden.

Auch wenn viele Feministinnen ein Recht auf Privatsphäre für jede Person zuzugestehen bereit sind, so sehen sie doch aus verschiedenen Gründen in der gesellschaftlichen Respektierung der Privatsphäre, so wie sie de facto in der Gesellschaft festgelegt wird, ein nicht nur historisches Problem für die Gleichberechtigung von Frauen. Klassischerweise (prominent bei Hegel) gilt die Familie als Kern und zugleich als privater Hort der bürgerlichen Gesellschaft. Damit ist sie aber nach Meinung vieler Feministinnen auch die Brutstätte der Ungerechtigkeit (Susan Moller Okin). Denn die nach wie vor vorherrschende geschlechtsspezifische Arbeitsteilung in der Familie (Hausarbeit, Kindererziehung etc.) bringt entscheidende Nachteile für Frauen hervor. Da es sich bei familiären Angelegenheiten nach liberaler Auffassung prinzipiell um Angelegenheiten der zu schützenden und zu respektierenden Privatsphäre handelt, die weder in den legitimen Einflussbereich des Staates noch der Gesellschaft gehört, haben – so der feministische Einwand – sowohl die Gesellschaft als auch die politische Philosophie die Familie als Ort der Benachteiligung oder gar Beherrschung von Frauen viel zu lange vernachlässigt (so Okins Vorwurf gegen Rawls, auf den dieser später auch reagiert hat). So ist in Deutschland erst 1997 die Vergewaltigung in der Ehe strafbar geworden, unter anderem aus dem Grunde, weil häusliche Gewalt nicht als solche wahrgenommen wurde bzw. weil die von beiden Seiten freiwillig eingegangene Ehe als Privatangelegenheit galt, die nur die Ehepartner, aber nicht den Staatsanwalt etwas anzugehen hatte. Die Familie muss jedoch auch als Ort von Machtverhältnissen und von Kämpfen um Macht verstanden werden. Die nach wie vor übliche alleinige Zuordnung von Frauen zum privaten Bereich, insbesondere die Zuschreibung der Zuständigkeit für die Betreuung von Kindern und Familie, kann zum Ausschluss aus dem oder zur Marginalisierung im öffentlichen Leben, insbesondere dem politischen Leben und dem Arbeitsleben, führen. Denn selbst dann, wenn Frauen erwerbstätig sind, müssen sie heute häufig immer noch die Haus- und Erziehungs- bzw. Reproduktionsarbeit übernehmen. Gleichzeitig haben Frauen wegen ihrer ungleich größeren Belastung in der Familie kaum gleiche Chancen, in der öffentlichen Sphäre aufzutreten und sich dort Erfolge zu erarbeiten.

34 *Neubestimmung der Privatsphäre*

Die feministische Kritik richtet sich gegen eine Ideologisierung des Privaten als »natürlicher« Sphäre der Frau und setzt sich wegen der Ungleichverteilung der Belastungen zwischen Frauen und Männern für eine Neubestimmung des Privaten ein. So soll ausgeschlossen werden, dass es gerade *aufgrund* des Schutzes von Freiheitsrechten und der Privatsphäre zu geschlechtlicher Diskriminierung kommt.

(3) Ist diese feministische Kritik der geschlechtsspezifischen Rollenverteilung aber auch dann angebracht und gerechtfertigt, wenn Frauen den konkreten Geschlechterverhältnissen, in denen sie leben, freiwillig zugestimmt haben? Nach liberaler Auffassung wären diese Verhältnisse dann legitim, wenn sie tatsächlich das Ergebnis autonomer Entscheidung sind – Liberale würden so gezwungen, auch höchst diskriminierende gesellschaftliche Verhältnisse zu akzeptieren, solange diese nicht auf Widerspruch bei den Betroffenen stoßen. Besonders aus diesem Grund kritisieren einige Feministinnen den Liberalismus als unzureichend. Aber man könnte auch – noch im Rahmen des liberalen Paradigmas – zu argumentieren versuchen, dass Frauen unter den herrschenden gesellschaftlichen Verhältnissen weniger Autonomie haben und in ihrer Entscheidungsfähigkeit von vornherein eingeschränkt sind, weil sie weniger reale Optionen haben, die ihnen tatsächlich offenstehen. Eine solche Ungleichheit der Chancen ist wiederum auch von einem liberalen Standpunkt der Geschlechtsneutralität kritisierbar. Dennoch bezweifeln feministische Kritikerinnen des Liberalismus, dass diese Argumentationsstrategie ausreichend ist, um Frauen zu ihrem Recht zu verhelfen: Auch sie kann, so die Kritik, nicht vollkommen erfassen, wie stark die Einstellung der Frauen gegenüber den unterdrückenden Verhältnissen – und damit auch ihre Bereitschaft, sich auf ihre Unterdrückung einzulassen – von diesen Verhältnissen selbst mitgeprägt und wie gering also der analytische Nutzwert des Begriffs der »Autonomie« angesichts dieser Verhältnisse ist.

Paradigmatisch soll hier gezeigt werden, wie sich dieses Problem in den Augen einiger Feministinnen in der in vielen westlichen Gesellschaften geführten Debatte um das Verbot von Pornographie manifestiert. Vergleichbar damit sind auch die öffentlichen Debatten um Prostitution oder Leihmutterschaft.

Pornographie wird von feministischen Theorien insbesondere deshalb diskutiert, weil sich hier die grundsätzliche Komplexität der Unterdrückung von Frauen zeigt. Einige feministische Kritikerinnen (in Deutschland am prominentesten Alice Schwarzer) werfen der Pornographie und der hinter dieser stehenden Industrie (a) vor, dass sie Frauen systematisch und strukturell degradieren, indem sie sie als Sexobjekte darstellen. Das führt nach dieser Auffassung dazu, dass Frauen weiterhin in der öffentlichen Darstellung als ausbeutbar, als Objekte der männlichen Lust und als Männern untergeordnet in Erscheinung treten. Zudem kritisieren Feministinnen (insbesondere Catharine MacKinnon und Andrea Dworkin), dass Pornographie (b) sexuelle Gewalt gegen und Vergewaltigung von Frauen fördere. Damit fällt Pornographie, so die Kritikerinnen, nicht mehr unter das Gebot der Meinungsfreiheit, sondern verletzt Frauen tatsächlich, indem sie sexuelle Gewalt gegen Frauen mit ermöglicht. Nach MacKinnon ist Pornographie damit (c) einer der Schlüsselfaktoren in der Unterdrückung von Frauen durch Männer, und zwar nicht nur in sexuellen Beziehungen, sondern in allen Sphären der Gesellschaft. Schließlich sei Pornographie (d) selbst ein Akt der Unterordnung, weil sie Frauen zum Schweigen bringe. Die Pornographie unterdrücke nämlich – so das Argument insbesondere von MacKinnon – die Meinungsfreiheit der Betroffenen, also vor allem der Frauen selbst. Frauen hätten nämlich keine reale Möglichkeit, sich innerhalb dieses Verhältnisses selbst zu artikulieren und ihre Meinungen und Rechte zur Geltung zu bringen. Weil Frauen sich durch die strukturelle Präsenz pornographischer Darstellungen letztlich nicht frei und effektiv artikulieren können, gelingt es den Männern in der pornographischen Industrie, Frauen so darzustellen, als ob sie die von Männern gewünschten Sexualakte auch gutheißen würden. Frauen könnten sich dagegen aber nicht kritisch Gehör verschaffen.

Nun sind diese Kritikpunkte gegen Pornographie nicht unwidersprochen geblieben. Das Hauptargument von liberaler feministischer Seite *gegen* ein Verbot oder eine starke Reglementierung von Pornographie beruft sich auf Freiheitsrechte, insbesondere die Freiheit der Meinung, der Presse und der Kunst. Liberale räumen aus den in den vorhergehenden Kapiteln genannten Gründen insbesondere den Freiheitsrechten Priorität ein, und zu diesen gehört auch das Recht, sein Sexualleben frei zu gestalten. Dieses Freiheitsrecht gelte zwar in der Tat nur unter der Bedingung, dass die beteiligten Partner diesen Praktiken selbst wirklich autonom zugestimmt haben. Ist eine solche autonome Einwilligung aber vorhanden, so verlange dieses Freiheitsrecht dann allerdings nicht, dass die Partner in den Praktiken gleichberechtigt sein müssten. Insofern umfassen liberale Rechte auch die Freiheit, sich wenigstens vorübergehend selbst in subordinierte Positionen zu begeben – solange jede Person jederzeit die Möglichkeit hat, zu widersprechen und auszusteigen. Nach dieser Auffassung spricht zum Beispiel nichts dagegen, freiwillig an sadomasochistischen Praktiken teilzunehmen und diese in Bild, Schrift und Ton darzustellen; ein Punkt, der Kritikerinnen aus den oben aufgezählten Gründen besonders empört.

Damit wird deutlich, dass die erste und entscheidende Frage in der Pornographiedebatte zwischen Feminismus und Liberalismus lautet, ob Frauen oder Masochisten oder andere Personengruppen, die in pornographischen Darstellungen als subordiniert und diese Subordination genießend dargestellt werden, tatsächlich freiwillig an dieser Praxis teilnehmen oder nicht. Hinter dieser Frage steht aufseiten liberalismuskritischer Feministinnen der Verdacht, dass die Betroffenen in diesen Rollen sich gar nicht frei äußern können oder dass ihr eventuell geäußerter Widerspruch gar nicht wahrgenommen wird oder praktische Folgen hat.

Eine zweite entscheidende Frage lautet, ob Pornographie (die als mediale Darstellungsform zunächst unter den Schutz der Meinungsfreiheit fällt) tatsächlich Gewalt befördert und damit zu Straftaten führt und deshalb verboten oder eingeschränkt werden muss. Die Debatte um die Legitimität von Pornographie dreht sich wesentlich um diese beiden Fragen, die sich aufgrund ihrer Komplexität wohl nicht einfach empirisch untermauert beantworten lassen. Je nachdem, wie die ihrerseits umstrittenen empirischen Daten interpretiert und bewertet werden, sind zwei Reaktionen möglich: Entweder verbietet man Pornographie insgesamt, oder man reguliert die Verhältnisse in der pornographischen Industrie durch gesetzliche Bestimmungen so, dass Frauen und andere als subordiniert dargestellte Gruppen tatsächlich eine Stimme, Einwirkungsmöglichkeiten, Freiheitsspielräume und die Möglichkeit eingeräumt bekommen, aus diesen Praktiken auszusteigen. Schließlich müsste – ähnlich wie in den Debatten um Multikulturalismus – durch unterstützende Maßnahmen verschiedenen Interpretationen und Darstellungen von Sexualität in der Gesellschaft Raum gegeben werden, damit nicht nur eine einseitig männliche, chauvinistische Interpretation von Sexualität in der Gesellschaft dominant bleibt.

Verschiedene feministische Theorien betonen, wie stark soziale und kulturelle Normen das Leben jedes Individuums prägen und wie insbesondere die geschlechtsspezifische Sozialisation zu einer Übernahme sexistischer Wertkonzeptionen führt. Die unterschiedliche Entwicklung von Mädchen und Jungen mit ihren unterschiedlichen heterosexuellen Standards der Attraktivität (Femininität, Maskulinität) und den aus diesen resultierenden Folgen wird hierfür als Beispiel genannt. Deshalb bestehen feministische Theorien häufig darauf, dass man, um gesellschaftliche Diskriminierung bzw. Ungleichheit der Geschlechter zu vermeiden, ihre Ursachen schon in (den Bedingungen) der Bildung der persönlichen Identitäten, Wertvorstellungen und Selbstbilder suchen und bekämpfen muss. Insofern gehen diese Positionen über den Liberalismus hinaus. Aber einige Ansätze gehen sogar noch weiter.

Als Reaktion auf die Erfolge, aber auch Misserfolge und Rückschläge des Feminismus der zweiten Phase, der im wesentlichen die ideologische Funktion liberaler Gleichheitsvorstellungen für die Geschlechtsdiskriminierung kritisierte, entwickelte sich um die letzte Jahrhundertwende eine »dritte Phase« des Feminismus, in der die feministische Theorie grundsätzlicher die Konstruktion des weiblichen Geschlechts hinterfragte und binäre Entgegensetzungen von weiblich gegen männlich zu überwinden suchte. So hat sich in feministischen Theorien zunehmend die Einsicht verbreitet, dass es problematisch ist, sich auf ein einheitliches »Kollektivsubjekt« Frau zu beziehen. Frauen leben in heterogenen Lebenskontexten, haben unterschiedliche Interessen und je nach ihrem sonstigen sozialen, ethnischen oder ökonomischen Hintergrund auch ganz unterschiedliche Chancen. Zwar betreffen viele Probleme, die Frauen haben, durchaus alle Frauen, aber andere betreffen Frauen jeweils nach ihrem sozialen, ethnischen und ökonomischen Lebenshintergrund und ihrem Bildungsgrad in ganz unterschiedlicher Weise und Intensität.

35 *Intersektionalität*

Herkömmliche Geschlechterkategorien differenzieren sich intern selbst noch in verschiedene ›Sektionen‹ der Diskriminierung oder Privilegierung. ›Die Frau‹ als solche existiert nicht.

Es ist also nicht schlicht von den Kollektivsubjekten ›Männer‹ und ›Frauen‹ auszugehen, sondern auch die Differenzen innerhalb dieser Genusgruppen sind zu berücksichtigen. Dabei können Menschen auch von verschiedenen Formen diskriminierender Praktiken zugleich betroffen sein – diese können einander also überlagern, sich wechselseitig relativieren oder gerade verstärken. Diese sogenannte Intersektionalität von verschiedenen Formen der Ungleichheit macht die Bemühungen um mehr Gleichheit bei gleichzeitiger Anerkennung der Differenz noch komplexer und schwieriger. Zugleich zeigt dies, dass Theorien der Geschlechterverhältnisse die weiteren Kontexte von Machtbeziehungen und Hierarchisierungen, in denen diese Geschlechterverhältnisse stehen, in der Analyse berücksichtigen müssen.

(4) In den letzten Jahrzehnten hat die feministische Analyse der Geschlechterverhältnisse noch eine weitere Wendung erfahren. Üblicherweise wird (wie oben schon erwähnt) in feministischen Theorien zwischen *sex* als biologischem Geschlecht und *gender* als gesellschaftlich-kulturell geformtem Geschlecht unterschieden. Mit letzterem wird deutlich gemacht, dass viele vermeintlich weibliche Eigenschaften nichts mit dem biologischen Geschlecht zu tun haben, sondern Ergebnis kultureller Prägungen und entsprechend auch historisch variabel und veränderbar sind. Alle bisher behandelten Formen feministischer Kritik bauen aber auf einer mehr oder weniger strengen Unterscheidung von *sex* und *gender* auf. In den jüngsten Entwicklungen der feministischen Debatte gerät schließlich diese Unterscheidung zwischen *sex* (biologischem Geschlecht) und *gender* (kulturellem Geschlecht) selbst in die Kritik, weil sie in feministischen Theorien zunehmend als kulturell konstruiert begriffen wird.

Die Kritik richtet sich gegen eine Unterteilung der Wirklichkeit in genau zwei biologische Geschlechter, die vor allem noch aufeinander bezogen sein sollen. Zweigeschlechtlichkeit und Heterosexualität seien nach wie vor die dominanten, unsere Realitätswahrnehmung strukturierenden Annahmen, die zum Gegenstand kritischer Analyse gemacht werden müssten. Auch das biologische Geschlecht ist nach Judith Butler als Effekt der sozialen Gewohnheit und damit als gesellschaftliche Konstruktion zu verstehen. Das Geschlecht wird, so Butler, die hier Michel Foucault folgt, allein durch unsere performativen Sprechhandlungen und deren Deutung hervorgebracht: Das Geschlecht entstehe dadurch, dass wir andere entsprechend einer Norm der Zweigeschlechtlichkeit behandeln. Als einen Beleg fuhrt sie unter anderem an, dass Menschen auch als Intersexuelle, also ohne eindeutige männliche oder weibliche Geschlechtsmerkmale, oder als Zwitter, also mit Merkmalen von beiden, geboren werden, es aber gängige Praxis sei, sie unter anderem durch körperliche Eingriffe entweder dem weiblichen oder dem männlichen Geschlecht eindeutig zuzuordnen. Wenn Subjekte durch gesellschaftliche Praktiken diskursiv erzeugt werden – wie Foucault und ihm folgend Butler annehmen –, dann kann die sozial etablierte ›Geschlechterordnung‹ auch durch gezielt anderes soziales Handeln aus der Ordnung gebracht werden, indem Subjekte mit den ihnen auferlegten Geschlechterrollen spielen. Entsprechend argumentiert Butler, dass man Geschlechterrollen parodieren, subversiv unterlaufen und auf diese Weise als grundlos entlarven kann. Auch wenn es strittig bleibt, ob das biologische Geschlecht in seiner Relevanz ausschließlich sozial produziert wird, so ist doch die Kritik an der gesellschaftlichen Bedeutung der sozialen wie biologischen Geschlechter und ihrer nach wie vor vorherrschenden Gegenüberstellung und heterosexuellen Bezogenheit aufeinander überzeugend. Allerdings muss eine an Foucault orientierte Theorie den normativen Bezugspunkt individueller Autonomie tendenziell aufgeben, erweist sich das Subjekt doch danach maßgeblich als – unselbständiges – Produkt struktureller Prägungen.

Wegen seines gesellschaftlich grundlegenden und offenbar unvermeidlichen Charakters ist das Verhältnis der Geschlechter eine Frage der politischen Philosophie im allgemeinen und der Gerechtigkeitstheorie im besonderen. Da eine moralische Grundüberzeugung lautet, dass alle Personen als Gleiche zu behandeln sind, muss die Diskriminierung von Frauen kritisiert und überwunden werden. Feministische Theorien thematisieren, grob zusammengefasst, dieses Verhältnis der Geschlechter und die Problematik der geschlechtsspezifisch ungleichen Chancen als Problem der (Geschlechter-)Gerechtigkeit. In den vier genannten Aspekten geht es den verschiedenen Varianten feministischer Theorien letztlich darum, Frauen und Männern gleiche Autonomie (also Entscheidungsfreiheit), gleiche Handlungsfreiheiten und gleiche Chancen auf soziale Positionen zu sichern. Das gelingt den feministischen Theorien theoretisch dadurch, dass sie gängige Konzeptionalisierungen, z.B. der Gleichheit, der Privatsphäre, der Pornographie und des Begriffs des Geschlechts, hinterfragen und kritisieren. Feministische normative Gegenentwürfe sehen vor, durch soziale und rechtliche Anerkennung den komplexen Differenzen zwischen Frauen und Männern auf je unterschiedliche Art gerecht zu werden und auf diese Weise *faire* (statt naiver und einfacher) Gleichheit der Geschlechter zu ermöglichen. Dabei erscheinen die Überwindung von naiven Gleichheitskonzeptionen bei gleichzeitigem Bestärken der Idee der individuellen Autonomie und deren Sicherung durch subjektive Rechte sowie die Subversion der Zweigeschlechtlichkeit als sinnvolle Stoßrichtungen.

3.4. Subjektkonstitution: Poststrukturalismus

Vor einer eingehenderen Diskussion des Poststrukturalismus bietet es sich an, diese Sammelbezeichnung zu problematisieren. Zum einen werden die Positionen, die hier behandelt werden, häufig zur »Postmoderne« gezählt. Dies ist jedoch eine noch ungenauere und darüber hinaus auch oft polemisch verwendete Namensgebung. Zum anderen sind die unter dieser Bezeichnung zusammengefassten Positionen äußerst heterogen und treffen sich eigentlich eher negativ, also in der Abgrenzung vom sogenannten Strukturalismus einerseits und von den eher analytischen bzw. liberalen Strömungen der Gegenwartsphilosophie andererseits. Meist wird unter »Poststrukturalismus« eine auf die französische Philosophie seit den 1960er Jahren (vor allem auf Louis Althusser, Jacques Derrida, Jean-François Lyotard und Michel Foucault) zurückgehende Position verstanden, die sich vor allem durch ihre Kritik und »Dekonstruktion« der in ihren Augen traditionellen Philosophie und ihrer Grundbegriffe – insbesondere des Postulats eines vernünftigen und autonomen Subjekts – auszeichnet. Kennzeichnend sind zudem die Skepsis gegenüber Begründungsdiskursen und die Affirmation von jede stabile Ordnung unterlaufenden Formen der Pluralität, Differenz und Kontingenz.

36 *Blinde Flecken des Liberalismus aus poststrukturalistischer Perspektive*

(1) *Kritik des Rationalismus*: gegen die Annahme der Machtfreiheit des vernünftigen Argumentierens
(2) *Kritik des Individualismus*: gegen die Annahme eines autonomen und vernünftigen Subjekts
(3) *Kritik des Normativismus*: gegen die Annahme der Machtfreiheit universalistischer Normen und vernünftiger Rechtfertigungen

(4) *Kritik des Konsensualismus*: gegen die Verdrängung von Konflikten durch Konsens

(1) Die *Kritik des Rationalismus* zielt auf die faktisch vorausgesetzte oder als ebenso realisierbares wie wünschenswertes Ideal unterstellte Machtfreiheit des vernünftigen Argumentierens. In Wahrheit ist aus poststrukturalistischer Perspektive jeder noch so vernünftig und herrschaftsfrei erscheinende Diskurs von – zum Teil hinter dem Rücken der Akteure wirkenden und mithin nicht bewussten – Machtverhältnissen und hegemonialen Diskursen durchzogen. Macht und Wissen, aber auch Ideologie und Vernunft sowie Rhetorik und Argumentation seien nicht so einfach voneinander zu scheiden, wie gemeinhin angenommen wird. Was als vernünftig, denkbar oder möglich gilt, ist immer relativ zu bestimmten diskursiven oder sozialen Konstellationen und kann nicht unabhängig vom konkreten Kontext bestimmt werden. Es gibt dieser ersten Kritik zufolge keine Vernunft und entsprechend auch keine Gründe oder Begründungen jenseits von irreduzibel verschiedenen und letztlich inkommensurablen (also nicht ineinander übersetzbaren) Kontexten. Da diese Kontexte immer auch durch Machtverhältnisse geprägt sind, müssen auch Vernunft oder Gründe als in machtförmigen Prozessen konstituierte Phänomene verstanden werden.

(2) Ein weiteres, zentrales Element des Poststrukturalismus bildet die *Kritik des Individualismus*, die sich gegen die Konzeption des autonomen und vernünftigen Subjekts und die ihm zugesprochene methodologische und normative Rolle im Liberalismus richtet. Diese Position wird häufig auch als »theoretischer Antihumanismus« bezeichnet, da sie die Annahme zurückweist, es gebe eine Natur des Menschen – etwa als Vernunftwesen –, die sich unabhängig von den oben angesprochenen Machtverhältnissen

und den Prozessen der Subjektivierung, die diese umfassen, identifizieren lasse. Von Subjektivierung wird deshalb gesprochen, weil Subjekte nicht als gegeben, sondern als Effekte bestimmter Machtwirkungen und Disziplinierungsmechanismen verstanden werden: Menschen werden immer zu Subjekten gemacht, die damit immer schon Ergebnis von Prozessen der Individualisierung, der Disziplinierung und des Regierens sind. Allerdings wird hier meist nicht von einer strikten Determinierung ausgegangen; dem so verstandenen Subjekt wird nämlich durchaus eine Handlungs- und Reflexionsfähigkeit zugesprochen, nur eben keine von allen sozialen Bedingungen losgelöste Fähigkeit, sondern eine in Machtverhältnisse eingebettete. Für ein Verständnis dieser Machtverhältnisse sind daher auch nicht so sehr die Intentionen der Akteure (etwa als Inhaber von Machtpositionen) als vielmehr die Strukturen und relativ anonymen, nicht an Subjekte und ihre Intentionen gekoppelten Funktionsweisen von Macht entscheidend.

(3) Die *Kritik des Normativismus* ist für den Poststrukturalismus zentral. Sie zielt auf die Annahme, universalistische Normen und vernünftige Rechtfertigungen ließen sich von offen und verdeckt wirkenden Mechanismen der Macht und der Exklusion freihalten. Eine politische Perspektive auf Gesellschaft wird dabei häufig von einer juridischen oder moralischen unterschieden, die, so die Kritik, durch ihr normatives Vokabular etwa der individuellen Rechte, der Gerechtigkeit oder des vernünftigen Austauschs von Argumenten gerade nicht zum Verständnis von Machtverhältnissen, sondern zu deren Verschleierung beitrage. Darum ist die poststrukturalistische Kritik am Normativismus auch eine Kritik des Universalismus: Da es keine die irreduzibel differenten partikularen Perspektiven umgreifende bzw. ihnen vor- oder übergeordnete Perspektive gebe, sei der Aufweis der faktischen Partikularität vermeintlich universalistischer und neutraler

Standpunkte eine der zentralen kritischen Aufgaben von Theorie.

Ein Beispiel hierfür ist die Kritik der dem Anspruch nach universellen Menschenrechte aus poststrukturalistischer Perspektive. Deren vermeintlicher Universalismus sei nur das Ergebnis einer erfolgreichen hegemonialen Universalisierungsoperation, in der eine partikularistische Position (also ein bestimmtes Verständnis des Menschen, seines normativen Status und der für ihn zentralen Güter) sich als universalistisch präsentiert. Anstelle einer solchen normativen Theorie, die letztlich doch nur Legitimationsbeschafferin der existierenden Verhältnisse sei, müsse man eine Analyse und Kritik der mit ihr einhergehenden Formen der Exklusion und Normalisierung (des Unvernünftigen, Abnormalen, Unmenschlichen) betreiben. In dieser Hinsicht (und auch im folgenden Punkt) stimmt der Poststrukturalismus mit dem in 1.1. skizzierten Realismus überein.

(4) Für die politische Philosophie ist besonders die poststrukturalistische *Kritik des Konsensualismus* relevant, die sich gegen die Verdrängung der konstitutiven Rolle von Konflikten für alle genuin politischen Phänomene wendet. Das Charakteristische einer im engeren Sinne politischen Situation wird gerade in ihrer Konflikthaftigkeit vermutet, die von der Konsensorientierung des Liberalismus geleugnet und verdeckt werde. Dissens und Antagonismus, und nicht Konsens und Einigung, seien auch und besonders für die Demokratie wesentlich, die nicht mit dem liberalen Rechtsstaat verwechselt werden darf. Während für den Liberalismus die Rechte des Individuums und ihr verfassungsrechtlicher Schutz Vorrang haben und diese den politischen Konflikt in moralisch begründeten und rechtlich abgesicherten Grenzen zu halten haben, stellt für den Poststrukturalismus der Konflikt, der diesen Rahmen durchbricht, die eigentliche Form der Politik dar. Indem er die Vorstellung eines dem Konflikt enthobenen

und damit entpolitisierten rechtlichen und institutionellen Rahmens zurückweist, schließt dieses konflikttheoretische Verständnis von Politik auch an die marxistische und feministische Kritik der liberalen Idee der Neutralität des Staates und des Rechts an, denn diese sind für sie Parteien des Streits, nicht unvoreingenommene Schiedsrichter. Damit rücken auch Formen des politischen Handelns in den Blick, die gerade gegen die Versuche staatlicher Institutionen gerichtet sind, den Raum des Sozialen zu kontrollieren, und die ein Moment des Anarchischen im Politischen freilegen.

Diese vier Kritikpunkte zielen zwar primär auf die Grundannahmen des liberalen Politikverständnisses, aber sie treffen – wenn und insoweit sie treffen – nicht nur den Liberalismus, sondern mit gewissen Einschränkungen auch andere Spielarten der politischen Philosophie, insofern diese auch von den in Frage gestellten Grundannahmen abhängen.

Gegen diese fundamentale Kritik sind wiederum Einwände erhoben worden. Zwei davon werden im folgenden kurz skizziert. Es wird dem Poststrukturalismus (1) vorgeworfen, der Verzicht auf normative Kriterien und rationale Argumentation führe zu Willkür, Dezisionismus, Relativismus oder »Kryptonormativismus« – also zur Einführung von normativen Annahmen quasi unter der Hand. Auch der Poststrukturalismus, so lautet der Vorwurf, stellt einen Begründungsanspruch und erhebt damit einen normativen Anspruch darauf, »gute Gründe« zu haben, wenn er den Liberalismus und die durch ihn legitimierten oder kaschierten Machtverhältnisse kritisiert. Eine allein von außen vorgenommene Analyse von Machtverhältnissen, wie sie der Poststrukturalismus zumindest teilweise zu intendieren scheint, wäre dann gar nicht möglich, sondern müsste sich immer auf die Teilnehmerperspektive und begründbare normative Annahmen zurückbeziehen lassen. Außerdem wird (2) argumentiert, die Betonung anonymer Machtverhältnisse, die alle Formen des Handelns und der Reflexion begrenzten, unterminiere die Möglichkeiten emanzipatorischer politischer Praxis. Denn wie soll eine soziale und politische Transformation ohne autonome Subjekte vorstellbar sein? Die Verherrlichung des normativ entgrenzten Konflikts mache es zudem unmöglich, zwischen legitimen Konflikten, die nur innerhalb eines geteilten normativen Rahmens möglich sind, und illegitimen Konflikten zu unterscheiden. Auf diese Vorwürfe kann entgegnet werden, dass die poststrukturalistische Fokussierung auf Merkmale genuin politischer Praxis wie Offenheit, Ereignishaftigkeit und Prozessualität sehr wohl mit einer normativen Orientierung und der Ermöglichung von Handlungsfähigkeit vereinbar ist.

4. Umkämpfte Begriffe und praktische Herausforderungen

Im Durchgang durch die verschiedenen Hauptparadigmen der politischen Philosophie tauchen bestimmte Grundbegriffe – wie Freiheit, Gerechtigkeit, Demokratie und Toleranz – immer wieder auf. Diese sind nicht nur für die theoretischen Debatten der Gegenwart, sondern auch für das Selbstverständnis heutiger Gesellschaften zentral. Deutlich geworden ist bereits, dass unter diesen Begriffen durchaus Unterschiedliches verstanden wird. Im folgenden letzten Teil der Einführung werden die Begriffe detaillierter untersucht. Dabei ist auch zu zeigen, dass es für ein angemesseneres Verständnis einiger grundlegender Herausforderungen unserer politischen Gegenwart relevant ist, wie man diese theoretischen Grundbegriffe genauer ausbuchstabiert.

4.1. Gerechtigkeit: Kriterien, Theorien und ihre Anwendungen

Was ist Gerechtigkeit?

Gerechtigkeit stellt seit der Antike eines der allgemein erwünschten Grundprinzipien der sozialen Organisation dar und ist ein, wenn nicht der zentrale normative Begriff in der Politik. Das Streben nach Gerechtigkeit als eine individuelle Disposition und Motivation kann – wenn die Befunde der empirischen Gerechtigkeitsforschung zutreffen – als universale anthropologische Konstante aufgefasst werden. Gerechtigkeit ist also ein allgemein menschlicher, nicht weiter ableitbarer, handlungsanleitender Wert.

Auch wenn dem Begriff der Gerechtigkeit eine allgemeine, einheitliche und ahistorische Bedeutung zukommt, wird seit jeher über die spezifischen Konzeptionen der Gerechtigkeit gestritten. Die allgemeine Bedeutung kann man im Rückgriff auf Simonides' Erklärung des Begriffs der Gerechtigkeit, die von Platon im *Staat* diskutiert und durch Ulpian auf die Formel »suum cuique« (»Jedem das Seine«) gebracht wurde, am besten so definieren:

37 *Definition »Gerechtigkeit«*

Gerecht ist eine Handlung, wenn sie jedem das gibt, was ihm zukommt (»suum cuique«). Jede Form der Gerechtigkeit ist also offenbar auf das Zukommende oder Angemessene bezogen.

Diese Definition kann man zunächst (1) einfach so verstehen, dass »gerechtes Handeln« die *praktische Anwendung gerechter Standards* meint, dass also in der Regel der Maßstab des Zustehenden, die Standards der Gerechtigkeit schon konventionell vorgegeben und nur noch auf konkrete Fälle anzuwenden sind. Allerdings kann es auch noch zweifelhaft und strittig sein, ob die Standards wiederum selbst wirklich gerecht sind. Deshalb kann man – auch das ist implizit in der »Suum-cuique«-Definition von Gerechtigkeit enthalten – (2) reflexiv nach der *Gerechtigkeit dieser Standards* selbst fragen. Dieser umfassende Begriff stellt Gerechtigkeit also zunächst in einen engen Zusammenhang mit Recht und Konvention (der Befolgung der Standards der Gerechtigkeit), dann aber auf der nächsten reflexiven Ebene in engen Zusammenhang mit der Moral (der unparteiischen Beurteilung der Standards der Gerechtigkeit). Fasst man diese beiden Bedeutungselemente des Gerechtigkeitsbegriffs zusammen, lässt sich Gerechtigkeit, theoretisch etwas anspruchsvoller, folgendermaßen definieren:

38 *Erweiterte Definition »Gerechtigkeit«*

Gerechtigkeit bezieht sich auf die Gesamtheit der wechselseitigen Ansprüche und Verbindlichkeiten bzw. der moralischen Rechte und Pflichten, die die Menschen vom Standpunkt der Unparteilichkeit aus gesehen gegeneinander haben.

Diese Definition bleibt dabei noch ganz formal, denn sie lässt weiterhin die entscheidende Frage offen, *wem was* zukommt. Das zeigt sich schon daran, dass die Formel »Jedem das Seine« zynischerweise in der Innenseite des Tores zum KZ Buchenwald eingelassen war. Die Formel bzw. der allgemeine Begriff der Gerechtigkeit enthält mehrere Variablen, die erst gefüllt werden müssen, um zu spezifischen Konzeptionen der Gerechtigkeit zu gelangen.

Die erste Herausforderung einer solchen Ausfüllung oder Substantialisierung des Gerechtigkeitsbegriffs besteht dabei zunächst darin, zu klären, wie das für die Gerechtigkeit (im Sinne der oben stehenden Definition) zentrale Kriterium der Unparteilichkeit überhaupt zu verstehen ist: Meint »Unparteilichkeit« zunächst ganz allgemein das Gebot, dass Normen unparteiisch zu rechtfertigen sind, also dass rein subjektive, etwa egoistische oder klassenspezifische Interessen bei der Normenbegründung auszuschließen sind, so umfasst dieses Gebot – wie sich bei der »Suum-cuique«-Formel gezeigt hat – zwei Ebenen: Zum einen erfordert Unparteilichkeit die unparteiische *Anwendung* vorgegebener Normen. Um diese Unparteilichkeit zu symbolisieren, tragen Statuen der Justitia, wie sie vor allem vor Gerichtsgebäuden stehen, oft eine Binde über den Augen und eine Waage in der Hand. Die Binde symbolisiert dabei die willentliche Einnahme eines distanzierten, also unparteiischen Standpunktes, um richtig urteilen zu können. Die Waage in der Hand der Justitia zeigt den unabhängigen Standard des Abwägens. Zum anderen verlangt Gerechtigkeit zusätzlich für *die Normen selbst* Unparteilichkeit: Ausschließlich partikular, subjektiv oder egoistisch begründete Normen sind nicht unparteilich und deshalb ungerecht. Verlangt wird stattdessen eine unparteiische Rechtfertigung bzw. Rechtfertigbarkeit der in Frage stehenden Normen. Dies stellt eine Unparteilichkeit zweiter Stufe dar: Wir sind nur dann bereit zu akzeptieren, dass wir spezifische Pflichten haben und bestimmten Regelungen unterliegen, wenn diese Regelungen im Prinzip überzeugend beanspruchen können, auf höherer Ebene unparteilich ausgearbeitet und begründet worden zu sein.

Die politische Philosophie befasst sich in der Regel vor allem mit der Frage nach dieser zweiten, reflexiven Form der Unparteilichkeit, sie untersucht also die generelle Begründbarkeit von Gerechtigkeitsgrundsätzen. In der Philosophie der Gegenwart sind dabei insbesondere vier Tests oder Kriterien der Unparteilichkeit prominent vertreten worden: Eine Regelung gilt diesen Ansätzen zufolge dann als unparteilich, wenn sie entweder (1) auch aus der Perspektive eines beliebigen, am Regelbeschluss selber unbeteiligten Beobachters akzeptabel wäre (wie bei Adam Smith), wenn (2) die von der Regel betroffenen Parteien die Regelung auch aus der Perspektive der jeweils anderen Partei gutheißen könnten (»Rollentausch«, entsprechend der Goldenen Regel: »Was du nicht willst, das man dir tu', das füg auch keinem anderen zu«), wenn (3) die Regelbegründung universalisierbar ist, d.h., wenn es moralisch vertretbar wäre, wenn jeder in jedem Fall, auf den die Anwendungsbedingungen der Regel zutreffen, tatsächlich nach dieser Regel handelte (wie bei Kants kategorischem

Imperativ), oder wenn man (4) die Regel auch dann annehmen würde, wenn man keine Kenntnis über sich selbst, die eigene Situation und die sich daraus ergebenden persönlichen Sonderinteressen hätte, so dass man über die Regel bloß vom allgemeinen Standpunkt eines jeden rationalen Wesens entscheiden würde (wie bei Rawls' Schleier des Nichtwissens).

Versteht man also das Gebot der Gerechtigkeit aus philosophischer Perspektive in erster Linie so, dass es die unparteiliche Rechtfertigung oder Rechtfertigbarkeit von Normen oder Regelungen verlangt, dann beinhaltet dies zunächst, dass Rechenschaft darüber abgelegt werden muss, unter welchen Bedingungen überhaupt dieses Gebot der Gerechtigkeit selbst legitimerweise anzuwenden ist: Ausgangspunkt der Gerechtigkeit sind also die *Umstände* der Gerechtigkeit selbst. Sie legen fest, unter welchen sozialen Bedingungen Gerechtigkeit erforderlich ist – anstelle anderer Modi des Zusammenlebens, wie etwa Liebe, Fürsorge, Konkurrenz oder Konflikt.

39 *Umstände der Gerechtigkeit*

David Hume charakterisiert die Umstände der Gerechtigkeit wegweisend durch zwei Bedingungen, nämlich durch gemäßigte Knappheit und konkurrierende Interessen.

Nur dann, wenn es konfligierende Ansprüche auf knappe Güter gibt, wird eine gerechte Lösung verlangt – bei Überfluss können alle Wünsche erfüllt werden, bei extremer Knappheit ist zweifelhaft, ob überhaupt eine gerechte Lösung zu finden ist, da Gerechtigkeit nichts Unerträgliches verlangen darf oder kann. Interessengegensätze sind mithin die subjektiv und knappe Güter die objektiv notwendige Bedingung dafür, dass Gerechtigkeit überhaupt

Anwendung findet. Diese Umstände, unter denen Gerechtigkeit umgesetzt werden kann, prägen das menschliche Leben, sind also (wenn auch nicht in allen Situationen) empirisch unvermeidbar und machen damit Gerechtigkeit notwendig. Diese These ist nicht unbestritten geblieben. So haben Vertreter von Sozialutopien und des Marxismus argumentiert, in einer idealen Welt könnten sowohl die Güterknappheit als auch die zum Teil aus falschen Bedürfnissen resultierenden Interessengegensätze überwunden werden und einer vernünftigen, solidarischen und harmonischen sozialen Ordnung jenseits der Gerechtigkeit weichen.

Akzeptiert man indes die Voraussetzung, dass in der nicht perfekten, gegenwärtigen Welt Ansprüche auf knappe Güter miteinander konkurrieren, dann stellt sich die moralische Forderung nach Gerechtigkeit: Gerechtigkeit hat unter diesen Bedingungen nicht nur ihre Berechtigung, sie ist sogar notwendig.

Gerechtigkeit wurde als eine bestimmte Art einer unparteilichen Normenbegründung definiert. Führt man sich angesichts von Humes Bestimmung der Anwendungsbedingungen der Gerechtigkeit vor Augen, dass es sich bei diesen Normen um Regelungen handelt, die *zwischen miteinander konkurrierenden Ansprüchen auf knappe Güter vermitteln* sollen, dann wird dabei deutlich, dass sich die Frage, wie eine Norm gerecht bzw. unparteilich begründet werden kann, übersetzen lässt in die Frage, wie knappe Güter unter konkurrierenden Ansprüchen möglichst *gleich* verteilt werden können (und ein unmittelbarer Interessenkonflikt auf diese Weise aufgelöst werden kann). Das Problem der Gerechtigkeit wird deshalb in der politischen Philosophie in der Regel gemeinsam mit dem Begriff der *Gleichheit* diskutiert. Zwar gibt es dabei Positionen, die eine positive normative Beziehung zwischen diesen beiden Begriffen gerade leugnen: Gerechte Behandlung von Personen – also ihre Behandlung nach dem Grundsatz »Jedem das Seine« – verlange gar keine Gleichheit oder Gleichbehandlung (Nonegalitarismus). Unter Umständen bedeute gerechte Behandlung gerade im Gegenteil, Personen ungleich zu behandeln. Wie aber gezeigt werden wird, lässt sich argumentieren, dass selbst diesen Positionen eine bestimmte Vorstellung von Gerechtigkeit als Gleichheit oder Gleichbehandlung zugrunde liegt. Insofern lassen sich in der Tat alle gerechtigkeitstheoretischen Überlegungen in der politischen Philosophie immer auch als Reflexionen über Gleichheit verstehen.

Gerechtigkeit und Gleichheit: Egalitarismus und Nonegalitarismus

Gleichheit gilt seit der Antike als ein konstitutives Merkmal der Gerechtigkeit. Gelten zwei Personen in mindestens einer relevanten Hinsicht als gleich, müssen diese Personen in dieser Hinsicht gleich behandelt werden. Ansonsten wird eine der Personen ungerecht behandelt. So lautet das allgemein akzeptierte *formale* Gleichheitsprinzip, das Aristoteles in Rückgriff auf Platon folgendermaßen formuliert: »Gleiches ist gleich zu behandeln.« Das formale Postulat bleibt allerdings so lange leer, wie unklar ist, was hier »gleiche Fälle« und was »gleich behandeln« eigentlich meint. Alle Debatten über die richtige Auffassung von Gerechtigkeit, d. h. darüber, wem was zukommt – so bemerkte schon Aristoteles –, können als Kontroversen über die Frage aufgefasst werden, welche Fälle gleich und welche Fälle ungleich sind. Es scheint fast nie um die Frage zu gehen, ob Gleichheit überhaupt, sondern lediglich um die Frage, welche Art von Gleichheit relevant ist.

Schon Platon und Aristoteles setzten sich nicht nur für die formale Gleichheit, sondern zudem für ein Prinzip *proportionaler* Gleichheit ein: Wenn Faktoren für eine Ungleichverteilung zwischen Personen sprechen, weil die

Personen in relevanten Hinsichten ungleich sind, ist diejenige Verteilung gerecht, die proportional zu diesen unterscheidenden Faktoren ist. Ungleiche Verteilungsansprüche müssen proportional berücksichtigt werden; das ist die Voraussetzung dafür, dass die Personen gleich berücksichtigt werden. Diese Ausbuchstabierung der Gerechtigkeitsformel »Jedem das Seine« als Prinzip der proportionalen Gleichheit erlaubt es, zwischen egalitären und nonegalitären Gerechtigkeitskonzeptionen zu vermitteln. Sie gibt einen Argumentationsrahmen vor, innerhalb dessen eine rationale Auseinandersetzung zwischen beiden Konzepten darüber möglich ist, wie Gleichheit zu verstehen ist. Denn sie enthält die für den Nonegalitarismus grundlegende Einsicht, dass Gerechtigkeit unter Umständen in der Tat darin bestehen kann, Personen ungleich zu behandeln, verlangt aber zugleich, dass diese Ungleichbehandlung ihrerseits einem Gerechtigkeitsprinzip zu folgen habe: Sie soll den verteilungsrelevanten Ungleichheiten der Personen selbst proportional sein. Zudem müssen beide Parteien zugestehen, dass in dem Fall, dass keine relevanten Unterschiede vorliegen, eine Gleichbehandlung tatsächlich gefordert ist. Vor diesem Hintergrund stellt sich die Debatte zwischen egalitären und nonegalitären Gerechtigkeitskonzeptionen im wesentlichen als eine Auseinandersetzung darüber dar, anhand welcher Merkmale zu entscheiden ist, ob zwei Personen in für Verteilungsfragen relevanter Weise als gleich oder ungleich zu betrachten sind.

Gegen Platon und Aristoteles hat die Formel von der proportionalen Gleichheit im Laufe der Geschichte eine substantielle Ausformulierung erfahren. Inzwischen herrscht weitgehend Einigkeit darüber, *in welcher Hinsicht* alle Menschen *zumindest* als gleich zu behandeln sind: Jedem gebührt die gleiche Würde und Achtung. So lautet die heute weitgehend geteilte Auffassung *substantieller* universalistischer Gleichheit.

40 *Weitgehend unstrittige Gleichheitspostulate*

(1) Gleiches ist gleich zu behandeln: (a) Es ist gerecht, Personen, die gleich sind, gleich zu behandeln. (b) Es ist auch gerecht, Personen, die (in relevanter Hinsicht) ungleich sind, ungleich zu behandeln.
(2) Proportionale Gleichheit: Wenn zwischen den zu behandelnden Personen relevante Unterschiede bestehen, die ungleiche Ansprüche rechtfertigen, dann müssen die Personen im Verhältnis zum Maß ihrer relevanten Unterschiede behandelt werden.
(3) Moralische Gleichheit aller Menschen: Jede Person bzw. jeder Mensch hat einen moralischen Anspruch darauf, mit der gleichen Achtung und Rücksicht behandelt zu werden wie jede(r) andere.

Da in zeitgenössischen Theorien der Grundsatz »Behandlung als Gleiche« moralisch geteilter Standard ist, wird in den gegenwärtigen Debatten diskutiert, welche Art von Behandlung normativ gefordert ist, wenn wir uns wechselseitig als Personen mit gleicher Würde achten. Hier setzt sich die Kontroverse zwischen Egalitarismus und Nonegalitarismus (1) wiederum in der grundsätzlichen Frage fort, *ob* Gleichheit überhaupt relevant ist, wenn es darum geht, zu bestimmen, welches Handeln gegenüber welchen Personen moralisch gefordert ist, und (2) in der Frage, welche *Art* von Gleichheit gegebenenfalls gefordert ist. Die Antworten auf die zweite Frage nach der angemessenen Art von Gleichheit münden in mehr oder weniger egalitäre Theorien und Prinzipien der Gerechtigkeit und werden im nächsten Abschnitt näher behandelt.

Auf der ersten Stufe dreht sich die Auseinandersetzung zwischen Egalitaristen und Nonegalitaristen um die Bestimmung der allgemeinen Form und des allgemeinen Inhalts unserer Vorstellung von Moral und Gerechtigkeit. Die Position des sogenannten Nonegalitarismus analysiert Fälle von Ungerechtigkeit in der Weise, dass das Leid der betreffenden Person uns einen guten Grund und ein angemessenes Maß zum moralisch geforderten Handeln gibt. Gemäß dieser Position kommt Gleichheit an keiner Stelle der Analyse moralischer Verpflichtungen und Handlungen eine wesentliche Rolle zu. Gerechtigkeit verlange zwar immer, jedem das Seine zu geben, aber in einigen Fällen dürfe das jeweils Zustehende nicht durch den Vergleich von Personen und ihren konkurrierenden Ansprüchen, sondern müsse unabhängig davon bestimmt werden. Nonegalitaristen verstehen sowohl das fundamentale Moralprinzip als auch viele aus diesem abgeleitete Gerechtigkeitsforderungen mithin so, dass es sich dabei *nicht* um *komparative* (also vergleichende) Prinzipien und a fortiori auch nicht um Gleichheitsprinzipien handelt. Sie behaupten, dass zumindest die zentralen, wenn nicht alle Standards des menschenwürdigen Lebens nicht relational gelten, dass sie also nicht nur dann gelten, wenn man die jeweils gerecht zu behandelnden Ansprüche von Personen zu den konkurrierenden Ansprüchen anderer ins Verhältnis setzt und sie entsprechend gewichtet, sondern »absolut«. Entsprechend nonegalitärer Auffassung kann man somit ohne Vergleich wissen, was moralisch zu tun ist. Ein Bemühen um Gleichheit per se sei deshalb fehlgeleitet. Es komme darauf an, so drückt es Harry Frankfurt aus, ob Menschen ein gutes Leben führen, und nicht darauf, wie ihr Leben relativ zum Leben anderer steht.

Im Gegensatz dazu sind Egalitaristen davon überzeugt, dass die Berechtigung von Ansprüchen nicht ohne Vergleiche moralisch geprüft und beurteilt werden kann. Denn bei (distributiver) Gerechtigkeit geht es ihrer Meinung nach darum, *welche Ansprüche auf welche Güter gegenüber wem mit welchen Gründen zu rechtfertigen sind.*

Gebote der Gerechtigkeit haben es (1) stets mit dem *fairen Anteil* zu tun, der nur im Rechtfertigungsverfahren ermittelt werden kann. Auch dann, wenn Bedürftigkeit oder Berücksichtigung essentieller Interessen und nicht eine Relation zu anderen den moralischen Grund jeder gerechten Verteilung abgibt, werden moralische Rechte und Pflichten doch nur durch das Rechtfertigungsprinzip konstituiert. Sie haben nur dann normative Gültigkeit, wenn sie sich gegenüber allen Betroffenen begründen lassen. Dieses Rechtfertigungsverfahren muss für jedes zu verteilende Gut einzeln angewandt werden, so dass bei manchen Gütern (zum Beispiel bei Nahrungsmitteln) weniger komparative, bei anderen (zum Beispiel bei Ansehen) stärker sozial-relative Gründe zum Tragen kommen.

Selbst wenn sich (2) eine akzeptable Liste der durch Leistungsrechte in jedem Fall zu befriedigenden, mithin absolut verbindlichen Grundbedürfnisse ermitteln ließe, bleibt nach Meinung der Egalitaristen noch ein unvermeidbares Bestimmungsproblem: Wie sollen die knappen Ressourcen zwischen verschiedenen Personen mit verschiedenen Bedürfnissen verteilt werden? Deshalb muss bei jeder Prüfung eines Anspruchs berücksichtigt werden, dass jede Person, die sich in der gleichen Situation befindet bzw. einmal befinden wird, den gleichen Anspruch mit dem gleichen Recht stellen kann. Denn schließlich sollen gleiche Fälle gleich behandelt werden.

Moralische Ansprüche auf Hilfe in Notlagen müssen darüber hinaus (3) relational zu den sonstigen in einer Gesellschaft geltenden Verpflichtungen und zur Verfügung stehenden Ressourcen beurteilt werden können: Andernfalls ist es fraglich, ob sich die sich permanent stellenden Gerechtigkeitsansprüche praktisch nachhaltig bewältigen lassen.

Für Egalitaristen nimmt Gleichheit aus diesen drei Gründen einen zentralen (Stellen-)Wert in einer Theorie der Gerechtigkeit ein. Egalitaristen müssen Gleichheit dabei jedoch keineswegs, wie es ihnen vorgeworfen wurde, als obersten Wert an sich ansehen, sondern können und sollten Gleichheit als ein konstitutives Ziel verstehen, das dazu beiträgt, Gerechtigkeit zu realisieren.

Auf einer zweiten Stufe der gegenwärtigen Debatte zwischen Egalitaristen und Nonegalitaristen wird um das normativ richtige Maß von Gleichheit gestritten, das bei der Bestimmung von Gerechtigkeitsprinzipien relevant sein sollte, d.h., es geht um die jeweilige Art (egalitärer) Gerechtigkeitsprinzipien. Die prominentesten der aus dieser Debatte hervorgegangenen Entwürfe werden im folgenden vorgestellt.

Seit Aristoteles' wegweisender Differenzierung in Buch V der *Nikomachischen Ethik* unterscheidet man mehrere *Arten* von Gerechtigkeit:

41 *Arten, Theorien und Prinzipien der Gerechtigkeit*

(1) Gerechtigkeit im weiteren Sinn kann (a) von Personen verlangt werden, dann stellt Gerechtigkeit ein Charakter- oder Persönlichkeitsmerkmal, eine moralische Tugend dar. Gerechtigkeit im weiteren Sinn kann auch (b) von Institutionen, und zwar in nichtpolitischen (wie Ehe, Familie, Wirtschaft und Bildung) und politischen Zusammenhängen (Recht und Staat), verlangt werden. Die nur das politische Ordnungsgefüge betreffende Gerechtigkeit bezeichnet man dabei genauer als »politische Gerechtigkeit«, die sich traditionell eher auf die innerstaatliche Ebene bezieht, heute aber um den Aspekt der internationalen, transnationalen oder globalen Gerechtigkeit erweitert wird. Eine alle gesellschaftlichen, nicht nur politischen Institutionen umfassende Gerechtigkeit wird erst in jüngerer Zeit »soziale Gerechtigkeit« genannt.

(2) Gerechtigkeit im engeren Sinn bezieht sich auf die Regelung zwischenmenschlicher Konflikte bei der Verteilung von Vorteilen und Lasten des sozialen Zusammenlebens. Dieser engere Begriff der Gerechtigkeit wird seit Aristoteles nochmals zweigeteilt: (a) Gerechtigkeit verlangt eine gerechte Verteilung von Rechten, Pflichten, Gütern und Lasten (dies ist die *distributive*, verteilende oder austeilende Gerechtigkeit); (b) Gerechtigkeit wird durch das Prinzip des Ausgleichs in Tausch- oder Vertragsbeziehungen oder allgemeiner in sozialen Beziehungen überhaupt verwirklicht oder nach geschehenem Unrecht wiederhergestellt (*ausgleichende* Gerechtigkeit).

Die die heutige Diskussion prägenden Theorien der Gerechtigkeit wurden zum Teil schon in 2.3. vorgestellt, so dass hier nur noch kurz an sie erinnert werden muss. Andere werden hier der Vollständigkeit halber ergänzend aufgeführt.

John Rawls, auf dessen einflussreichen Ansatz sich alle heutigen Gerechtigkeitstheorien positiv oder negativ beziehen (müssen), vertritt einen politischen (Sozial-)Liberalismus und argumentiert für einen sozialen und demokratischen Rechtsstaat. In diesem haben gemäß Rawls' erstem Grundsatz der Gerechtigkeit die Freiheitsrechte Vorrang. Gemäß dem zweiten Grundsatz der Gerechtigkeit, dem sogenannten Differenzprinzip, sind Einkommen und Vermögen gleich zu verteilen, es sei denn, eine ungleiche Verteilung gereicht allen, vor allem auch den am schlechtesten Gestellten, zum Vorteil.

Anstelle des zweiten rawlsschen Grundsatzes der Gerechtigkeit wird von anderen Vertretern des Sozialliberalismus, etwa Ronald Dworkin, ein Prinzip der Chancengleichheit gefordert: Gerecht ist eine Ordnung dann, wenn sie alle unverschuldeten Nachteile von Personen so weit wie möglich und normativ vertretbar ausgleicht und den Personen zugleich zumutet, die Folgen ihrer eigenen Entscheidungen und absichtlichen Handlungen selbst zu tragen. Kriterium für die gerechtfertigte Ungleichheit ist also nicht der größtmögliche Vorteil für die am schlechtesten Gestellten, sondern das Verantwortungsprinzip. Unter den Verfechtern sozialliberaler Positionen bestehen dabei unterschiedliche Ansichten darüber, in welcher Hinsicht Personen gleichzustellen sind, ob etwa in der Hinsicht der Grundgüter (Rawls), der Ressourcen (Dworkin), der Chancen auf Wohlergehen (Gerald A. Cohen) oder hinsichtlich ihrer effektiven Möglichkeiten bzw. Fähigkeiten (Amartya Sen und Martha Nussbaum).

Andere Theoretiker fordern, dass die gerechte Verteilung nach Kriterien des *Verdienstes* geregelt wird. Die verschiedenen Verdienstkriterien stehen dabei mitunter miteinander im Konflikt. So kann eine Distribution, je nachdem mit welcher Variante des Verdienstkriteriums operiert wird, dann als gerecht gelten, wenn entweder nach der Leistung einer Person, dem Markterfolg oder einem bestimmten Bedürfnis verteilt wird.

Das Kriterium der *Leistung* ist der in der Debatte und Praxis der Einkommensfestlegung populärste Verteilungsmaßstab. Bei seiner Anwendung ergeben sich allerdings Probleme, weil die Leistungsfähigkeit einer Person von deren natürlicher Ausstattung und ihrem sozialen Umfeld abhängt. Diese beiden Punkte dürfen jedoch nicht als moralisch relevante Gründe für eine Ungleichverteilung herangezogen werden, weil die Betroffenen für sie nicht verantwortlich sind, so unter anderem Rawls' Einwand. Daher kann der Wert des individuellen Verdienstes durch Leistung nicht oder nur sehr schwer unparteilich bestimmt werden. Das Kriterium der Leistung steht zudem in Spannung zum – selbst häufig als gerechtigkeitsrelevant geltenden – Prinzip von Angebot und Nachfrage in der freien Marktwirtschaft, denn das Einkommen, das eine Person auf dem Markt erwirtschaftet, korreliert nicht notwendigerweise mit der von ihr erbrachten wirtschaftlichen Leistung (z.B. dann, wenn man unter Leistung einen Beitrag zur effektiven Befriedigung von Bedürfnissen anderer versteht). Auch dann, wenn es gerechtigkeitstheoretische und pragmatische Gründe für die freie Marktwirtschaft gibt, funktioniert der freie Markt, sofern er nicht durch Gerechtigkeitsprinzipien eingerahmt wird, nicht von selbst schon notwendigerweise entsprechend irgendeinem Gerechtigkeitskriterium. Er kann vielmehr Verteilungsergebnisse zeitigen, die mit geltenden Maßstäben der Gerechtigkeit (wie dem Leistungskriterium) unvereinbar sind. Dieses Problem stellt entsprechende Gerechtigkeitsmaßstäbe vor eine praktische Herausforderung.

Der Marktliberalismus bzw. Libertarismus lehnt jede Konzeption von Verteilungsgerechtigkeit grundsätzlich ab, vor allem dann, wenn Verteilungsgerechtigkeit nur durch Umverteilung herzustellen ist, und verteidigt stattdessen eine Konzeption des Minimalstaats, der nur einige Grundrechte und das ursprüngliche Recht auf Eigentum sichert (Nozick), alle weiteren Verteilungen aber dem freien Spiel der Marktkräfte überlässt.

»Jedem nach seinen *Bedürfnissen*« stellt ein weiteres verbreitetes Verteilungskriterium dar, das insbesondere dann große Plausibilität beanspruchen kann, wenn es um die Frage nach dem gerechten Umgang mit sozialen Notlagen geht. Damit Güter in solchen Fällen gerecht verteilt werden, muss man entsprechend dieser Position zunächst möglichst unparteiisch bestimmen, welche und wessen Bedürfnisse bei der Verteilung zu berücksichtigen sind, und im Anschluss festlegen, in welchem Maße diese verschiedenen Bedürfnisse jeweils legitimerweise zu befriedigen sind. Der einflussreichste Ansatz, der auf diesem allerdings recht weit gefassten Kriterium beruht, ist der Fähigkeiten-Ansatz (Sen, Nussbaum), dem zufolge Menschen einen Anspruch auf jene Güter (und institutionellen Verhältnisse) haben, deren sie zur Entwicklung und Realisierung ihrer Fähigkeiten bedürfen.

Von dezidiert egalitaristischen Ansätzen wird als Verteilungskriterium oft auch Gleichheit der den Personen jeweils zustehenden Güter und Leistungen vertreten. *Strikte* Gleichheit, die allen ein identisches Niveau an Gütern und Leistungen gewähren will, wird dabei jedoch allgemein als unplausibel verworfen, unter anderem deshalb, weil sie die moralisch relevanten Unterschiede zwischen den Individuen und ihren Situationen nicht hinreichend berücksichtigt. Anstelle einer einfachen Konzeption von Gleichheit bedarf es deshalb nach Michael Walzer eines komplexen Gleichheitsbegriffs, der verschiedene Güterklassen, Sphären und Kriterien berücksichtigt. Eine solche Konzeption der Gleichheit unterstellt für alle politisch zur Verteilung anstehenden Güter erst einmal Gleichheit, d.h., dass sie dem Gleichheitskriterium Vorrang bei der Verteilung gerechtigkeitsrelevanter Güter und Leistungen einräumt: Alle Betroffenen sind zunächst ungeachtet ihrer deskriptiven Unterschiede gleich zu behandeln, es sei denn, bestimmte (Typen von) Unterschiede(n) sind im Zusammenhang der Überlegungen speziell relevant und rechtfertigen durch allgemein annehmbare Gründe eine ungleiche Behandlung oder Verteilung. Auf diese Weise werden Ungleichheiten in der Verteilungsordnung nicht ausgeschlossen, sie unterliegen aber einer starken Rechtfertigungspflicht (eine solche Position vertreten unter anderem Ernst Tugendhat, Wilfried Hinsch und Stefan Gosepath).

Neben diesen allgemeinen politischen Theorien stehen einzelne besondere Probleme oder Teilaspekte der Gerechtigkeit im Mittelpunkt des politischen Interesses. In der gegenwärtigen politischen Debatte werden als Prinzipien der Gerechtigkeit vor allem gefordert:

– die schon erwähnte Belohnung von besonderem Verdienst bzw. besonderer Leistung (*Leistungsgerechtigkeit*),

- der Anspruch aller, insbesondere aber unverschuldet in Not Geratener auf eine Grundausstattung mit bestimmten Gütern zur Befriedigung von Grundbedürfnissen (*Bedürfnis- oder Bedarfsgerechtigkeit*),
- die Sicherung erworbener Positionen in der Gesellschaft (*Besitzstandsgerechtigkeit*),
- die Überwindung von Diskriminierungen und der Ausgleich von Benachteiligungen (etwa *Geschlechtergerechtigkeit*),
- die Schaffung von für alle gleich geltenden Regeln mit der Chance, im Wettbewerb eine den eigenen Fähigkeiten und Anstrengungen entsprechende Position zu erlangen (*Chancengerechtigkeit*),
- die Berücksichtigung der möglichen Ansprüche der Mitglieder zukünftiger Generationen (*Zukunfts- oder Generationengerechtigkeit*),
- die Ermöglichung von Zugang zum Arbeitsmarkt, zu Konsum, Bildung, Kultur und Wissen entweder passiv durch Beseitigung von Zugangsbarrieren (z.B. für Menschen mit Behinderungen) oder aktiv durch (z.B. politische) Partizipation, um so am Fortschritt der Gesellschaft und deren Wohlstand teilnehmen zu können (*Teilhabegerechtigkeit*).

Globale Gerechtigkeit

Der Globalisierungsprozess hat zwar eine Weltwirtschafts- und eine Weltinformationsordnung hervorgebracht, aber bislang keine politische und keine soziale Weltordnung. Die Idee einer solchen Ordnung ist bei weitem kein neuer Gedanke. Bereits in der antiken Stoa finden sich entsprechende Überlegungen. Und schon Immanuel Kant hat in seiner Schrift *Zum ewigen Frieden* (1795) bei der Formulierung der Imperative, deren Befolgung für einen anhaltenden Frieden und ein rechtliches Zusammenleben der

Völker unbedingt erforderlich sei, den Begriff des »Völkerbundes« und des »Weltbürgerrechts« und damit eine kosmopolitische Perspektive eingeführt. Heute, wo wir es mit einem Prozess der zunehmenden globalen Verflechtung in vielen Bereichen, etwa der Wirtschaft, Politik, Kultur, Umwelt und Kommunikation, zu tun haben, ist die Frage nach der Ausgestaltung und Umsetzung einer gerechten globalen Ordnung eine der größten und drängendsten Herausforderungen der Zeit. Zwar ist bereits auf der Ebene der einzelstaatlichen Ordnung umstritten, was Gerechtigkeit genau meint, aber jenseits des Nationalstaats stellen sich zusätzliche Probleme, die im Fokus einer noch jungen Diskussion stehen.

Welche Forderungen globaler, transnationaler oder internationaler Gerechtigkeit man dabei formuliert und wie man identifiziert, welche Institutionen für die Erfüllung dieser Forderungen nötig sind, hängt davon ab, welche Konzeption von Fairness man dabei zugrunde legt und, damit zusammenhängend, welchen Geltungs- oder Anwendungsbereich man dem Gerechtigkeitsprinzip beimisst: Ist Gerechtigkeit universal und somit global und grenzenlos zu verwirklichen? Oder gibt es begriffliche, normative oder pragmatische Gründe dafür, das Gerechtigkeitsprinzip ausschließlich auf lokaler Ebene anzuwenden? Bestehen legitime Ansprüche auf Gerechtigkeit eher vor Ort oder in einer Gemeinschaft oder in einer staatlich verfassten Gesellschaft? Bilden Nationalstaaten legitime oder zumindest faktische Grenzen für Gerechtigkeit? Oder bezieht sich Gerechtigkeit auch auf die globalen Beziehungen? Welche Reichweite und welchen Umfang haben dementsprechend auf Gerechtigkeit bezogene Verantwortungsbeziehungen zwischen Individuen unterschiedlicher Nation, Kultur und sozialer Herkunft? Welche Antworten eine Theorie der Gerechtigkeit auf diese und verwandte Fragen gibt, entscheidet letztlich darüber, welche Konzeption von der grundlegenden Struktur gerechter inter- und transnationaler Beziehungen sie vertritt. In der theoretischen Debatte um globale Gerechtigkeit verläuft die zentrale Konfliktlinie dabei zwischen sogenannten partikularistischen Ansätzen auf der einen und kosmopolitischen Konzeptionen von globaler Gerechtigkeit auf der anderen Seite.

42 *Partikularismus und Kosmopolitismus*

(1) *Partikularistische Ansätze* vertreten die Auffassung, dass Gerechtigkeitspflichten an eine kulturelle Gemeinschaft (Kommunitarismus), an den Staat (Etatismus/Nationalismus/Patriotismus), an eine politische Grundordnung (politischer Liberalismus) oder an bestehende Rechtsverhältnisse (Positivismus) und Machtverhältnisse (Realismus) gebunden sind.
(2) Dagegen behaupten *kosmopolitische Ansätze* eine prinzipiell globale Reichweite von Prinzipien und Forderungen der Gerechtigkeit.

(1) *Partikularistische Ansätze*: Viele dieser Theorien beschränken den Anwendungsbereich von Gerechtigkeitsprinzipien, weil sie den Geltungsgrund von (Verteilungs-)Gerechtigkeit in der gesellschaftlichen Kooperation oder Produktion verorten. Nach dieser Argumentation hätten solche Personen, die nichts zur Kooperation beitragen können, wie etwa Menschen mit Behinderungen, Kinder oder Mitglieder zukünftiger Generationen, keinen Anspruch auf einen gerechten Anteil. Der Personenkreis, an den verteilt werden soll, wird somit von vornherein eingeschränkt. Andere partikularistische Theorien gehen weniger restriktiv vor, indem sie die Anspruchsberechtigung zwar nicht an das Kriterium der tatsächlichen Koproduktion koppeln, sie jedoch insofern beschränken, als

sie sie etwa an den Mitbürgerstatus innerhalb einer mit Sanktionsgewalt ausgestatteten Rechtsordnung binden. Demnach bleibt in diesen Theorien der Anwendungsbereich der Verteilungsgerechtigkeit auf die Personen innerhalb einer staatlich organisierten Gesellschaft begrenzt. Personen außerhalb der Gemeinschaft haben also keinen legitimen Anspruch darauf, bei der Verteilung der in der Gemeinschaft produzierten Güter und Leistungen berücksichtigt zu werden. Ungleichverteilung zwischen Staaten und die soziale Lage von Personen außerhalb der betreffenden Gesellschaft sind demnach kein Problem sozialer Verteilungsgerechtigkeit, sondern allenfalls ein Problem humanitärer Verpflichtung zur angemessenen Hilfe in Notlagen und bei offenkundigen Menschenrechtsdefiziten.

Partikularisten in diesem Sinne behaupten, dass Gerechtigkeit auf globaler Ebene – nicht nur wegen des unvermeidlichen Realisierungsproblems – normativ etwas anderes bedeute und deshalb andere Verpflichtungen involviere als auf der Ebene unmittelbarer zwischenmenschlicher Interaktion, wie sie etwa in Staaten, Gemeinschaften, Familien und zwischen Einzelpersonen stattfindet, und zwar aus folgenden Gründen:

a) weil es eine besondere, enge, moralisch grundlegende Bindung innerhalb von Gemeinschaften gebe, so dass Mitglieder einer Gemeinschaft einander faktisch stärker verpflichtet sind als gegenüber Nichtmitgliedern und Unparteilichkeit als Standpunkt der Gerechtigkeit deshalb ungeeignet ist (Kommunitarismus),
b) weil Gerechtigkeit an die Existenz einer legitimen Ordnung mit Recht als Zwangsmittel gekoppelt sei, die auf transnationaler Ebene nicht gegeben ist. Solche *etatistischen Überlegungen* legen nahe, dass ausschließlich staatliche Institutionen in der Lage sind, die politische Willensbildung zu organisieren und

eine verbindliche Rechtsdurchsetzung zu gewährleisten (so etwa Thomas Nagel und Andrea Sangiovanni),

c) weil Gerechtigkeit nur innerhalb eines Kooperationszusammenhangs Anwendung finde, in dem die Vorteile und Nachteile der Kooperation fair zu verteilen sind. So schwenkt etwa Rawls in seinem Werk *Politischer Liberalismus* von seiner zuvor universalistischen auf eine partikularistische Position um und findet eine weitreichende Gerechtigkeitskonzeption nur auf den Kontext der politischen Institutionen und Rechtskultur liberaler Gesellschaften anwendbar. Für den Bereich des internationalen Kontextes argumentiert er dann in *Recht der Völker* nicht mehr aus der Perspektive einer universalistischen Gerechtigkeitskonzeption, sondern allein für ein völkerrechtliches Vertragsmodell aus der Sicht liberaler Staaten,

d) weil es ein legitimes Interesse von Staaten gebe, ihre Souveränität zu erhalten und ihre Bürger und Bürgerinnen zu bevorzugen. Eine moderate Position dieses *politischen Nationalismus* (u.a. Miller) betont, dass die nationale Identität einen Verpflichtungsgrund sui generis bildet und dass dieser Verpflichtungsgrund eine notwendige faktische Voraussetzung dafür darstellt, dass Menschen Gerechtigkeitspflichten auch wirklich befolgen.

Aus diesen Gründen sei die globale Ordnung, die über Einzelstaaten hinausgeht, gar kein Anwendungsfall von (Verteilungs-)Gerechtigkeit. Neben diesen vielfältigen partikularistischen Ansätzen wird dem Ideal einer internationalen Gerechtigkeit auch von Vertretern der sogenannten »realistischen außenpolitischen Schule« (die auf Machiavelli, Hobbes, Carl Schmitt und Hans Morgenthau zurückgeht) widersprochen, die darauf bestehen, dass normative

Theorieelemente grundsätzlich aus der internationalen politischen Theorie auszuklammern sind, da der Raum internationaler Beziehungen ein normativ nicht zu bewältigender Kampfplatz unvereinbarer Machtinteressen sei.

(2) *Kosmopolitische Ansätze*: Kosmopoliten behaupten eine globale Ausdehnbarkeit von Gerechtigkeitsforderungen. Die universale Moral der gleichen Achtung und das Gleichverteilungsprinzip verlangten, jede Person so anzusehen, als habe sie einen gleichen Anspruch auf Güter, es sei denn, es können im Einzelfall Gründe für eine Ungleichverteilung angeführt werden. In diesem Rechtfertigungsprozess kann es nun Gründe dafür geben, Personen, die an der Herstellung eines Gutes besonders beteiligt waren, bei der Verteilung zu bevorzugen. Aber zunächst einmal gibt es, so die Kosmopoliten, keinen Grund, Menschen z. B. aus anderen Ländern von vornherein vom Verteilungs- und Begründungsprozess auszuschließen. Diese Argumentation mag im Falle von natürlichen Ressourcen wie Bodenschätzen, die man zufällig auf oder unter seinem Grund und Boden findet, intuitiv am einsichtigsten sein. Warum sollten sie dem gehören, der sie findet, oder auf oder unter dessen Grund und Boden sie sich befinden? Diese Konzeption scheint also eine kosmopolitische, internationale und eine intergenerationelle Dimension der Gerechtigkeit nahezulegen. Der Bereich der Ausübung von Fairness umfasst demnach alle Menschen überall als Gruppe zusammengenommen. Entsprechend könnte das von Rawls bekannte Gedankenexperiment der Prinzipienwahl im Urzustand hypothetisch für die Auswahl von Regeln und Gerechtigkeitsprinzipien für *alle Menschen*, ohne Unterscheidung nach Nationalität oder anderen Klassifizierungen, angewandt werden. In dieser Deutung ist Gerechtigkeit – zumindest prima facie – unmittelbar universal und gilt deshalb global. Staatliche Grenzen aller Art haben für sie keine unmittelbare, sondern höchstens eine abgeleitete moralische Bedeutung.

Eine solche weitreichende Schlussfolgerung erscheint vielen jedoch als kontraintuitiv und überzogen. Es bleibt somit zu prüfen, ob und wie gegebenenfalls im Rahmen einer grundsätzlich kosmopolitischen Konzeption die Erfordernisse und Prinzipien globaler Gerechtigkeit konkretisiert und eingegrenzt werden können, ohne dass dabei jedoch Fragen der Gerechtigkeit jenseits des Nationalstaats schon von vornherein – noch ehe über die Reichweite ergebnisoffen reflektiert worden wäre – partikularistisch beschränkt würden.

Nehmen wir an, Gerechtigkeit habe in der Tat aus guten Gründen eine globale Reichweite und könne durch (mehr oder weniger weitgehende) Prinzipien globalen Ausmaßes konkretisiert werden. In diesem Fall würde sich die weitergehende Frage stellen, welche institutionellen Vorbedingungen für eine globale Gerechtigkeitsordnung realistischerweise zu erfüllen sind. Verlangt Gerechtigkeit möglicherweise nicht gerade die Positivierung ihrer Forderungen im Recht und die entsprechende Durchsetzung mit staatlichen Sanktionen? Demnach würde die erste Forderung globaler Gerechtigkeit lauten, eine internationale Rechtsordnung zu konstruieren, in deren Zentrum wiederum die Sicherung des Friedens durch eine Regelung legitimer internationaler Gewaltanwendung (z.B. bei humanitären Interventionen) und eine Weiterentwicklung des Völkerrechts stehen. Auf diese Weise drängen sich mit Bezug auf die Realisierbarkeit genuin globaler Gerechtigkeit mindestens drei Fragen auf: Wie sollte (1) eine globale Weltrechts-, Weltfriedens- und Weltsozialordnung aussehen? Wie können diese Bedingungen (2) durch die Politik global herbeigeführt werden? Und welche entgegenkommenden Realisierungschancen existieren (3) bereits (im Recht, in den supranationalen Organisationen, im Menschenrechtsregime)?

Menschenrechte

Eine weitverbreitete Auffassung in der politischen Theorie versteht die *Menschenrechte* als minimalen, aber globalen und zudem faktisch weitgehend bereits anerkannten Standard der Moral bzw. Gerechtigkeit weltweit.

Am 10. Dezember 1948 verkündeten die damals gegründeten Vereinten Nationen die *Allgemeine Erklärung der Menschenrechte*. Mit ihr trat der anspruchsvolle Versuch in die entscheidende Phase, die im 17. Jahrhundert in der Tradition des Naturrechts entworfene und in der nordamerikanischen *Virginia Bill of Rights* von 1776 und der französischen *Déclaration des droits de l'homme et du citoyen* von 1789 erklärte Idee der Menschenrechte als Maßstab einer weltweit verbindlichen Moralordnung zu etablieren. Menschenrechte sind – so lässt sich heute feststellen – in der zweiten Hälfte des 20. Jahrhunderts, bei allen Einschränkungen, zu einem global wirksamen normativen Maßstab geworden. Obwohl sie weiterhin in manchen Staaten zu manchen Zeiten, zum Teil auch massiv und systematisch missachtet und verletzt werden, sind fast alle Menschen und Staaten bereit, die Menschenrechte faktisch als gemeinsamen moralischen Standard zu akzeptieren, auch wenn das teilweise nur Lippenbekenntnisse sind. Die Menschenrechte verhindern zwar nicht, dass es weiterhin Völkermord, Folter und andere Formen staatlicher Willkür gibt, aber Menschenrechtsverletzungen und die Missachtung der Menschenwürde werden von einer Vielzahl internationaler Organisationen angeprangert. Solche Verletzungen ziehen eine hohe mediale Aufmerksamkeit in der globalen Öffentlichkeit auf sich und sind inzwischen, trotz vieler Umsetzungsschwierigkeiten und Instrumentalisierungsversuche seitens mächtiger staatlicher Akteure, durch die internationale Staatengemeinschaft rechtlich und politisch sanktionierbar. Da kaum eine Regierung die ihr vorgeworfenen Menschenrechtsverletzungen dadurch verteidigt, dass sie die Idee der Menschenrechte ganz leugnet oder als bloßen westlichen Imperialismus abstempelt, lässt sich sagen, dass Verletzungen der Menschenrechte eher von einem strukturellen Implementationsdefizit als von einem prinzipiellen Anerkennungsproblem zeugen. Damit ist mit den Menschenrechten in Ansätzen etwas erreicht, was in der bisherigen Geschichte ohne Beispiel ist, nämlich eine globale, transkulturelle und transnationale moralische Ordnung.

43 *Besonderer Status der Menschenrechte*

Menschenrechte stellen moralische Ansprüche besonderer Art dar, da sie auf einem globalen, minimalen und übergreifenden Konsens unterschiedlicher Moralauffassungen beruhen. Sie haben nicht nur in inhaltlicher und in formaler, sondern besonders in begründungstheoretischer und positiv-rechtlicher Hinsicht einen herausgehobenen Status, der ihre außerordentliche Karriere zu erklären vermag.

Inhaltlich schützen Menschenrechte nur besonders grundlegende Dimensionen des Menschen, in Bezug auf die er verletzlich ist. Sie sollen damit nur ein moralisches Minimum sichern, nicht aber das Ganze der Gerechtigkeit. In diesem minimalen Kerngehalt des Menschenrechtsgedankens spiegelt sich ein komplexer historischer Lernprozess mit Bezug auf das Verständnis der grundsätzlichen Belange des Menschen wider. Menschenrechte sind entstanden als spezifische, aber mit universalem Anspruch auftretende Reaktion auf konkrete Erfahrungen von Macht- und Gewaltausübung, besonders von Unterdrückung, Terror und erlebter Schutzlosigkeit. *Formal* gesehen sind Menschenrechte darüber hinaus auf eine besondere Weise moralisch-politische Rechte. Denn mit Menschenrechten ist auch die an alle gerichtete Forderung verbunden, das jeweilige moralische Recht als positives oder legales Recht rechtsstaatlich zu institutionalisieren, so dass Verletzungen dieses Menschenrechts mit staatlichen Zwangsmitteln sanktioniert werden können.

Begründungstheoretisch gesehen haben sie deshalb einen besonderen Status, weil sie inzwischen weitgehend faktisch anerkannt sind. Im Gegensatz dazu haben alle klassischen Begründungen der Menschenrechte – etwa durch Rekurs auf Natur, Glaube, Vernunft – keine allgemein geteilte Zustimmung finden können. Die Empörung über die Greueltaten des 20. Jahrhunderts hat aus diesem Dilemma hinausgeführt hin zu einer faktischen allgemeinen Anerkennung des Kerns der Menschenrechte. Diese faktische Anerkennung der Menschenrechte als moralische Rechte, die lebenswichtige Interessen durch effektive Institutionen schützen sollen, basiert – so lautet zumindest *eine* Auffassung der gegenwärtigen Menschenrechtsdebatte – auf einem globalen, minimalen und übergreifenden Konsens unterschiedlicher Moralauffassungen. Dass sich Vertreter verschiedener Moralkonzeptionen auf einige grundlegende Menschenrechte einigen können und faktisch auch geeinigt haben, macht den enormen politischen Vorteil der Menschenrechte aus.

In *positiv-rechtlicher* Hinsicht stellt die zunehmende Durchsetzung zentraler Menschenrechte einen weiteren wichtigen Aspekt dieser politischen Interpretation der Menschenrechte dar. Standen das 19. und das frühe 20. Jahrhundert noch ganz im Zeichen der politischen Verwirklichung innerstaatlicher Grundrechte, so hat die mit dem Nationalsozialismus und anderen totalitären Systemen einsetzende Erfahrung, dass positives Recht eklatantes Unrecht sein kann, zu einer bis heute ungebrochenen internationalen Institutionalisierung der Menschenrechtsidee nach dem Zweiten Weltkrieg geführt. Dabei haben sich die Menschenrechte von ihrer ausschließlichen rechtlichen Verankerung im Nationalstaat ein Stück weit losgelöst und wurden zu einer Angelegenheit des Völkerrechts, internationaler Politik und transnationaler Regierungs- und Nichtregierungsorganisationen. Zentral für die Institutionalisierung der Menschenrechte jenseits des Nationalstaats ist dabei die Entwicklung vom klassischen staatszentrierten »Westfälischen« Völkerrecht zum modernen »post-Westfälischen« Völkerrecht, in dem neben den Staaten auch das einzelne Individuum Träger von Menschenrechten und -pflichten ist. Dieser weiterhin andauernde Prozess hat die Idee der Menschenrechte, einst Gegenstand einer eher idealistischen Proklamation moralischer Ideale, in ein konkreteres, juristisch einklagbares System universeller Menschenrechtsnormen überführt, die im Prinzip, trotz zahlreicher faktischer Einschränkungen, von allen auf der Welt geltend gemacht werden können.

4.2. Politische Freiheit und ihre Bedingungen

Neben »Gerechtigkeit« ist »Freiheit« ein weiterer Grundbegriff der politischen Philosophie und stellt einen Grundwert der Demokratie dar. Insbesondere dem Liberalismus zufolge ist die Freiheit der Individuen als der Grundwert moderner pluralistischer Gesellschaften zu verstehen. Aber was ist Freiheit? Und unter welchen Umständen können wir uns als frei betrachten? Im folgenden geht es dabei nicht um die Frage nach der Willens- und Handlungsfreiheit im allgemeinen, sondern um Freiheit im politischen Sinn: Sind wir – als Bürgerinnen und Bürger – frei, wenn der Staat unsere individuellen Rechte respektiert und nicht in unsere Privatsphäre eingreift? Oder müssen wir uns auch an der politischen Willensbildung und Entscheidungsfindung beteiligen (können), um als frei zu gelten? Im folgenden wird dabei die Frage, ob es sinnvoll ist, von kollektiver Freiheit zu sprechen, also etwa von einer politischen Gemeinschaft zu sagen, sie sei frei, ebenfalls ausgeblendet, denn mit dem Begriff »kollektive Freiheit« ist meistens nicht mehr gemeint, als dass eine bestimmte politische Gemeinschaft nicht unter einer Fremdherrschaft steht. Dieser Freiheitsbegriff ist also nicht sehr anspruchsvoll. Hier interessiert vielmehr, ob Freiheit im politischen Sinn nicht auch mehr bedeuten kann als lediglich die Abwesenheit von Unterdrückung. Mit anderen Worten: Wie kann Freiheit anstatt in der Isolation von anderen *in* der politischen Gemeinschaft – also gerade *im Zusammenleben mit anderen* – hergestellt werden?

Diese Frage wirft ein Problem auf, das Rousseau zum Ausgangspunkt seiner politischen Philosophie gemacht hat: Wie können wir als Freie zusammenleben, wenn doch die Regeln des Zusammenlebens immer auch die Freiheit des einzelnen einschränken? Für Rousseau ist die individuelle Freiheit der Ausgangspunkt (ihm zufolge ist der Mensch frei geboren), aber das Zusammenleben geht mit notwendigen Einschränkungen der individuellen Freiheit durch allgemeinverbindliche Regeln und Gesetze einher. Unter diesen Bedingungen, so lautet seine Antwort, lässt sich die Freiheit nur bewahren, wenn diese Regeln und Gesetze selbstgegeben, also frei auferlegt sind. Indem wir selbstgegebenen Gesetzen gehorchen, gehorchen wir Rousseau zufolge niemandem als uns selbst. Freiheit heißt dann: Autonomie, also Selbstgesetzgebung – die Menschen sind zugleich Adressaten und Autoren der sie bindenden Gesetze. Die damit verbundene Behauptung eines *internen Zusammenhangs zwischen Freiheit und Demokratie* ist allerdings nicht unbestritten geblieben.

Negative und positive Freiheit

Gegen die Annahme, die Freiheit des Individuums bestehe darin (oder sei zumindest nicht unabhängig denkbar davon), an Politik im Sinne der öffentlichen Thematisierung und Regelung der gemeinsamen Angelegenheiten eines Gemeinwesens zu partizipieren, wird vor allem von liberaler Seite ein anderer Freiheitsbegriff vertreten. Dieser andere Freiheitsbegriff wird oft als spezifisch modern, meistens jedoch als negativ (in Abgrenzung zu positiv) bezeichnet.

44 *Zwei Freiheitsbegriffe*

(1) Positive Freiheit: Freiheit als Selbstbestimmung, Selbstverwirklichung, politische Partizipation
(2) Negative Freiheit: Freiheit von äußerem Zwang

Exemplarisch sollen im folgenden zwei Positionen aus der politischen Philosophie vorgestellt werden, die eine solche Unterscheidbarkeit verschiedener Freiheitsbegriffe behaupten.

Benjamin Constant unterscheidet die antike von der modernen Freiheitskonzeption: Während Freiheit in der griechischen Polis als gemeinsame und direkte Ausübung der Souveränität bzw. als Partizipation an der Gesetzgebung und entsprechend als nur in einer Demokratie realisierbar verstanden worden ist, versteht man unter diesem Begriff unter modernen Bedingungen vor allem die rechtliche Sicherung der negativen Freiheit des Individuums und damit der individuellen Unabhängigkeit von der Gemeinschaft. Dass die Rechte und Interessen der Individuen dem Kollektiv untergeordnet werden, wird dabei als größte Gefahr im Zusammenhang mit der antiken Freiheit angesehen. Hingegen bedeute Freiheit heute z.B., nicht willkürlich verhaftet zu werden, die eigene Meinung äußern oder den eigenen Geschäften nachgehen zu dürfen, kurz: sie bedeutet individuelle Unabhängigkeit, nicht aber kollektive Selbstbestimmung. Für diese Art von Freiheit ist nun, wie Constant ausführt, Rechtsstaatlichkeit – der Schutz individueller Rechte auch vor der Tyrannei der Mehrheit – unter Umständen entscheidender als Demokratie. Allerdings weist er selbst darauf hin, dass die einseitige Konzentration auf die Freiheit des Privatmenschen (des Bourgeois) in der Moderne auf Kosten der politischen Freiheit des aktiven Bürgers (des Citoyen) zu verschleiern droht, wie eng beide eigentlich zusammenhängen: Erst die politische Freiheit – unter modernen Bedingungen freilich nicht mehr in einer direkten, sondern in einer repräsentativen Demokratie (vgl. 4.3.) – könne nämlich auf Dauer die Bedingungen der individuellen (Rechts-)Freiheit sichern.

Mit seiner berühmten Unterscheidung zwischen negativer und positiver Freiheit schließt Isaiah Berlin an diese Überlegungen an, spricht sich allerdings noch deutlicher als Constant für einen normativen Vorrang der negativen Freiheit aus. *Negative* Freiheit bezeichnet dabei die Abwesenheit von Beschränkung und Einmischung, also die Freiheit *von* Eingriffen anderer in das eigene Tun. Diese Konzeption von Freiheit ist begrifflich nicht an die Idee der Demokratie gebunden, denn unter einem wohlwollenden Tyrannen kann man, so Berlin, unter Umständen ebenso frei oder sogar noch freier sein als in einer Demokratie. Was gilt dann aber als Eingriff und damit als Freiheitseinschränkung? Physischer Zwang (etwa jemanden festzuhalten) ist eindeutig ein Fall von Freiheitseinschränkung, aber was ist mit Drohungen und anderen Versuchen der Einflussnahme, etwa durch Manipulation oder Propaganda? Und schränken rechtlich oder moralisch legitimierte Eingriffe (wie gerechte Strafen) die Freiheit gleichermaßen ein wie illegitime Eingriffe?

Positive Freiheit wird von Berlin hingegen als Selbstbestimmung verstanden, also als die Möglichkeit von Individuen, ihre selbstgesetzten Ziele auch tatsächlich zu verfolgen bzw. in der Realität umzusetzen. Positiv wird diese Freiheit deshalb genannt, weil sie auf die Fähigkeit von Individuen verweist, etwas zu tun, also auf eine Freiheit *zu* einem bestimmten Tun. Charles Taylor versteht daher den Begriff der Freiheit als einen Verwirklichungsbegriff – Freiheit meint für ihn die Verwirklichung zentraler Fähigkeiten (z. B. der Vernunft oder der politischen Selbstbestimmung). Positive Freiheit wird daher auch häufig mit Selbstverwirklichung identifiziert.

Diese Konzeption wirft allerdings die Frage auf, ob es eine menschliche Natur oder ein »wahres Selbst« gibt, das es zu verwirklichen gilt, oder auf welche andere Weise der positive Freiheitsbegriff gefüllt werden könnte, ohne die vernünftigen Meinungsverschiedenheiten über das, was ein Leben im Einklang mit der Natur, dem wahren Selbst oder der Idee des Guten ausmacht, zu vernachlässigen. Vom liberalen Standpunkt aus, der diesen Pluralismus für grundlegend erachtet, kann man zudem einwenden, der Bezug auf eine ideale, erst noch zu erreichende positive Freiheit (etwa der vernünftigen Selbstbestimmung) könne unter Umständen Einschränkungen der negativen Freiheit (zu der auch die Freiheit gehört, unvernünftig zu handeln) im Hier und Jetzt rechtfertigen. Genau darin sehen viele Liberale im Anschluss an Berlin ein totalitäres Potential des positiven Freiheitsbegriffs, der damit allerdings aus dem Zusammenhang mit Ideen der Autonomie und der Demokratie herausgelöst wird.

Drei Freiheitsbegriffe – oder doch nur einer?

Diese Entgegensetzung von negativer und positiver Freiheit wird von zwei Seiten her kritisiert. Zum einen wird seitens des Neorepublikanismus ein dritter Freiheitsbegriff ins Spiel gebracht, zum anderen wird behauptet, es gebe es doch nur einen Freiheitsbegriff.

45 *Ein dritter Freiheitsbegriff*

(3) Freiheit als Nichtbeherrschung bzw. Unabhängigkeit von Willkür

Der Neorepublikanismus, wie ihn vor allem Quentin Skinner und Philip Pettit vertreten, versteht politische Freiheit als Nichtbeherrschung bzw. als Unabhängigkeit von Willkür, und damit zwar vor allem als Abwesenheit (wie in der negativen Konzeption), aber nicht als Abwesenheit von Eingriffen in das eigene Handeln, sondern als Abwesenheit von Herrschaft bzw. Abhängigkeit (wie in der positiven Konzeption). Unfreiheit ist demnach nicht mit dem Vorliegen faktischer Einschränkungen gleichzusetzen, denn es kann Herrschaft und damit einen Freiheitsverlust ohne Eingriffe ebenso wie Eingriffe ohne Herrschaft geben.

Zunächst wird auf die These eingegangen, dass es Unfreiheit auch ohne faktische Eingriffe geben kann. Dem neorepublikanischen Verständnis zufolge ist man dann unfrei, wenn man von der Willkür einer anderen Person abhängig ist bzw. von dieser beherrscht wird: Der Sklave ist auch dann unfrei, da vom Willen seines Herrn abhängig, wenn dieser faktisch gar nicht in sein Handeln eingreift. Die bloße Möglichkeit eines willkürlichen Eingriffs reicht aus, um den Sklaven existentiell – also nicht allein mit Bezug auf einzelne Handlungen – unfrei zu machen. Freiheit ist demnach ein politisch und rechtlich abzusichernder Status, der Personen *in ihrem Verhältnis zu anderen* zukommt, nicht aber eine Eigenschaft von Einzelhandlungen. Aus dieser Perspektive heraus sind auch nicht an das Recht gebundene oder demokratisch kontrollierte Entscheidungsbefugnisse der Exekutive (sei es nun eines Monarchen oder einer gewählten Regierung) mit der Freiheit der Herrschaftsunterworfenen unvereinbar, und zwar unabhängig davon, ob die Exekutive nun faktisch eingreift oder nicht.

Andererseits ist Freiheit vereinbar mit Eingriffen, solange diese die Bedingung der Nicht-Willkür erfüllen und daher nicht beherrschend sind. Ein Beispiel hierfür stellen Eingriffe durch das Recht dar, die allerdings an bestimmte Kriterien gebunden sind. Ein Eingriff kann nach dieser Deutung dann als nicht willkürlich gelten, wenn er drei Kriterien erfüllt: Er muss bestimmten – den Einfluss individueller Willkür mildernden oder ausschließenden – Regeln und Verfahren folgen (etwa jenen des Rechtsstaats), er muss an den Interessen und Meinungen der Betroffenen orientiert sein, und dies muss durch die Betroffenen (etwa in demokratischen Institutionen) selbst kontrolliert werden können. Demnach hängt die Freiheit einer Person in beiden Hinsichten davon ab, ob sie in einem demokratischen Rechtsstaat lebt oder nicht.

Gegen die Frage, ob es zwei Freiheitsbegriffe gebe oder drei, kann mit Gerald MacCallum eingewendet werden, dass es bei genauerer Betrachtung doch nur einen komplexen, nämlich einen dreigliedrigen Freiheitsbegriff gibt, der von unterschiedlichen (liberalen, republikanischen etc.) Konzeptionen nur unterschiedlich ausgelegt wird, indem sie unterschiedliche Aspekte betonen. Anderenfalls wäre auch gar nicht verständlich zu machen, dass sie über dasselbe, nämlich Freiheit, reden.

46 *Ein komplexer Freiheitsbegriff*

»X ist frei von Y, um Z zu tun (oder zu sein).«
Freiheit ist immer die Freiheit
(1) eines Freiheitsträgers X
(2) von Y (einem Freiheitshindernis)
(3) zu Z (einem Freiheitsgegenstand).

Dieser Begriff umfasst zwar die Dimensionen der negativen Freiheit (Freiheit von) und der positiven Freiheit (Freiheit zu). Genauer betrachtet kann aber von der einen Dimension nicht unabhängig von der anderen die Rede sein; der komplexe dreigliedrige Freiheitsbegriff erfasst sie in ihrer wechselseitigen Abhängigkeit. An diesen Vorschlag zur Begriffsklärung schließt sich allerdings die Frage an, was als X, Y und Z in Frage kommt, wer bzw. was also als Freiheitsträger, als Freiheitshindernis und als Freiheitsgegenstand zählt.

Obwohl auch die Frage nach möglichen Freiheitsträgern (sind neben Personen auch Gruppen relevant?) und Freiheitsgegenständen (geht es neben vernünftigen und moralischen auch um unvernünftige und unmoralische Handlungen?) diskussionswürdig ist, kommt der Bestimmung der *Freiheitshindernisse* aus Sicht der politischen Philosophie doch besondere Relevanz zu – vor allem wenn, wie im Liberalismus und anderen Paradigmen der politischen Philosophie, die primäre Aufgabe des Staates in der Freiheitssicherung gesehen wird. Vier Kategorien von Freiheitshindernissen lassen sich unterscheiden:

47 *Freiheitshindernisse*

	interne	externe
natürliche	z. B. genetische Ausstattung und unbewusste bzw. unterbewusste Motivationen	z. B. Naturgesetze und Naturkatastrophen
soziale	z. B. Indoktrination durch Erziehung und falsches Bewusstsein	z. B. Zwang und Drohungen

Externe soziale Hindernisse stellen den eindeutigsten Fall einer Freiheitseinschränkung dar. Für ein enges liberales Freiheitsverständnis im Anschluss an Hobbes zählen sogar allein faktische (also nicht bloß angedrohte) externe soziale Einschränkungen: Nur dann, wenn man von anderen (physisch) an etwas gehindert oder zu etwas gezwungen wird, wird die eigene Freiheit eingeschränkt. Eine weitgehend akzeptierte Erweiterung stellt – im Anschluss an Locke – die Berücksichtigung von Drohungen dar. Schon schwieriger zu beantworten ist die Frage, ob auch un oder unterbewusste Motive (Freud) sowie durch Erziehung oder Ideologie internalisierte soziale Einschränkungen (Mill und Marx) die Freiheit der Betroffenen einschränken können. Und wie steht es mit natürlichen Hindernissen? Zumindest für Naturgesetze scheint die Antwort klar zu sein, denn dass ich nicht drei Meter hoch springen kann, schränkt meine Freiheit nicht ein. Anders mag dies bei Naturkatastrophen sein, vor allem dann, wenn man berücksichtigt, dass diese in ihrer Wirkung meist durch soziale Faktoren beeinflusst werden. Generell scheint mithin zu gelten: Je eindeutiger die Hindernisse auf menschliches Handeln zurückführbar und durch menschliches Handeln aufhebbar sind, desto eindeutiger handelt es sich um Freiheitseinschränkungen im gerechtigkeitstheoretisch und politisch relevanten Sinn.

Unabhängig davon, wie man Freiheit nun genau versteht und was alles als Freiheitseinschränkung gelten kann, unterliegt sie offensichtlich Voraussetzungen und bedarf daher der Sicherung. Je nachdem, welche Hindernisse man für entscheidend hält, wird man freilich unterschiedliche Maßnahmen zur Sicherung der Freiheit für nötig erachten. Vertritt man ein enges Freiheitsverständnis, dem zufolge Freiheit primär in der Abwesenheit externer Eingriffe in den Handlungsspielraum von Individuen besteht, so kommt individuellen Rechten – vor allem den klassischen liberalen Abwehrrechten – eine wesentliche Rolle zu. Zu den Grundrechten gehören allerdings nicht nur die Abwehrrechte gegen den Staat (wie etwa das Recht auf körperliche Unversehrtheit, die Meinungsfreiheit oder die Bewegungsfreiheit), sondern auch Rechte auf Rechtssicherheit oder Rechtsstaatlichkeit (etwa auf ein faires Verfahren) sowie politische Partizipationsrechte (wie etwa das Wahlrecht und der gleiche Zugang zu öffentlichen Ämtern) und – je nach Verständnis – auch soziale und ökonomische Rechte (wie etwa das Recht auf Bildung, auf angemessenen Lohn und auf soziale Sicherung eines Existenzminimums). Ein umfassender Liberalismus, wie ihn etwa Rawls vertritt, betont den Zusammenhang zwischen diesen Rechten, die sich wechselseitig absichern und nur zusammen die Voraussetzungen der Freiheit zu sichern vermögen.

Kann man auch dann von Freiheit sprechen, wenn die Voraussetzungen für sie bzw. ihre Realisierung nicht gegeben sind? Manchmal wird – etwa von Rawls – ein Unterschied zwischen der Freiheit und ihrem Wert gemacht. Der Wert der Freiheit bestimmt sich dabei relativ dazu, inwiefern Menschen die ihnen formal zustehenden Freiheiten auch tatsächlich nutzen können. Allerdings kann man bezweifeln, ob im Fall von formal zugestandenen, aber real nicht nutzbaren Freiheiten noch von Freiheit gesprochen werden kann. Wenn der Wert der Freiheit für jemanden massiv und systematisch eingeschränkt ist, etwa durch extreme Armut, Unwissenheit oder mangelhafte Infrastruktur, dann ist die betroffene Person unfrei, auch dann, wenn sie von niemandem direkt an etwas gehindert wird. Wenn das nächste Wahllokal weit entfernt und nicht mit öffentlichen Verkehrsmitteln zu erreichen ist, ist für diejenigen, die unter solchen Umständen nicht wählen gehen können, nicht nur der Wert der Freiheit, sondern die Freiheit selbst eingeschränkt. Das Fehlen der Freiheitsvoraussetzungen und damit der faktischen Handlungsmöglichkeiten schränkt in solchen Fällen die Freiheit der Person ein. Dieser Mangel tangiert ihren Status als Freie und Gleiche. Diese Überlegungen zeigen, dass ein Freiheitsbegriff, der Freiheit ausschließlich positiv oder negativ fasst, zu kurz greift. Weder die Abwesenheit von Eingriffen noch die bloße Garantie von Partizipationsrechten sind für ein Verständnis und die Realisierung der Freiheit hinreichend; vielmehr gilt es zu berücksichtigen, wie die verschiedenen Dimensionen theoretisch und praktisch ineinandergreifen.

Freiheit in der politischen Philosophie

Entsprechend diesen schon im Begriff der Freiheit angelegten Mehrdeutigkeiten finden sich auch in den verschiedenen Paradigmen der politischen Philosophie zum Teil stark divergierende Freiheitsverständnisse. Zu den um den Begriff der Freiheit zentrierten Ansätzen gehören neben dem oben bereits vorgestellten Neorepublikanismus im wesentlichen die folgenden fünf Ansätze:

48 *Fünf freiheitszentrierte Ansätze*

(1) *Libertärer Liberalismus*: Freiheit besteht in der Abwesenheit staatlicher Eingriffe.
(2) *Egalitärer Liberalismus*: Die gleiche Freiheit aller erfordert es, dass alle in den Genuss ihres fairen Werts kommen.
(3) *Liberaler Perfektionismus*: Freiheit besteht in der Möglichkeit, zwischen wertvollen bzw. bedeutsamen Optionen zu wählen.
(4) *Fähigkeitenansatz*: Freiheit erfordert die Möglichkeit der Realisierung zentraler menschlicher Fähigkeiten.

(5) *Diskurstheorie*: Negative Freiheitsrechte und politische Teilnahmerechte bedingen sich wechselseitig.

(1) Der *libertäre Liberalismus*, wie er unter anderem bei Robert Nozick und Friedrich August von Hayek zu finden ist, betont die negative Freiheit und den Schutz vor Einmischungen und plädiert auf dieser Basis für einen von weitreichenden Eingriffen absehenden Nachtwächterstaat, der dem Spiel der gesellschaftlichen Kräfte in Form eines Marktes den weitestmöglichen Freiraum lässt. Die primäre Aufgabe des Staates besteht in der Sicherung der negativen Freiheiten der Individuen. In diesem Zusammenhang sind aus libertärer Sicht staatliche Umverteilungsmaßnahmen im Namen der Gerechtigkeit nicht nur unnötig, sondern schädlich: Staatliche Steuern stellen letztlich eine Art Zwangsarbeit dar.

(2) Dem *egalitären Liberalismus* zufolge, wie ihn etwa John Rawls und Ronald Dworkin vertreten, sollte die gleiche Freiheit für alle Individuen so gewährleistet werden, dass alle in den Genuss ihres fairen Werts kommen. Um den fairen Wert der Freiheit zu gewährleisten, müssen also nicht nur alle die gleichen Rechte haben, sondern es müssen zudem weitere Bedingungen erfüllt werden, damit Freiheit mehr als nur eine formale Garantie ist. Um wirklich gleiche Freiheiten zu haben, reicht es nicht, nur gleichen Schutz vor Freiheitshindernissen zu gewähren, stattdessen müssen auch die gleichen Möglichkeiten zum Erreichen des Freiheitsgegenstandes bestehen. Da Ungleichheiten den gleichen Wert der Freiheit einzuschränken drohen, bedürfen sie, wie in 4.1. gezeigt wurde, der besonderen Rechtfertigung.

(3) Auch im *liberalen Perfektionismus*, für den etwa Joseph Raz steht, wird Freiheit primär von der Existenz von Wahlmöglichkeiten her verstanden, aber Autonomie setzt

dabei die Möglichkeit der Wahl zwischen nicht irgendwelchen, sondern bestimmten, nämlich wertvollen bzw. bedeutsamen Optionen voraus. Dass ich statt zwischen zehn Eissorten zwischen hundert wählen kann, ist keine bedeutsame Freiheitssteigerung, wenn ich nicht die Option wählen kann, die mir eigentlich wichtig ist bzw. sein sollte. Sowohl die Anzahl als auch die Bedeutung der Wahlmöglichkeiten bestimmen, wie frei man ist. »Perfektionistisch« wird diese Position deshalb genannt, weil sie annimmt, dass es intrinsisch gut ist, wenn Menschen ihre Autonomie verwirklichen, und dass der Staat sie darin, etwa durch die Bereitstellung bedeutsamer Optionen, unterstützen sollte. Daraus folgt, dass der Staat seine Neutralität gegenüber unterschiedlichen Konzeptionen des Guten aufgibt, denn persönliche Autonomie ist dieser Deutung zufolge ein sozialer Wert, der politisch besonders gefördert werden sollte.

(4) An diese Intuition schließt der sogenannte Fähigkeitenansatz (*capability approach*) an. Prominente Vertreter dieser Richtung sind unter anderem Martha Nussbaum und Amartya Sen. Diesem Ansatz zufolge impliziert Freiheit die Möglichkeit zur Realisierung zentraler menschlicher Fähigkeiten: Nur dann, wenn ich mich tatsächlich entscheiden und der Entscheidung entsprechend handeln *kann*, bin ich frei (man denke etwa an den Unterschied zwischen jemandem, der sich entscheidet zu fasten, und jemandem, der an Hunger leidet). Die Verwirklichungschancen der Freiheit sind ihr nicht äußerlich, sondern vielmehr ein Teil von ihr. Freiheit verweist auf die Möglichkeit, ein gelungenes Leben zu führen. Allerdings scheint diese Auffassung auch bestimmte anthropologische Annahmen – Annahmen über das Wesen des Menschen und seine natürlichen Fähigkeiten – vorauszusetzen, deren allgemeine Zustimmungsfähigkeit von liberaler Seite in Frage gestellt wird.

(5) Die *Diskurstheorie*, wie sie vor allem von Jürgen Habermas vertreten wird, geht von einer »Gleichur-

sprünglichkeit« von öffentlicher und privater Autonomie aus, behauptet also, dass sich politische und individuelle Freiheit, Volkssouveränität und Menschenrechte wechselseitig voraussetzen und einander nicht unter- bzw. übergeordnet werden können: Die Menschenrechte können nur in einer Demokratie realisiert werden, deren Verfahren die Geltung dieser Rechte allerdings ebenfalls voraussetzen. Negative Freiheitsrechte sind in dieser Perspektive ebenso wichtig wie politische Teilnahmerechte. Die Funktion der Grundrechte liegt in der Sicherung der Freiheit in der privaten wie in der öffentlichen Dimension. In 4.3. wird gezeigt, dass diese liberale und republikanische Elemente verbindende Vorstellung das Ideal einer deliberativen (also auf Beratschlagung und Überlegung beruhenden) Demokratie einschließt.

Freiheit und Sicherheit

So gut wie alle genannten Ansätze stimmen darin überein, dass Freiheit nie absolut, sondern immer Bedingungen und Beschränkungen unterworfen ist, da die Freiheit der einen in einer sozialen und politischen Gemeinschaft immer mit der Freiheit der anderen zusammengedacht werden muss und mit dieser auch in Konflikt geraten kann. Das lässt noch offen, ob man die Freiheit der anderen (wie das individualistische Positionen nahelegen) als Einschränkung der eigenen Freiheit oder (wie das den sozialen Kontext betonende Positionen wie die feministische nahelegen) als ermöglichende Bedingung für die eigene Freiheit verstehen sollte. In beiden Fällen kann Freiheit jedoch nicht als absolut gelten.

Welche Einschränkungen der Freiheit sind aber unter welchen Bedingungen als legitim zu erachten? Die Frage nach dem Ausmaß und dem Maßstab legitimer Freiheitsbeschränkungen stellt sich aktuell insbesondere im Rahmen der Debatte um das Verhältnis von Freiheit und Sicherheit. Bevor wir uns diesem Verhältnis zuwenden, wollen wir jedoch zunächst allgemein fragen, welchen Kriterien Freiheitseinschränkungen genügen müssen, um legitim zu sein. Auf diese Frage gibt es mehrere mögliche Antworten, die aber miteinander zusammenhängen.

49 *Legitime Freiheitseinschränkungen*

(1) Das Prinzip der gleichen Freiheit
(2) Das Prinzip der negativen Konsequenzen
(3) Das Prinzip der demokratischen Legitimation und Kontrolle

(1) Eine erste Antwort bezieht sich auf das Prinzip der gleichen Freiheit, das es jeder Person gleichermaßen erlaubt, nach der eigenen Glückseligkeit zu streben, solange sie dabei die Freiheit aller anderen respektiert, genau dies ebenfalls zu tun (so etwa Kant und Rawls). Restriktionen der Freiheit einer Person sind demnach nur dann legitim, wenn sie notwendig sind, um die grundlegenden Freiheitsrechte anderer Personen zu schützen. Dieser Auffassung zufolge kommt dem Recht die Aufgabe zu, die Freiheit aller auf eine Weise zu sichern, die nicht auf Kosten der Freiheit einiger weniger geht.

(2) Eine zweite Antwort verweist auf das Prinzip der negativen Konsequenzen: Freiheitseinschränkungen sind nur dann gerechtfertigt, wenn die Nichteinmischung schwerwiegendere negative Konsequenzen haben würde als der Eingriff. John Stuart Mill gibt dieser Intuition mit seinem Schadensprinzip (*harm principle*) eine relativ strikte Fassung, der zufolge Freiheitseinschränkungen nur dann (nicht: immer dann) gerechtfertigt sind, wenn sie die Schädigung anderer verhindern. Das schließt eine sogenannte paternalistische Einschränkung der Freiheit einer

Person zu ihrem eigenen Wohl aus, jedenfalls solange diese Person im Prinzip zur rationalen Selbstbestimmung fähig ist – was bei Kindern, Verrückten und »Barbaren« Mill zufolge nicht der Fall ist. Allerdings wirft das Prinzip die Frage auf, wie genau zwischen Handlungen, die nur die Person selbst betreffen, und solchen, die auch andere betreffen, zu unterscheiden ist und welche Wirkungen auf andere als politisch relevante Schädigung zählen sollen.

(3) Eine dritte Antwort verweist auf den Zusammenhang zwischen individueller und politischer Freiheit. Einschränkungen der individuellen Freiheit, etwa durch Gesetze, sind nach dieser Deutung nur dann (nicht: immer dann) legitim, wenn sie demokratisch beschlossen und kontrolliert werden. Um der Gefahr einer Tyrannei der Mehrheit zu begegnen, die aus einem solchen Primat des politischen Entscheidungsprozesses folgt, könnte dieser politische Entwurf mit dem ersten Entwurf kombiniert und um ein Rechtsstaatsprinzip ergänzt werden. Andererseits kann man argumentieren, dass der Schutz der Grundrechte zwar eine notwendige, aber keine hinreichende Bedingung für eine solche Korrektur zugunsten der privaten Freiheit des einzelnen ist. Rechtsstaatlichkeit und die Achtung der liberalen Abwehrrechte reichen jedenfalls nicht aus. Zur Sicherung der Freiheitssphäre des einzelnen vor Eingriffen der öffentlichen Gewalt müssen vielmehr noch die sozialen Teilhaberechte, die den Individuen zumindest gewisse materielle Bedingungen zur aktiven Nutzung ihres Freiheitsspielraums garantieren sollen, sowie die politischen Partizipationsrechte hinzutreten, die aus bloßen Rechtsträgern und Leistungsempfängern Bürgerinnen und Bürger machen. Beschränkte man Freiheit wie so häufig begrifflich auf die unangetastete Privatsphäre des einzelnen, so ließe sich auch von einem undemokratischen Nachtwächterstaat, der sich auf das Nichteingreifen beschränkt, be-

haupten, dass er schon ein Maximum an Freiheit für alle ermögliche.

Sowohl das Prinzip der gleichen Freiheit als auch das Prinzip der negativen Konsequenzen sind zudem unterbestimmt. Was genau sie konkret erfordern, wird in vielen Fällen selbst politisch umstritten sein. Daher sind sie auf die Konkretisierung in einem politischen Prozess angewiesen. Dieser muss, jedenfalls dann, wenn ausgeschlossen werden soll, dass er seinerseits eine illegitime Freiheitsbeschränkung darstellt, und dabei ein einigermaßen anspruchsvoller Freiheitsbegriff zugrunde gelegt wird, demokratisch gestaltet sein. Damit kommen wir auf Rousseaus eingangs genannte Position zurück, entsprechend der sich die Adressaten der Gesetze zugleich als deren Autoren verstehen können müssen, um als frei zu gelten. Wir sind demnach nicht nur dann unfrei, wenn wir unterdrückt werden oder von staatlicher Willkür abhängen. Wir sind auch dann unfrei, wenn wir keine Möglichkeit haben, unseren eigenen Interessen und Sichtweisen Gehör zu verschaffen, also effektiv (freilich nicht: effektiver als andere) mitzubestimmen. Freiheit hat mit dem politischen Status zu tun, den wir als Bürgerinnen und Bürger im Verhältnis zueinander haben und der uns von bloßen Untertanen unterscheidet. Und dieser Status kann nur in einer Demokratie realisiert werden, also in einem Gemeinwesen, das nach dem Prinzip der gemeinschaftlichen Selbstbestimmung von Freien und Gleichen organisiert ist.

Was folgt aus diesen Überlegungen für die aktuelle Debatte um Sicherheit, der zufolge es – sei es um der Freiheit, sei es um der Sicherheit als eigenständigen Wertes willen – mitunter notwendig ist, Freiheitsrechte weitgehenden Einschränkungen zu unterwerfen? Ganz allgemein gelten für legitime Freiheitseinschränkungen folgende zwei Kriterien:

(1) Die ergriffenen Mittel müssen legitim sein, d.h. mit Bezug auf das erste und das dritte der oben ausgeführten

Prinzipien, dass sie um der grundlegenden Freiheitsrechte willen erfolgen, mit diesen vereinbar sowie demokratisch legitimiert und kontrolliert sein müssen. Dies schließt etwa die Diskriminierung bestimmter Bevölkerungsgruppen aus und beschränkt die Kompetenzen der Exekutive durch klare Grenzen.

(2) Die ergriffenen Mittel müssen effektiv sein, dürfen also gemäß dem zweiten Prinzip nicht mehr Schaden produzieren, als sie Schaden verhindern, und sie müssen Paternalismus vermeiden. Dies schließt etwa eine bloße Steigerung des Sicherheitsgefühls der Bürgerinnen und Bürger aus.

Das Verhältnis von Freiheit und Sicherheit ist komplex. Zum einen ist Sicherheit in einem bestimmten Sinn offensichtlich eine der Voraussetzungen von Freiheit bzw. ihres realen Genusses, zum anderen ist Sicherheit kein Wert an sich, sondern ein um anderer Werte und der Freiheit, diese anderen Werte zu verfolgen, willen zu erstrebendes Gut. Da der Sinn politischer Institutionen darin besteht, die Freiheit der Bürgerinnen und Bürger zu sichern, wäre es auch verkehrt, die Herstellung von Sicherheit als die Hauptaufgabe des Staates anzusehen. Daher ist es äußerst bedenklich, wie stark der Diskurs und die Praxis der Sicherheit und der Kontrolle dazu tendieren, den Diskurs und die Praxis der Freiheit zu verdrängen. Wie auf einer schiefen Ebene führt die Diskussion um die eine Freiheitseinschränkung im Namen der Sicherheit zur Diskussion um die nächste.

Darüber hinaus stellt sich die kritische Frage, worin überhaupt die »Unsicherheit« bestehen soll, derentwegen aktuell die Freiheitsrechte beschränkt werden sollen. Ist die Freiheit primär in Gefahr, weil die existierenden Freiheitsrechte durch die »Feinde der Freiheit« – wie Terroristen und Onlinebetrüger – ausgenutzt werden? Oder ist die Freiheit der Bürgerinnen und Bürger durch staatliche und private Instanzen gefährdet, die im Namen der Sicherheit, der Prävention und sogar der Freiheit ein dichtes Netz der Überwachung knüpfen? Ohne die erste Gefahr völlig zu leugnen, kann man doch die Legitimität und die Effektivität der Mittel bezweifeln, die zu ihrer Abwehr aufgeboten werden. Der Überwachungs- und Präventionsstaat ist jedenfalls nicht nur mit der Idee des Rechtsstaats, sondern auch mit der Idee der Demokratie und damit letztlich mit der Idee der Freiheit unvereinbar. Denen, die heute darauf beharren, dass all dies angesichts der neuen Herausforderungen realitätsferner Idealismus sei, kann man nur mit dem Benjamin Franklin zugeschriebenen Ausspruch antworten: »Wer die Freiheit aufgibt, um Sicherheit zu gewinnen, der wird am Ende beides verlieren.«

4.3. Demokratie: Modelle, Begründungen und aktuelle Probleme

Demokratie wird heute sowohl in der politischen Praxis als auch in der Theorie fast ausnahmslos als die einzig rechtfertigbare Organisationsform politischer Gemeinschaften erachtet. Jedoch herrscht keineswegs Übereinstimmung in Bezug darauf, was Demokratie genau bedeutet, wie sie zu rechtfertigen und wie sie in der politischen Wirklichkeit zu institutionalisieren ist.

Zunächst bedeutet »Demokratie« wörtlich »Herrschaft des Volkes«, von griechisch *demos*: Volk und *kratos*: Herrschaft. Damit wird sie in Abgrenzung zur Monarchie (der Alleinherrschaft eines Königs) und Aristokratie (der Herrschaft der wenigen bzw. »Besten«) und unter Verweis auf das Prinzip der Volkssouveränität definiert. Genauer lässt sich Demokratie mit Abraham Lincoln als »Regierung des Volkes durch das Volk und für das Volk« verstehen.

50 *Definition »Demokratie«*

Demokratie ist die Herrschaft des Volkes (*demos*) bzw. die »Regierung des Volkes durch das Volk und für das Volk«.

Aber wer ist der *demos* bzw. das »Volk« und wie soll es herrschen bzw. regieren?

Im Hinblick auf den letzten Punkt wird Demokratie häufig vor allem als Frage der Verfahren verstanden – diese müssen bestimmten Prinzipien wie etwa der politischen Gleichheit der Beteiligten genügen, ihnen also gleiche Mitwirkungsmöglichkeiten einräumen. Dies macht unter normalen Bedingungen die Einführung des Mehrheitsprinzips notwendig. Auch Rechtsstaatlichkeit – also die Garantie von Grundrechten und Verfassungsprinzipien gerade unabhängig von wechselnden Mehrheiten und damit die Selbstbeschränkung der Demokratie – wird heute gemeinhin als prozedurales Erfordernis der Demokratie angesehen; daher wird meist von demokratischen Rechtsstaaten oder liberalen Demokratien gesprochen.

Das Prinzip der Demokratie erschöpft sich jedoch nicht in diesen prozeduralen Bestimmungen ihrer Entscheidungsverfahren, sondern betrifft auch den Zugang zu diesen Verfahren. Wer soll gleichberechtigt partizipieren? Die einfache Antwort lautet: der *demos*, also die Gemeinschaft der Bürgerinnen und Bürger. Aber wer gehört zu dieser Gemeinschaft oder hat zumindest einen Anspruch darauf, zu ihr zu gehören? Hier tut sich eine erste Spannung auf: Zum einen kann man nämlich dafür argumentieren, dass alle erwachsenen und dauerhaft ansässigen Einwohner des entsprechenden Territoriums einen Anspruch auf die gleiche Beteiligung an den Verfahren haben, von deren Ergebnissen sie wie alle anderen auch in relevanter Weise betroffen sind (etwa dadurch, dass sie den staatlichen Gesetzen unterliegen oder dass sie Steuern zahlen). Zum anderen wird jedoch häufig die These vertreten, die politische Gemeinschaft habe selbst ein Recht, darüber zu entscheiden, wen sie als neues Mitglied aufnehmen möchte. Dieses Recht berechtigt aus demokratietheoretischer Sicht aber nicht einfach zu willkürlichen Ausschlüssen, etwa aufgrund bestimmter kultureller oder sexistischer Kriterien, sondern muss die legitimen Ansprüche derjenigen berücksichtigen, die von den Gesetzen in relevanter Weise betroffen sind. Der *demos* definiert sich also nicht primär über eine gemeinsame vorpolitische Identität, beispielsweise im Sinne der Zugehörigkeit zu einer ethnischen oder kulturellen Gemeinschaft, sondern als genuin politische Gemeinschaft: An den demokratischen Entscheidungsprozessen sind idealerweise alle die beteiligt, die zugleich von den beschlossenen Regeln des Zusammenlebens in relevanter Weise betroffen sind. Insofern ist die Forderung, dass alle Adressaten der Gesetze sich – in einem näher zu spezifizierenden Sinn – auch als deren Autoren verstehen können müssen, für die Idee der Demokratie grundlegend.

Was die so verstandene *Herrschaft* des Volkes bzw. Selbstregierung der Bürgerinnen und Bürger als Freie und Gleiche aber praktisch bedeutet und wie sie institutionell umzusetzen ist, wird von verschiedenen Demokratiemodellen sehr unterschiedlich bewertet.

Modelle der Demokratie

Demokratien können unterschiedliche Formen annehmen. Die Demokratietheorie hat unterschiedliche Modelle entwickelt, um die institutionelle Wirklichkeit von Demokratien zu verstehen, zu begründen und zu kritisieren. Vier davon werden im folgenden kurz diskutiert.

51 *Vier Modelle der Demokratie*

(1) *Direkte bzw. partizipatorische Demokratie*: unmittelbare Teilnahme an der Selbstregierung der Gemeinschaft
(2) *Repräsentative Demokratie*: indirekte Teilnahme über die Wahl von Repräsentanten, die dann die Aufgabe der Gesetzgebung übernehmen
(3) *Deliberative Demokratie*: Teilnahme am freien und vernünftigen Austausch von Argumenten auf der Suche nach der richtigen politischen Entscheidung
(4) *Agonale bzw. radikale Demokratie*: Teilnahme an sozialen und politischen Kämpfen um politische Teilhabe und an Konflikten um grundlegende Werte und Normen sowie konkrete Entscheidungen

(1) In einer *direkten bzw. partizipatorischen Demokratie* nehmen die Bürgerinnen und Bürger unmittelbar an der Selbstregierung der Gemeinschaft teil. Auch wenn früher ein Großteil der Bevölkerung (insbesondere Frauen und Sklaven) ausgeschlossen war, galt dies doch zumindest für alle erwachsenen freien Männer in der antiken Polis, etwa in Athen. Der Ort der politischen Entscheidungsfindung und vor allem der Gesetzgebung ist diesem Verständnis zufolge die Versammlung der als gleich und frei erachteten Bürger. Da in den meisten Fragen nicht mit Einstimmigkeit zu rechnen ist, wird die Entscheidung nach der Mehrheitsregel getroffen, also nach der absoluten oder relativen Mehrheit der Abstimmungsberechtigten, denn diese Regel räumt einer jeden Stimme – unabhängig etwa vom ökonomischen oder sozialen Status des Stimmberechtigten – das gleiche Gewicht ein und achtet damit die Gleichheit der Bürger. Das Ideal der direkten bzw. parti-

zipatorischen Demokratie geht häufig einher mit dem Ideal des aktiven und tugendhaften Bürgers, der nicht nach seinem eigenen Vorteil, sondern nach dem für die politische Gemeinschaft Besten strebt und sich auch zu beteiligen bereit ist. In modernen Varianten wird auf dieser Basis meist die Bedeutung dezentralisierter und lokaler Formen der politischen Entscheidungsfindung betont, da die Möglichkeiten direkter Partizipation auf gesamtgesellschaftlicher Ebene mit der Größe der politischen Gemeinschaft abzunehmen scheinen. Das wirft die Frage auf, ob das Modell der direkten bzw. partizipatorischen Demokratie heute überhaupt noch Chancen hat. Angesichts der Größe und kulturellen Heterogenität politischer Gemeinschaften, der Komplexität der politischen Probleme, mit denen sie konfrontiert sind, der Gefahren des Populismus und der häufig auf andere Bereiche als die Politik ausgerichteten Interessen und Kompetenzen der Bürgerinnen und Bürger wird das von vielen bezweifelt. Allerdings ist es durchaus denkbar, direkt-demokratische und partizipatorische Elemente mit repräsentativen und föderalen Strukturen zu verbinden, wie das etwa auch in bestimmten, die Möglichkeit der Delegation einschließenden Vorstellungen der Rätedemokratie geschieht oder heute unter dem Stichwort »Internetdemokratie« diskutiert wird.

(2) Als im Vergleich mit der direkten Demokratie nicht nur realistischere, sondern auch normativ vorzugswürdige Option wird in der gegenwärtigen Diskussion oft die *repräsentative Demokratie* angesehen. Auch hier partizipieren die Bürgerinnen und Bürger an Politik, aber nicht direkt am Entscheidungs- oder Gesetzgebungsprozess, sondern indirekt über allgemeine, freie, gleiche, geheime und regelmäßige Wahlen von Vertretern bzw. Repräsentanten, die dann als Mitglieder der Legislative (des Parlaments) die Aufgabe der Gesetzgebung übernehmen. Die Repräsentanten können dabei ein imperatives oder ein freies Mandat haben, je nachdem, ob sie an Weisungen der Re-

präsentierten gebunden und (über die Möglichkeit der Ab- bzw. Wiederwahl hinaus) ihrer Kontrolle unterworfen sind oder nicht. Inzwischen wird allgemein davon ausgegangen, dass die gewählten Abgeordneten in ihren Entscheidungen frei sein und im langfristigen Interesse der gesamten Gemeinschaft handeln sollen. Da die repräsentative Demokratie unter heutigen Bedingungen immer auch Parteiendemokratie ist und die Abgeordneten darum stets auch als Mitglieder ihrer Parteien denken und handeln (»informeller Fraktionszwang«), stellt sich allerdings die Frage, wie es um ihre Freiheit und Orientierung am Gemeinwohl tatsächlich steht.

Ein vor allem in der Politikwissenschaft gängiges Modell versteht in Reaktion auf diesen Umstand die repräsentative Demokratie nach dem Vorbild von Markt und Wettbewerb: Die Wähler werden hier als Konsumenten gesehen, die entsprechend ihren eigenen Interessen zwischen verschiedenen Angeboten – den zur Auswahl stehenden Politikern, Parteien, Programmen – wählen. Die »realistische Demokratietheorie«, wie sie etwa Joseph Schumpeter vertritt, sieht demokratische Wahlen entsprechend vor allem als Mechanismus der Elitenkonkurrenz und der Führungsauslese.

In der repräsentativen Demokratie kommt den Bürgerinnen und Bürgern jedenfalls eher die Aufgabe der Kontrolle der Regierung im Rahmen von Wahlen als die der Selbstregierung oder der direkten Partizipation zu. Um der Möglichkeit einer Tyrannei der Mehrheit – einer dauerhaften Überstimmung und damit permanenten Marginalisierung bestimmter Minderheiten durch eine weitgehend stabile Mehrheit – vorzubeugen, wird das Prinzip der Repräsentation in der Praxis durch Föderalismus, Gewaltenteilung und Verfassung ergänzt und begrenzt. Dieses eher minimalistische Demokratieverständnis kommt liberalen Positionen entgegen, denen es primär auf die Sicherung der individuellen Freiheit ankommt und die in der repräsentativen und rechtsstaatlichen Demokratie ein dazu geeignetes Mittel sehen, über das Wahlrecht hinausgehende Partizipationsmöglichkeiten für die Bürgerinnen und Bürger aber nicht unbedingt als notwendig erachten. Für das liberale Verständnis ist es sogar grundlegend, dass die Bürgerinnen und Bürger ein Recht darauf haben, sich nicht zu beteiligen und sich nicht für Politik zu interessieren, auch wenn eine solche Einstellung, wenn sie denn sozial verbreitet auftritt, das Funktionieren repräsentativer Demokratien beeinträchtigen kann.

Ein Problem dieser Demokratiekonzeption kann über die bereits angedeuteten Schwierigkeiten hinaus darin gesehen werden, dass sie nur relativ geringe Partizipationsmöglichkeiten bietet, unter Umständen Elitenbildung und Parteienherrschaft und damit Formen der Oligarchie befördert, was wiederum zu politischer Apathie und Entfremdung beitragen mag. Freilich können auch repräsentative Demokratien direkt-demokratische (etwa plebiszitäre) Elemente als Korrektive zu solchen Tendenzen einbauen.

(3) Eine dritte Demokratiekonzeption, die sich in den letzten Jahrzehnten in der politischen Praxis ebenso wie in der Theorie als gegenüber der repräsentativen Demokratie anspruchsvollere Alternative etabliert hat, ist die *deliberative Demokratie*. Dieses Modell sieht das Wesen der Demokratie nicht in der bloßen Aggregation, also Bündelung individueller Interessen oder Präferenzen (etwa durch Stimmabgabe im Rahmen von Wahlen), sondern in der Deliberation im Sinne des freien und vernünftigen Austauschs von Argumenten auf der Suche nach der richtigen oder zumindest einer begründeten Antwort auf ein zur politischen Entscheidung anstehendes Problem. Dies setzt aufseiten der deliberierenden Bürgerinnen und Bürger die Bereitschaft voraus, nicht einfach nur eigeninteressiert zu handeln, sondern die eigenen Interessen und Sichtweisen im Lichte von bisher nicht berücksichtigten Argumenten

und Informationen zu revidieren und einen unparteilichen Standpunkt einzunehmen. Entscheiden sie im Anschluss an einen solchen deliberativen Prozess, so versuchen sie nicht bloß in ihrem eigenen partikularen Interesse, sondern vernünftig zu entscheiden.

Das Modell der deliberativen Demokratie weist neben den staatlichen Institutionen auch Öffentlichkeit und Zivilgesellschaft als Arenen des deliberativen Austauschs von Gründen, Sichtweisen und Informationen eine wichtige Rolle zu. Dahinter steht die Annahme, dass sich »richtige« politische Entscheidungen nicht monologisch etwa durch philosophische Reflexion einzelner Experten ermitteln lassen, sondern nur aus realen Diskursen mit mehreren Diskursteilnehmern unter (annähernd) idealen Bedingungen hervorgehen können. Dieses Modell setzt also seine Hoffnungen darauf, dass inklusive demokratische Verfahren zu rationalen politischen Entscheidungen führen, die die aufgeklärten Interessen der Mitglieder der politischen Gemeinschaft realisieren. Politische Entscheidungen sind dieser Position zufolge somit dann legitim, wenn sie in öffentlichen Deliberationen gegenüber den (in relevanter Hinsicht) Betroffenen gerechtfertigt werden können.

Die Probleme dieses Modells liegen unter anderem in seiner schwierigen institutionellen Umsetzbarkeit unter den Bedingungen von Massengesellschaften, einem gewissen Elitismus (der gut ausgebildeten, angemessen informierten und sich vernünftig austauschenden Bürger), überspannten Erwartungen an die Rationalität der Diskursteilnehmer sowie der Vernachlässigung von Faktoren wie Machtasymmetrien und Ideologien, die den Diskurs unter realen, nicht idealen Bedingungen verzerren.

(4) Die *agonale bzw. radikale Demokratie* schließt an die Betonung von Machtverhältnissen und Konflikten an, die für die in 1.1. skizzierten realistischen Politikkonzeptionen charakteristisch ist. Demokratie ist ihr zufolge nicht als

Staatsordnung zu verstehen, die sich institutionell umsetzen lässt, sondern als offener Prozess. Dieser Prozess der Demokratisierung ist das Ergebnis sozialer und politischer Kämpfe gegen den Ausschluss von Individuen und Gruppen aus der institutionalisierten politischen Ordnung oder auch gegen deren diskriminierenden Einschluss. Demokratie wird dabei als nie ganz erreichtes, sondern immer von neuem und auch gegen die Kontrollansprüche des sich als demokratisch präsentierenden Staates zu erkämpfendes Ziel verstanden. Der Modus politischen Handelns ist eher Konflikt und Dissens als Deliberation und Konsens. Auch der radikalen Demokratietheorie zufolge muss der Konflikt allerdings auf nichtmilitärische Weise ausgetragen werden, um noch als politischer Konflikt gelten zu können, d.h., dass sich in ihm nicht auf die Vernichtung des jeweils anderen zielende Feinde gegenüberstehen, sondern Gegner, mit denen man in eine politische Auseinandersetzung, in einen Streit, eintreten kann und die sich also wechselseitig als legitime Akteure anerkennen. Daraus folgt, dass neben den institutionellen auch außerinstitutionelle Formen politischen Handelns – etwa politische Proteste, ziviler Ungehorsam und soziale Bewegungen – an Bedeutung gewinnen. Ihre Aufgabe wird häufig darin gesehen, festgefahrene Sichtweisen und Verhältnisse zu dynamisieren und Alternativen gerade dort aufzuzeigen, wo der Status quo Alternativlosigkeit suggeriert.

Gegen dieses Demokratiemodell wird häufig eingewendet, dass es der Notwendigkeit von Institutionen zu wenig Aufmerksamkeit schenkt und die freiheitsverbürgende Rolle von Staat und Recht unterschätzt. Zudem scheint die Abgrenzung von normativen Theorietypen zu einer mangelnden Berücksichtigung der Begründungsanforderungen politischen Handelns und Sprechens zu führen, wie sie für die politische Praxis selbst charakteristisch sind.

Den verschiedenen Demokratiemodellen liegen – mehr

oder weniger explizit – Annahmen darüber zugrunde, warum es überhaupt der Demokratie bedarf, also welche guten Gründe überhaupt dafür sprechen, das Zusammenleben nach demokratischen Regeln zu gestalten. Die verschiedenen Begründungsstrategien werden im folgenden kurz betrachtet. Es lassen sich dabei im wesentlichen zwei Arten der Rechtfertigung von Demokratie unterscheiden.

Begründungen der Demokratie

52 *Zwei Arten der Rechtfertigung von Demokratie*

(1) Nichtinstrumentelle Rechtfertigungen verweisen auf den internen Zusammenhang von Demokratie mit intrinsischen Werten wie Freiheit und Gleichheit, der der Demokratie selbst einen Eigenwert verleiht.
(2) Instrumentelle Rechtfertigungen betonen die positiven Konsequenzen von Demokratie, etwa für die ökonomische Entwicklung, den Frieden, die Qualität der Entscheidungen oder die Sicherung individueller Freiheitsräume – also für die Realisierung von Werten, die in einem externen Verhältnis zur Demokratie stehen.

(1) Nichtinstrumentelle Rechtfertigungen schreiben der Demokratie einen intrinsischen Wert zu, der ganz unabhängig von ihren positiven Konsequenzen bzw. den Vorteilen der Demokratie besteht. Demzufolge kann etwa allein eine Demokratie grundlegende Werte wie Freiheit oder Gleichheit realisieren oder die Selbstverwirklichung des Menschen als Zoon politikon ermöglichen. Diese Art der Rechtfertigung wirft jedoch die Frage auf, ob diejenigen, die bei demokratischen Entscheidungen nach dem

Mehrheitsprinzip (vielleicht nicht nur einmal, sondern immer wieder) in der Minderheit bleiben, wirklich als frei und gleich im relevanten Sinn betrachtet werden können. Allerdings scheint es keine alternativen Formen der Entscheidungsfindung zu geben, die diese Schwäche nicht haben und dennoch die grundlegenden Werte von Freiheit und Gleichheit zumindest prozedural umsetzen. Hinzu kommt, dass Demokratien eher als alternative politische Systeme die Fähigkeit zur Selbstkorrektur besitzen, so dass demokratisch getroffene Entscheidungen auch im Lichte ihrer demokratietheoretisch problematischen Konsequenzen kritisiert und revidiert werden können.

(2) Instrumentelle Rechtfertigungen verweisen hingegen darauf, dass demokratische Verfahren tendenziell am besten dazu geeignet sind, bestimmte von der Demokratie zumindest begrifflich unabhängige Werte zu befördern, wie etwa die ökonomische Entwicklung, den Frieden, die Qualität der politischen Entscheidungen oder die Sicherung individueller Freiheitsräume. Der Nachteil instrumenteller Rechtfertigungen besteht darin, dass der von ihnen postulierte Zusammenhang nicht notwendig, sondern kontingent ist und daher bestritten werden kann, indem man funktionale Äquivalente für die Demokratie anführt (also andere institutionelle Arrangements, die dieselben positiven Folgen bewirken könnten) oder indem man in Frage stellt, dass die Demokratie diese Vorteile realisiert. Hieran schließt auch eine Spielart der Kritik der Demokratie an, die auf deren Instabilität, die Kurzfristigkeit der politischen Perspektive und die mangelhafte Qualität der Politikergebnisse (etwa im Vergleich mit eher expertokratischen oder technokratischen Formen politischen Entscheidens) verweist. Allerdings gilt es als empirisch relativ gut belegt, dass Demokratien zahlreiche der genannten Werte eher realisieren als alternative politische Organisationsformen. Zwei Beobachtungen in diesem Zusammenhang sind etwa, dass es in Demokratien keine Hungersnö-

te gibt und dass Demokratien zumindest untereinander meist keinen Krieg führen.

Zudem könnte man auf diese Versuche einer instrumentellen Rechtfertigung von Demokratie etwa aus deliberativdemokratischer Perspektive erwidern, dass sich die richtige Lösung eines politischen Problems ebenso wenig wie das Gemeinwohl oder die Qualität der Politikergebnisse einfach objektiv identifizieren lassen – vielmehr entscheidet sich erst im demokratischen Diskurs, was eine richtige, allgemein akzeptable und damit auch politisch praktikable Lösung ist. Was die richtige Lösung eines Problems ausmacht, ist selbst Teil des demokratischen Prozesses und Ergebnis der politischen Auseinandersetzung und kann daher nicht zum externen Maßstab von Politik gemacht werden. In einer Demokratie sind alle Bürgerinnen und Bürger als gleichermaßen kompetent zu erachten, wenn es um die Entscheidung grundlegender politischer Fragen geht; die Inanspruchnahme einer privilegierten Einsicht ist mit ihrem Selbstverständnis als Freie und Gleiche unvereinbar.

Die Herausforderung des Kapitalismus

Die Idee und Praxis der Demokratie sieht sich heute mit zahlreichen Herausforderungen konfrontiert. Zu diesen Herausforderungen gehören die Spannung zwischen Menschenrechten und Volkssouveränität, die Gefahr einer Tyrannei der Mehrheit und struktureller Minderheiten, die Effekte von Parteiendemokratie, Massenmedien, Bürokratisierung und Lobbyismus sowie der Klimawandel und andere ökologische Probleme. Im folgenden wird demgegenüber die Herausforderung hervorgehoben, die der globalisierte Kapitalismus darstellt. Die mit ihm einhergehenden Ungleichheiten erweisen sich nämlich nicht nur aus gerechtigkeits-, sondern auch aus demokratietheoretischer Perspektive als problematisch.

Zunächst stellt sich die schon Rousseau beschäftigende Frage, welches Maß an ökonomischer Ungleichheit innerhalb einer politischen Gemeinschaft mit der politischen Gleichheit der Bürgerinnen und Bürger vereinbar ist, die alle ein Recht darauf haben, dass ihre Interessen im politischen Prozess gleichermaßen berücksichtigt werden und dass niemandes Stimme mehr zählt als die aller anderen. Auch wenn jede und jeder nur eine Stimme bei der Wahl hat und somit formale Chancengleichheit gegeben zu sein scheint, ist es doch offensichtlich, dass die faktischen politischen Einflussmöglichkeiten mit dem sozialen und ökonomischen Einfluss wachsen. Entsprechend sind weniger begünstigte Bevölkerungsteile mit dem Phänomen der »politischen Armut«, also der Ungleichverteilung realer Fähigkeiten zur Nutzung formal gleicher Beteiligungsmöglichkeiten, konfrontiert, die sich vor allem in geringen Einflussmöglichkeiten (etwa durch Zugang zu Medien, durch Parteispenden oder soziale Netzwerke) und der mangelnden Responsivität politischer Institutionen für ihre Interessen und Anliegen, aber auch in der Ungleichverteilung deliberativer Fähigkeiten infolge sozioökonomischer Benachteiligung zeigt. Man muss nicht der marxistischen Kritik der bürgerlichen Demokratie folgen, die diese als verlängerten Arm der Bourgeoisie im Klassenkampf begreift, um diese Verflechtung von Politik und Wirtschaft in modernen kapitalistischen Gesellschaften aus demokratietheoretischer Perspektive für problematisch zu halten.

Unter den Bedingungen des globalisierten Kapitalismus tritt das Problem hinzu, dass die Steuerungsfähigkeit des Staates massiv eingeschränkt wird und dass die Gruppe derjenigen, die von bestimmten Entwicklungen und Entscheidungen betroffen sind, immer weniger mit der Gruppe derjenigen zusammenfällt, die an diesen Entwicklungen und Entscheidungen beteiligt sind oder sie kontrollieren (wenn man angesichts deregulierter Märkte überhaupt noch von Kontrolle sprechen kann). Damit stellt sich die Frage, ob Demokratie auf einzelstaatlicher Ebene ohne demokratische Elemente auf inter- und supranationaler Ebene überhaupt noch funktionsfähig ist.

Diese verschiedenen Facetten der Herausforderung der Demokratie durch den Kapitalismus haben zu einer Debatte über den Übergang von der Demokratie zur Postdemokratie geführt. Demnach lassen sich in den Gesellschaften der Gegenwart schleichende Prozesse der Entdemokratisierung beobachten, die den formalen institutionellen und rechtlichen Rahmen der Demokratie zwar weitgehend bestehen lassen, diese aber von innen aushöhlen. Symptome dieser Entwicklung sind die zunehmende Wahrnehmung und Behandlung von Bürgerinnen und Bürgern als bloße Kunden, die voranschreitende Privatisierung öffentlicher Güter und des öffentlichen Raumes, der wachsende Einfluss von Lobbygruppen und Experten, die Ersetzung argumentativer öffentlicher Debatten durch personalisierte Werbekampagnen und manipulative Berichterstattung sowie die Verlagerung politischer Entscheidungskompetenzen zugunsten der Exekutive und auf Kosten der Legislative oder auf nicht demokratisch legitimierte und kontrollierte inter- und supranationale Institutionen. Damit scheint die eingangs erwähnte Idealvorstellung der Demokratie als »Regierung des Volkes durch das Volk für das Volk« auch in den demokratischen Rechtsstaaten der Gegenwart in weite Ferne zu rücken.

In dem Maße, in dem der globalisierte Kapitalismus die realen sozialen und politischen (also auch institutionellen) Bedingungen der Demokratie unterminiert und es den Bürgerinnen und Bürgern unmöglich macht oder doch zumindest erschwert, als Freie und Gleiche an der politischen Selbstbestimmung zu partizipieren, muss man wenn nicht eine grundsätzliche Unvereinbarkeit, so doch zumindest ein Spannungsverhältnis zwischen Demokratie und Kapitalismus diagnostizieren. Politische Demokratie scheint zumindest ein Stück weit auch die Demokratisierung der Wirtschaftsbeziehungen zu erfordern, um die Eigenlogik ökonomischer Verhältnisse zu kontrollieren, die Möglichkeiten ökonomischer Akteure einzuschränken, den demokratischen Prozess zu beeinflussen und sich demokratischen Entscheidungen zu entziehen, und der Transformation ökonomischer in politische Ungleichheit entgegenzutreten. Von der Idee eines bedingungslosen Grundeinkommens über die stärkere Regulierung des Marktes bis hin zu Vorstellungen einer globalen, aber föderal organisierten Demokratie als Kontrollinstanz eines globalisierten Kapitalismus werden hier verschiedene Lösungsvorschläge diskutiert, die aber weder theoretisch noch praktisch hinreichend ausgearbeitet sind. Sosehr es stimmt, dass die Krise in gewisser Hinsicht zur Demokratie dazugehört, weil die Bürgerinnen und Bürger immer vor der Frage stehen, was Demokratie bedeutet und unter veränderten Bedingungen bedeuten kann, so scheint doch die Befürchtung nicht ganz von der Hand zu weisen, dass die gegenwärtige Legitimationskrise ein dramatisches Ausmaß annehmen wird, wenn die Demokratien der Gegenwart keine Antwort auf die Herausforderung durch den Kapitalismus finden.

4.4. Neutralität, Toleranz und die Herausforderung des Multikulturalismus

Moderne Gesellschaften sind nicht mehr homogen, wenn sie es denn jemals wirklich waren, sondern durch einen Pluralismus der Weltanschauungen, also »umfassender Lehren« (Rawls) über die Welt gekennzeichnet. Die Bürgerinnen und Bürger haben unterschiedliche, potentiell miteinander konfligierende religiöse Überzeugungen, unterschiedliche kulturelle Prägungen und unterschiedliche Auffassungen davon, was ein und was besonders ihr Leben zu einem guten macht. Dabei bleiben die Individuen nicht allein mit ihren Anschauungen, sondern teilen diese in mehr oder weniger großem Maße mit anderen, mit denen sie entsprechende weltanschaulich orientierte, kulturelle und religiöse Gruppen oder Gemeinschaften innerhalb von Staaten oder staatenübergreifenden Kulturen bilden. Ihre persönliche Identität wird oft wesentlich von der Mitgliedschaft in solchen Gruppen, Gemeinschaften und/ oder Kulturen geprägt, aber natürlich nicht endgültig determiniert. Einige dieser Gruppen werden im Verhältnis zur Mehrheitskultur häufig marginalisiert oder diskriminiert; sie genießen dann de facto als Minoritäten nicht die gleichen Freiheiten und die gleiche Anerkennung. Das Faktum des Pluralismus und die sich daraus ergebende Aufgabe der Inklusion verschiedener Kulturen, Gemeinschaften und Identitäten in eine politische Gemeinschaft stellt eine der großen Herausforderungen der Gegenwart dar, wenn wechselseitige Abschottung und Konflikte zwischen Angehörigen unterschiedlicher Gruppen, Gemeinschaften oder Kulturen vermieden werden sollen.

Eine Politik der Anerkennung anderer Weltanschauungen und kultureller oder religiöser Minderheiten, die auf solche Konfliktpotentiale reagiert, verlangt sowohl vom Staat als auch vom Individuum die Beachtung besonderer Prinzipien und besonderer Tugenden. Von einer der in diesem Kontext zentralen bürgerlichen Tugenden soll in diesem Abschnitt die Rede sein: der Toleranz. Sollte es das erklärte Ziel gegenwärtiger Politik und politischer Philosophie sein, auf eine offene, freie und eben tolerante Gesellschaft hinzuarbeiten, in der »jeder nach seiner Façon selig werden« kann (so Friedrich II. von Preußen), ist die Frage nach den Bedingungen, Möglichkeiten, aber auch den Grenzen der Toleranz dabei unumgänglich.

Die Frage nach der Toleranz und ihren Grenzen spielt

in aktuellen politischen Auseinandersetzungen eine zentrale Rolle. An einige Beispiele aus der deutschen Diskussion der letzten Jahre sei kurz erinnert. Häufig ging es dabei um die Präsenz religiöser Symbole im öffentlichen Raum. Die Schule ist ein öffentlicher Raum, den zu besuchen alle Schüler qua Gesetz verpflichtet sind. Deshalb bündeln sich die Konflikte hier exemplarisch. So wird seit den 1990er Jahren darüber gestritten, ob Kruzifixe oder Kreuze in öffentlichen Schulen angebracht werden dürfen. Müssen konfessionslose Schülerinnen und Schüler oder solche nichtchristlichen Glaubens die Präsenz dieses christlichen Symbols tolerieren? Oder gebietet gerade umgekehrt die Toleranz gegenüber Anders- und Nichtgläubigen den Verzicht auf religiöse Symbole im öffentlichen Raum? Auch wird darüber öffentlich debattiert und vor Gerichten gestritten, ob Muslime einen eigenen Gebetsraum in Schulen beanspruchen können.

Ein weiteres, damit zusammenhängendes, einschlägiges Beispiel ist der Streit um das Tragen von Kopftüchern in Schulen. Während die einen behaupten, es sei intolerant, einer Lehrerin muslimischen Glaubens das Tragen eines Kopftuchs zu untersagen, machen andere dagegen geltend, dass genau dieses Kopftuch ein Symbol der Unfreiheit, Unterdrückung und Intoleranz sei oder jedenfalls mit dem staatlichen Neutralitätsgebot konfligiere und daher nicht von einer Lehrerin getragen werden dürfe. In den letzten Jahren hat es zudem verschiedentlich Auseinandersetzungen darüber gegeben, ob und gegebenenfalls unter welchen Auflagen in bestimmten Stadtvierteln Moscheen gebaut werden dürfen.

Andere umstrittene Beispiele haben es mit der Frage zu tun, ob von den Bürgern in ihrem Umgang miteinander – und über die rechtlichen Gleichstellungs- und Antidiskriminierungsgesetze hinaus – verlangt werden kann, etwa andere sexuelle Orientierungen und Lebensweisen zu tolerieren.

Was Toleranz leisten sollte und wo ihre Grenzen liegen, ist von der Diskussion um die religiös-weltanschauliche Neutralität des liberalen Staates nicht zu trennen. Da (wie in 2.2. erörtert wurde) staatliche Regelungen des politischen Zusammenlebens nach geltender liberaler Auffassung nur dann Legitimität beanspruchen können, wenn diese Regelungen die autonome Zustimmung der Betroffenen erhalten (können), darf in liberalen Rechtsstaaten keine staatliche Regelung eine bestimmte umfassende Lehre oder Weltanschauung vor anderen bevorzugen oder in geltendes Recht umsetzen. Vielmehr ist der Staat bei der Rechtfertigung seiner gesetzlichen Regelungen zu weltanschaulicher Neutralität verpflichtet (vgl. 3.2.): Darunter wird das Prinzip verstanden, dass der Staat nicht versuchen darf, eine bestimmte Konzeption des guten Lebens deshalb besonders zu fördern, weil er annimmt, sie sei *intrinsisch* höherwertig, stelle also angeblich eine wahrere oder bessere Konzeption des guten Lebens dar. Hingegen darf und muss der Staat die Verfolgung einiger bestimmter Konzeptionen des guten Lebens aus *Gerechtigkeitsgründen* einschränken, wenn sie z.B. die Rechte anderer verletzen. Deshalb bekommt das (Ge-)Rechte nach liberaler Auffassung, die die Kommunitaristen bestreiten (vgl. 3.2.), Vorrang vor dem Guten eingeräumt. Die zulässigen Konzeptionen des guten Lebens müssen demnach also die Grenzen der politischen Gerechtigkeit beachten.

So wie aber der *Staat* aus Gerechtigkeitsgründen *neutral* gegenüber allen Konzeptionen des guten Lebens sein muss, so müssen die *Individuen* – und hierin liegt der unauflösbare Zusammenhang von staatlichem Neutralitätsgebot und dem moralischen Gebot der Toleranz – gegenüber den nicht von ihnen geteilten Konzeptionen *tolerant* sein. Es genügt nicht, wenn der Staat, vermittelt über seine Institutionen und Gesetze, das Zusammenleben regelt und gleiche subjektive Rechte garantiert. Es bedarf zusätzlich gewisser Einstellungen der Bürgerinnen und Bürger zueinander, die man auch Bürgertugenden nennt. Als »Tugend« bezeichnet man in der Philosophie die charakterlich gefestigte Haltung von Menschen, die sie das Richtige und Gute aus eigener Überzeugung erkennen und erstreben lässt. Toleranz gilt neben Fairness und Aufrichtigkeit als das wohl typischste Beispiel moderner Tugenden. Natürlich sind gesellschaftliche und individuelle Toleranz, als persönliche Haltung der Bürger gegenüber divergierenden ethischen Überzeugungen und Lebensweisen ihrer Mitbürger, von der staatlichen ›Toleranz‹ in Form der weltanschaulichen Neutralität zu *unterscheiden*. Aus dem Gebot der Toleranz leiten sich für die Bürger andere Pflichten ab als aus dem Neutralitätsprinzip. Dennoch muss die Neutralität des Staates durch Toleranz als persönliche Haltung der Bürger gegenüber divergierenden ethischen Überzeugungen und Lebensweisen der Mitbürger *ergänzt* und unterstützt werden. Der garantierten Freiheit und der Neutralität des liberalen Staates muss aufseiten der Bürger in der Zivilgesellschaft eine Haltung der Toleranz entsprechen, die nicht rechtlich eingefordert oder durchgesetzt werden kann, sondern nur als demokratisches Ethos oder bürgerliche Tugend möglich ist. Denn auch dann, wenn in einem liberalen Staat die Garantie von Meinungs-, Religions- und Gewissensfreiheit selbstverständlich ist (oder zumindest sein sollte), genügt es nicht, wenn diese Rechte nur von allen formal akzeptiert werden. Die sich aus der Nutzung dieser Freiheitsrechte ergebenden Glaubenssysteme, Praktiken und Handlungen müssen auch *im Alltag* von den Menschen toleriert werden.

Insbesondere in bloß informell geregelten Bereichen des sozialen Zusammenlebens wie Moral, Ethik sowie Sitten und Gebräuchen ist eine allgemeine Bürgertugend der Toleranz unerlässliche Bedingung für die Einrichtung gerechter Verhältnisse. Gerechtigkeit verlangt nach weithin geteiltem Verständnis, wie in den vorangegangenen Kapiteln gezeigt wurde, dass nur jene Normen und Regeln institutionalisiert werden, die im Prinzip von allen Menschen akzeptiert und vor ihnen gerechtfertigt werden könnten. Dieses Gebot richtet sich aber nicht nur an die staatlichen Institutionen, sondern auch an die Individuen selbst: Auch ihr Handeln sollte sich an den wechselseitig gerechtfertigten Werten und Prinzipien orientieren. Es muss sich dazu einerseits innerhalb des durch staatliche Normen und Institutionen definierten und durchgesetzten (Ge-)Rechten bewegen. Wie gezeigt wurde, bleibt dabei aber – aus guten, rechtfertigbaren Gründen – ein großer Freiraum für individuelle Entscheidungen bestehen. Damit auch in diesen nicht durch Gesetze geregelten Bereichen ein gerechtes Zusammenleben möglich ist, ist entscheidend, dass die Menschen die Regeln des Zusammenlebens nicht nur aus äußerem Zwang befolgen, sondern die diesen Regeln zugrunde liegenden expliziten oder impliziten Werte und Prinzipien so verinnerlicht haben, dass diese Prinzipien ihr Handeln auch dort anleiten, wo die staatliche Zwangsgewalt keinen Zugriff hat. Gerechte staatliche wie informelle Institutionen leben aus einem sozialen Ethos – aristotelisch-hegelianisch gesprochen: einer Sittlichkeit – heraus. Sie setzen Menschen voraus, die sie gründen, umsetzen, verteidigen und weiterentwickeln, kurz: sie verlangen Bürgertugenden.

Tugenden sind aber nicht nur essentieller Bestandteil einer jeden gerechten staatlichen Ordnung – als notwendiges Korrelat zu den staatlichen Institutionen, die eine weltanschauliche Neutralität der öffentlichen Ordnung gewährleisten –, sie sind zudem auch dann wichtig, wenn keine vollständige Hintergrundgerechtigkeit herrscht. Denn in diesem Fall müssen die Bürger den Ausfall der eigentlich staatlich zu realisierenden, institutionellen Hintergrundgerechtigkeit durch individuelles und soziales Handeln zu kompensieren versuchen. Tugenden – und dazu gehört als Musterbeispiel die Toleranz – sind also eine gerechtigkeitsrelevante Ergänzung oder Kompensation zu (normativ mangelhaften) staatlichen Institutionen auf der Ebene individuellen und sozialen Handelns und Entscheidens.

Was aber verlangt die Tugend der Toleranz genau vom Individuum? Sie verlangt (1) die Akzeptanz von Anschauungen, die das Individuum eigentlich für falsch oder schädlich hält. Um als Objekt der Toleranz in Betracht zu kommen, so die Begriffsbestimmung der Toleranz nach Rainer Forst, muss eine Überzeugung oder Praxis erstens aus Prima-facie-Gründen als falsch oder schlecht bewertet werden. Ohne diese Komponente läge entweder Indifferenz oder Bejahung, nicht aber Toleranz vor. Eine Haltung der Toleranz setzt also einen eigenen Standpunkt voraus, von dem aus andere Überzeugungen und Handlungen als falsch angesehen werden. Damit von jemandem Toleranz gefordert werden kann, darf sein Standpunkt zugleich nicht als offensichtlich unbegründet oder allgemein als ungerecht angesehen werden, wie beispielsweise der Rassismus – sonst würde man von der Person schlicht verlangen, diesen Standpunkt aufzugeben, und nicht nur, dass sie tolerant gegenüber anderen sein solle. Deshalb ist Toleranz auch von der Haltung der Achtung der Freiheit (z.B. der Religion, des Gewissens, der Meinungsäußerung) zu unterscheiden: Anders als jene schließt die Forderung nach oder Haltung der Toleranz eine Kritik und Ablehnung von bestimmten Anschauungen und in Freiheit ausgeübten Praktiken nicht aus.

Damit wir von jemandem Toleranz fordern, muss es nun (2) weitere, seine Gründe für die Ablehnung einer bestimmten Anschauung überwiegende Gründe geben, die erklären, warum es trotzdem falsch wäre, jene in den eigenen Augen falschen oder schlechten Überzeugungen oder Praktiken nicht zu akzeptieren. Diese Gründe für Akzeptanz heben die negative Bewertung zwar nicht auf, führen aber stärkere, positive Motive von höherer Dignität für das Tolerieren der eigentlich abgelehnten Position an. Diese Komponente besteht also im Dulden missliebiger Auffassungen. Allerdings können die Gründe für Akzeptanz überschritten oder von den Gründen für eine Ablehnung dann überwogen werden, wenn die Grenzen der Toleranz erreicht sind. Dann liegen (3) Gründe für eine Zurückweisung vor.

53 *Der Begriff der Toleranz*

Der allgemeine Begriff der Toleranz setzt sich aus den folgenden drei Komponenten zusammen: Ablehnung, Akzeptanz, Zurückweisung.

Diese Begriffsbestimmung von Toleranz zeigt mindestens zwei (scheinbare) Paradoxien der Toleranz: Sind entweder Ablehnung oder Akzeptanz moralisch begründet, so stellt sich die Frage, wie es (moralisch) richtig oder gar geboten sein kann, das Falsche oder (moralisch) Schlechte zu tolerieren. Und: Stellt die Zurückweisung bestimmter Weltanschauungen, die als nicht tolerierbar angesehen werden (oft aus dem Grunde, weil sie ihrerseits intolerant sind), nicht selbst einen Akt der Intoleranz dar?

Beide scheinbaren Paradoxien werfen das für eine jede Toleranzkonzeption zentrale Problem auf: Wie lässt sich Toleranz vernünftigerweise bestimmen, so dass einerseits nachvollziehbar ist, in welchen Fällen die Akzeptanz des in den eigenen Augen Falschen geboten ist, und anderseits die legitimen Grenzen der Toleranz angegeben werden können? Nur dann, wenn eine allgemein einleuchtende Begründung sowohl für den Inhalt als auch für die Grenzen der Toleranz gegeben werden kann, kann ausgeschlossen werden, dass diese Grenzziehung, die in den Augen der Ausgegrenzten als intolerant erscheint, willkürlich ist. Damit Toleranz nicht als bloßer Schutzschild einer kulturell spezifischen Position erscheint, muss sie so gerechtfertigt werden, dass sie einer entsprechenden Kritik entgegentreten kann.

Ein frühes, der europäischen Aufklärung entstammendes einflussreiches Begründungsmodell der Toleranzidee findet sich in der Ringparabel aus dem Theaterstück *Nathan der Weise* (1779) von Gotthold Ephraim Lessing. Dieses Gleichnis handelt von einem Vater, der, weil er keinen bevorzugen will, jedem seiner drei Söhne einen äußerlich von den anderen ununterscheidbaren Ring vererbt, jeweils mit dem Hinweis, dieser eine sei der echte Ring, der eine magische Wirkung habe. Der Richter, der schließlich den Streit der Söhne um den echten Ring schlichten soll, sieht sich dazu außerstande. Stattdessen soll sich der wahre Ring dadurch zeigen, dass nur er die ihm zugesprochene Wunderwirkung hervorbringt, nämlich »vor Gott und den Menschen angenehm« zu machen. Der Vater steht in diesem von Lessing adaptierten Gleichnis für Gott, die Ringe für die drei monotheistischen Weltreligionen Judentum, Christentum und Islam, die Söhne für die Anhänger der drei Religionen. Die drei monotheistischen Weltreligionen sind sich einig in der Suche nach dem wahren Glauben, aber jede Religion glaubt aus unterschiedlichen (historischen) Gründen, dass sie ihn gefunden hat. Keine Religion kann jedoch die anderen von ihrem Glauben überzeugen, keine kann beweisen, im Besitz der Wahrheit zu sein. Das, was Lessings Parabel daraus für die Idee der Toleranz folgert, enthält (wenn auch auf die Toleranz unter Religionen beschränkt) verallgemeinerungsfähige Aspekte. So kann man das Gleichnis zunächst als Plädoyer für die Gleichberechtigung der drei monotheistischen Religionen deuten. Demnach liebt Gott alle Menschen als seine Geschöpfe gleichermaßen und unabhängig davon, welcher Religion sie angehören: Er gibt ihnen allen jeweils einen Ring. Zugleich ruft der Richter in der Parabel die streitenden Brüder auf, in einer Art Wettbewerb den Beweis für die Echtheit des Rings durch die Wunderkraft des echten Rings zu suchen, der den Träger beliebt zu machen vermag. Übertragen mag dies bedeuten, dass die Religionen ohne praktische Bemühungen am und um den Menschen nichts bewirken und keine Wahrheit beanspruchen können. Wenn keine Religion von den anderen geliebt wird und sich also ihre Wunderkraft nicht zeigt, dann legt dies die skeptische Schlussfolgerung nahe, dass keine die wahre Religion ist.

Im Anschluss an und über diese frühen aufklärerischen Gründe für Toleranz hinaus lassen sich in gegenwärtigen politischen und theoretischen Debatten mindestens vier geläufige Rechtfertigungen für Toleranz voneinander unterscheiden:

54 *Vier Typen der Rechtfertigung von Toleranz*

(1) Pragmatische Rechtfertigung
(2) Erkenntnistheoretische Rechtfertigung
(3) Ethische Rechtfertigung
(4) Moralische Rechtfertigung

Toleranz kann (1) aus pragmatischen oder strategischen Klugheitserwägungen heraus gerechtfertigt werden, meist um das friedliche gemeinsame Zusammenleben in der Gesellschaft zu sichern. So wird etwa aktuell in politischen Diskussionen für die Toleranz bestimmter Drogen mit der Begründung argumentiert, dass man mit einem Verbot das Drogenproblem nicht in den Griff bekomme und dass man im Falle einer Legalisierung des Drogenkonsums Drogenabhängigen besser helfen könne. Solche instrumentellen Begründungen werfen aus philosophischer Sicht allerdings das Problem auf, dass sie der Toleranz keinen Eigenwert zusprechen und dass auf Toleranz entsprechend verzichtet werden könnte, wenn sich das Ziel auch anderweitig erreichen lässt, z. B. durch Unterdrückung oder Bestrafung.

Toleranz wird (2) primär mit erkenntnistheoretischen Argumenten gerechtfertigt, die dann um normative Argumente ergänzt werden müssen. So wird aus der skeptischen These, dass es keine absolute Wahrheit in Fragen der Religion oder der Lebensführung gebe bzw. geben könne, oft gefolgert, dass man alle diesbezüglichen Meinungen deshalb zu tolerieren habe, weil keine Position einen Vorrang oder eine Alleinstellung beanspruchen könne. Es ist jedoch fraglich, ob skeptische Argumente ausreichen, um eine Haltung der Toleranz allgemein nachvollziehbar zu begründen, weil sie eine starke, negative Existenzaussage enthalten, nämlich jene, dass es keine absoluten Wahrheiten in Fragen der Religion oder der Lebensführung gebe. Diese These ist selbst schwer beweisbar und wird gerade von religiösen Weltanschauungen, die wohl zu den primären Adressaten von Toleranzforderungen zählen dürften, bestritten.

Oft wird aus einer solchen erkenntnistheoretischen Position heraus auch nur relativistisch argumentiert, dass jede Anschauung (nur) für diejenigen, die an sie glauben, wichtig und richtig sei und dass das Gebot der gleichen Achtung vor den Personen und ihrer Autonomie die Akzeptanz von deren jeweiliger Weltanschauung verlange. Aber auch dieses relativistische Argument leugnet auf problematische Weise die Möglichkeit intersubjektiver oder objektiver Gültigkeit von Weltanschauungen. Zudem wird die Hauptlast des Arguments von der moralischen Prämisse der gleichen Achtung getragen, die in der vierten, moralischen Begründungsstrategie die zentrale Rolle spielt, so dass es vielversprechender scheint, von vornherein jene moralische Begründung von Toleranz zu übernehmen. Schließlich wird mitunter das Argument vorgebracht, dass alle Ideen zu dulden seien, damit sie sich in einer Art öffentlichem »Wahrheitswettbewerb« gegeneinander behaupten können und dabei am Ende die beste, d. h. der Wahrheit am nächsten kommende (wie in den Naturwissenschaften) sich durchsetzen möge, was letztlich allen diene.

Toleranz kann (3) ethisch, d.h. auf der Basis bestimmter, möglichst geteilter ethischer Werte bzw. Konzeptionen des guten Lebens gerechtfertigt werden. Einflussreich ist dabei das traditionelle Argument, dass man anderen darum den eigenen Glauben nicht aufzwingen (und mithin intolerant sein) darf, weil der intrinsische Wert des Glaubens nicht in seiner Wahrheit, sondern in seiner Autonomie bzw. Authentizität – in seiner Aufrichtigkeit oder Gewissenhaftigkeit – liegt, so dass ein manipulierter oder erzwungener Glaube, selbst wenn er der richtige sein sollte, vor Gott bzw. normativ betrachtet keine Bedeutung hat (so lautet eines der Argumente aus Lockes berühmtem *Brief über die Toleranz*). Positiv gewendet wird daraus das Argument, dass bereits der authentische und autonome Versuch, ein doch gemeinsames Ziel zu erreichen, nämlich zu wahren Überzeugungen über das gelungene bzw. gute Leben zu kommen, zu respektieren ist, und zwar selbst dann, wenn diese nicht mit den eigenen übereinstimmen. In dieser Begründung der Toleranz wird also ein ethischer Wert, meist Authentizität und Autonomie, als allgemein teilbar verstanden. Mit dieser normativen Prämisse verhält sich die ethische Toleranzbegründung jedoch selbst nicht neutral in Bezug auf die verschiedenen Weltanschauungen. Deshalb kann sie von denjenigen Weltanschauungen zurückgewiesen werden, die diesen Wert nicht akzeptieren.

Toleranz kann (4) moralisch begründet werden, und das scheint die unter modernen Bedingungen aussichtsreichste und wichtigste Begründungsstrategie zu sein. Sie liegt, wie gezeigt wurde, bereits der Begründung des Neutralitätsgebots des liberalen Staates zugrunde: Wenn, wie diese Begründungsstrategie unterstellt, jede Person ein moralisches Recht darauf hat, dass all die Gesetze oder Normen, die sie in relevanter Weise betreffen, ihr gegenüber so gerechtfertigt werden, dass sie ihnen im Prinzip zustimmen kann, dann müssen die in der Rechtfertigung der entsprechenden Regelung angegebenen Gründe unparteilich sein. Gründe, die auf partikularen ethischen, religiösen oder anderen weltanschaulichen Ansichten basieren, liefern für jene Personen, die die fragliche ethische, religiöse oder anderweitige Weltanschauung nicht teilen, keine zwingende Rechtfertigung, die sie vernünftigerweise nicht zurückweisen könnten. Deshalb darf man andere nicht zu Handlungen zwingen, die nur mittels partikularer ethischer, religiöser oder anderer weltanschaulicher Ansichten begründet werden können. In erkenntnistheoretischer bzw. epistemischer Hinsicht setzt dies eine Einsicht in die Grenzen der Vernunft voraus, also die Einsicht, dass in vielen ethischen oder metaphysischen Fragen unüberbrückbare Meinungsunterschiede zwischen vernünftigen und wohlmeinenden Personen auftreten können, die es deshalb zu respektieren gilt. Mittels dieser moralischen Begründung wird die liberale Neutralität als Forderung an staatliche Institutionen etabliert, und so sollte auch die Toleranz als Tugend der Bürger begründet werden.

Anstatt nach der Wahrheit ethischer Weltanschauungen und Werte zu suchen, stellt in liberalen Gesellschaften die Achtung vor der Gleichheit der Personen, die selbst ratio nal und autonom entscheiden können und dürfen, die wesentliche moralische Grundlage des gemeinsamen Zusammenlebens dar. Wenn diese rational und autonom entscheidenden Personen unterschiedliche Weltanschauungen und Werte für richtig erachten und sich nicht auf eine gemeinsame Wertehierarchie oder Weltanschauung einigen können, gebietet es der Respekt vor den Personen als Gleichen und Autonomen, auch die Werte und Weltanschauung des anderen, selbst dann, wenn man sie für falsch hält, zu akzeptieren, solange man ihn nicht mit allgemeinen und wechselseitigen Argumenten überzeugen kann und er seinerseits nicht die Grenzen des (Ge-)Rechten überschreitet. Toleranz kann aus diesem Grund als eine Tugend der Gerechtigkeit verstanden werden, denn sie ergibt sich aus der Einsicht, dass die unparteiliche öffentliche Rechtfertigung der Normen des Zusammenlebens das Kernprinzip einer gerechten Gesellschaftsordnung darstellt.

55 *Toleranz*

Toleranz bedeutet, dass die Bürger den Bereich des wechselseitig voneinander Einforderbaren und verbindlich zu Regelnden auf das beschränken, was allen gegenüber unparteilich gerechtfertigt werden kann.

Toleranz fordert also, Menschen mit anderen ethischen, kulturellen, religiösen oder weltanschaulichen Identitäten als Gleiche zu achten und zu wissen, dass diese ein Recht darauf haben, angemessen respektiert zu werden. Toleranz in diesem Verständnis endet jedoch da, wo eine Person oder eine Gruppe ihre partikulare Identität zur Basis allgemeinverbindlicher Regelungen machen will. Diskriminierung, Zwangsehen und Ausnahmen vom verpflichtenden Schulbesuch sind aktuelle Beispiele dafür, wo Toleranz enden sollte, weil hier die Gleichheit und Autonomie, in vielen Fällen vor allem von Frauen und Kindern, nicht voll respektiert wird.

Oft wird gerade mit Bezug auf Gruppen bzw. Menschen, die sich wesentlich einer bestimmten Gruppe zugehörig fühlen, mehr als Toleranz gegenüber ihren differenten Merkmalen gefordert. Aus Gründen der Nichtdiskriminierung, Gleichheit und Inklusion wird die dezidierte öffentliche Anerkennung und Privilegierung einer zuvor ausgeschlossenen, marginalisierten oder unterdrückten Minderheit verlangt. Ein solches identitätspolitisches Argument kann jedoch, wenn es den Staat und seine Bürger auf die öffentliche Anerkennung bestimmter Werte festlegt, gegen das liberale Prinzip der Neutralität und Unparteilichkeit verstoßen. Der neutrale Staat kann keine gleiche Anerkennung der Weltanschauungen durch seine Bürger garantieren, wohl aber eine gewisse *Chancengleichheit* auf Anerkennung.

Daraus ergeben sich mindestens zwei gerechtigkeitspolitische Anforderungen an den liberalen Staat und seine Bürger: Historische und existierende Formen der Toleranz sind häufig mangelhaft bzw. defizient, weil sie die kulturelle und gesellschaftliche Stigmatisierung, die politische Machtlosigkeit und Abhängigkeit von Minderheiten reproduzieren und sie damit zu abhängigen Untertanen und Bürgern zweiter Klasse machen. Dagegen hat Goethe zu Recht mit dem Spruch »Dulden heißt beleidigen« polemisiert. Daher muss es heute (1) um die Frage gehen, *welche Form von Neutralität vom Staat und welche Form von tugendhafter Toleranz* von den Bürgerinnen und Bürgern in einem liberalen, d. h. gleiche Freiheitsrechte gewährenden Staat erwartet werden kann, in dem sich die Bürgerinnen und Bürger wechselseitig als Gleiche achten. Im freiheitlichen Verfassungsstaat darf die abweichende Minderheitenposition nicht von der Duldung durch die Mehrheit abhängig sein, sondern muss sich auf grundlegende und gleiche Rechte stützen können. Neutralität und Toleranz würden zudem (2) ihr Ziel einer offenen, freiheitlichen Gesellschaft verfehlen, wenn sie alle Erscheinungsformen weltanschaulicher Differenz aus der Öffentlichkeit in den privaten Bereich verbannen wollten, wie es bestimmte Formen des Laizismus vorschreiben. Solche Maßnahmen laufen Gefahr, Individuen und Gruppen, für die es nach deren Maßstäben wichtig ist, etwa ihre besonderen Symbole und Kleidungsstücke zu tragen, aus der Öffentlichkeit auszuschließen. Das Tragen eines Kopftuches untergräbt jedoch nicht die öffentliche Ordnung, und sein Verbot würde außerdem von den Betroffenen unfairerweise eine Veränderung ihrer Kleidung verlangen, während die

Mehrheitskultur dazu nicht verpflichtet wäre. Neutralität und Toleranz sollten *allen* Personen und Gruppen, die die Grenzen des Tolerierbaren nicht überschreiten, die Möglichkeit geben, ihre Weltanschauung *in der Öffentlichkeit* mit gleicher Chance auf Anerkennung darzustellen und nach ihr zu leben.

Übungen

Formulieren Sie Ihre Antworten auf die Übungsaufgaben so ausführlich wie nötig und so präzise wie möglich. Beziehen Sie sich dabei auf die Ausführungen im Haupttext sowie, wo nötig, auf die im Literaturverzeichnis aufgeführte Literatur.

Übungen zu Kapitel 1: Was ist politische Philosophie?

1. Was ist Politik? Erläutern Sie, wie sich die verschiedenen vertretenen Antworten zueinander verhalten.
2. Beschreiben Sie die Unterschiede zwischen einem liberalen und einem realistischen Politikverständnis und geben Sie jeweils ein paradigmatisches Beispiel für das jeweilige Verständnis. Welche Rolle spielt dabei das Verhältnis zwischen Moral und Politik?
3. Welche Argumente können gegen die Sichtweise angeführt werden, dass Familienangelegenheiten privat sind und daher nicht Gegenstand politischer Regulierung sein sollten?
4. Warum kann die politische Philosophie nicht allein aus der Beobachterperspektive verfahren? Gehen Sie in Ihrer Antwort auch auf die Unterscheidung von Ursachen und Gründen ein.
5. Charakterisieren Sie die Methode des Überlegungsgleichgewichts. Welche Rolle spielen darin Alltagsüberzeugungen wie etwa die, dass Gerechtigkeit schlicht das Recht des Stärkeren ist?
6. Was unterscheidet deskriptive von normativen Theorien? Können Politikwissenschaft und politische Philosophie als völlig unabhängig voneinander begriffen wer-

den? In welchem Verhältnis stehen Moralphilosophie und politische Philosophie zueinander?

7. Welche Aufgaben kommen der politischen Philosophie zu, und inwiefern stehen diese in einem Spannungsverhältnis zur Idee der Demokratie als Selbstbestimmung der Bürgerinnen und Bürger?

Übungen zu Kapitel 2: Der Naturzustand und die anarchistische Herausforderung – zur Rechtfertigung politischer Herrschaft

8. Skizzieren Sie die Position des philosophischen Anarchismus. Warum kann auch ein Vertreter dieser Position zugeben, dass es Gründe dafür gibt, sich an die staatlichen Gesetze zu halten? Nennen Sie Beispiele für Gesetze, bei denen das besonders offensichtlich ist.
9. Wie lautet die transaktionsbasierte Begründung einer Pflicht zum Rechtsgehorsam, und in welche Schwierigkeiten gerät sie? Diskutieren Sie auch, was sich aus anarchistischer Perspektive auf die These entgegnen ließe, dass man schon deshalb zum Gehorsam verpflichtet sei, weil es vernünftig ist, zu gehorchen.
10. Was ist der Kerngedanke der Vertragstheorie? Warum kann die Begründung politischer Normen nicht direkt mit Bezug auf das Eigeninteresse erfolgen? Und welche Rolle spielt der Naturzustand?
11. Welcher Position zufolge kommen Individuen auch in einem vorstaatlichen Zustand Rechte zu, und was für einen Unterschied macht dies für die Konzeption staatlicher Herrschaft? Kann den Bürgern ein Recht auf Widerstand gegen die Staatsgewalt zukommen?
12. Worin liegen die relevanten Unterschiede zwischen den Vertragstheorien von Thomas Hobbes und John

Locke? Worin liegen die relevanten Unterschiede zwischen den Vertragstheorien von Jean-Jacques Rousseau und Immanuel Kant?

13. Rousseau zufolge ist man nur dann frei, wenn man sich die Gesetze, unter denen man lebt, selbst gibt. Nehmen wir an, Sie sind bei einer Abstimmung über ein bestimmtes Gesetz nach der Mehrheitsregel in der Minderheit: Inwiefern können Sie trotzdem als selbstbestimmt und frei betrachtet werden? Gehen Sie in Ihrer Antwort auch auf ein konkretes Beispiel ein.
14. »Die einzige Aufgabe des Staates ist es, individuelles Eigentum zu sichern und den freien Wettbewerb zu ermöglichen.« Welche Theorie und welche Philosophen stehen hinter dieser Position, und welche Argumente sprechen gegen sie? Gehen Sie dabei besonders auf die zugrunde liegende Konzeption des Eigentums in dieser Theorie ein. Wie könnten Verfechter dieser Theorie behaupten, dass Besteuerung Diebstahl ist?
15. Auf welche Grundsätze würden sich die Parteien im Urzustand Rawls zufolge einigen? Nehmen wir an, eine politische Gemeinschaft beschließt auf demokratische Weise, das wirtschaftliche Wachstum durch gewisse, nicht allzu drastische Einschränkungen der Rechte der Arbeitnehmer zu stimulieren. Kann das zulässig sein? Und wie steht es mit der Zulässigkeit von ökonomischen Ungleichheiten? Gehen Sie in Ihrer Antwort auch darauf ein, wie ein Vertreter des Utilitarismus diese Fragen beantworten würde.
16. Diskutieren Sie das folgende Beispiel: Ford baute 1970 einen PKW (Pinto). Bei dem Modell wurde ein Konstruktionsfehler entdeckt. Wie soll die Firma Ford damit umgehen?
    Ford stellte folgende Rechnung auf:
    Tote: 180 x $ 200 000
    Verletzte: 180 x $ 67 000

Sachschaden Autos: 2100 x $ 700
Schaden insgesamt: $ 49,53 Mio.
Dagegen: Kosten für Rückruf und Reparatur:
$ 137,5 Mio.
Diskutieren Sie diese Rechnung aus der Perspektive a) des Utilitarismus und b) der liberalen Auffassung (z. B. Rawls oder auch Nozick).

Übungen zu Kapitel 3: Kritik des Liberalismus – alternative Problembeschreibungen

17. Was versteht der Marxismus unter a) »Basis und Überbau«, b) »Ideologie« und c) »Entfremdung«?
18. »Hat Marx recht und geht der Kapitalismus notwendig zugrunde, so kann man sich doch getrost zurücklehnen und abwarten.« – Warum ist diese Position Marx zufolge nicht zutreffend? In welche Probleme führt Marx' Antwort?
19. Aus liberaler Perspektive kann es so erscheinen, als sei der Kapitalismus, da er auf freiwillig eingegangenen Vertragsverhältnissen beruht, mit der Freiheit der Arbeitnehmer vereinbar. Wie lautet Marx' Einwand, und welche Rolle spielt dabei der Begriff der Ausbeutung?
20. Für den Liberalismus ist das Individuum die Grundeinheit der Gesellschaft, und ihm kommt das normative Primat zu. Welche Einwände werden gegen diese Ansicht vom Kommunitarismus erhoben? Gehen Sie auch darauf ein, inwiefern es zum Zwecke der Erhaltung der Kultur einer Gemeinschaft gerechtfertigt sein könnte, die individuelle Wahlfreiheit einzuschränken. Welche Rolle spielt dabei das Faktum des Pluralismus?
21. »Die Neutralität des Staates verlangt es, dass sich die staatlichen Gesetze auf alle Bürgerinnen und Bürger

gleich auswirken müssen.« – Diskutieren Sie Einwände gegen diese Position und alternative Verständnisweisen von Neutralität.

22. Warum gilt eine geschlechtsneutrale Analyse von Gleichheit als naiv?
23. Für den Liberalismus ist die freiwillige Zustimmung der Betroffenen ein grundlegendes Kriterium für die Legitimität sozialer und politischer Verhältnisse. Was spricht aus feministischer Perspektive gegen dieses Kriterium? Diskutieren Sie die Problematik am Beispiel der Prostitution.
24. »In welchem Verhältnis die Geschlechter zueinander stehen, ist eine Frage der Biologie und nicht der politischen Philosophie.« – Was spricht aus Sicht des Feminismus gegen diese verbreitete Annahme? Gehen Sie in Ihrer Antwort auch auf die Kritik an der Unterscheidung von *sex* und *gender* ein.
25. Viele liberale Theorien gehen davon aus, dass sich universell gültige Normen auf vernünftige Weise als Gegenstand eines allgemeinen Konsenses rechtfertigen lassen. Welche Einwände werden aus poststrukturalistischer Perspektive gegen diese Annahme erhoben? Gehen Sie in Ihrer Antwort auf das Beispiel der Menschenrechte ein.

Übungen zu Kapitel 4: Umkämpfte Begriffe und praktische Herausforderungen

26. Welche Arten der Unparteilichkeit erfordert die Gerechtigkeit? Diskutieren Sie auch die Frage, ob es demgemäß ungerecht wäre, die eigenen Kinder gegenüber fremden Kindern zu bevorzugen.
27. Wie lässt sich das Verhältnis zwischen Gerechtigkeit und Gleichheit charakterisieren? Gehen Sie auf die

beiden Positionen des Egalitarismus und des Nonegalitarismus ein und diskutieren Sie ein Beispiel.

28. Oft wird behauptet, Ungleichheiten (zum Beispiel ungleich hohe Einkommen) seien dann gerechtfertigt, wenn sie Ausdruck unterschiedlicher Leistung sind. Was spricht aus gerechtigkeitstheoretischer Perspektive gegen diese Behauptung?
29. Haben wir gegenüber Fremden dieselben Pflichten der Gerechtigkeit wie gegenüber Menschen, mit denen wir in einer Gemeinschaft leben oder in engen Kooperationsbeziehungen stehen? Welche Rolle spielen die Prozesse der Globalisierung für die gerechtigkeitstheoretische Diskussion?
30. Was macht den besonderen Status der Menschenrechte heute aus, und warum ist die Berufung auf die Menschenrechte heute so beliebt?
31. Worin besteht der Unterschied zwischen negativer und positiver Freiheit? Diskutieren Sie die jeweiligen Schwierigkeiten dieser beiden Konzeptionen unter Bezug auf ein Beispiel.
32. Charakterisieren Sie die fünf freiheitszentrierten Ansätze der politischen Philosophie sowie deren Unterschiede.
33. Nehmen wir an, in einem Staat haben alle Bürgerinnen und Bürger das Wahlrecht. Einigen ist es aber so gut wie unmöglich, an Wahlen teilzunehmen, weil sich das nächste Wahllokal in einiger Entfernung befindet, es keine öffentlichen Verkehrsmittel gibt und sie über kein eigenes Auto verfügen. Inwiefern können die Betroffenen als frei gelten?
34. Freiheit kann nicht absolut sein, sondern muss immer bestimmten Einschränkungen unterliegen. Gegenwärtig wird häufig gefordert, individuelle Freiheiten im Namen der Sicherheit weiter zu beschränken. Diskutieren Sie die Berechtigung und die Probleme dieser Forderung mit Bezug auf mögliche Legitimitätsbedingungen.

35. Oft wird davon ausgegangen, dass Demokratie aus regelmäßigen und freien Wahlen sowie Gewaltenteilung und Rechtsstaatlichkeit besteht. Welche Einwände lassen sich gegen dieses Demokratieverständnis erheben, und welche alternativen Konzeptionen sind denkbar?
36. »Wir sollten die Demokratie einführen, weil sie ein wirtschaftlich erfolgreiches und friedliches Zusammenleben ermöglicht.« – Warum ist diese auf den ersten Blick vielversprechende Begründung der Demokratie eventuell nicht ausreichend?
37. Skizzieren Sie das Problem der »politischen Armut« und diskutieren Sie dabei ein aktuelles Beispiel. Wie lässt sich auf dieses Problem auf der Basis der unterschiedlichen Demokratieverständnisse reagieren?
38. Was versteht man unter dem Begriff »Toleranz«? Aus welchen Komponenten setzt sich der Begriff zusammen?
39. Fordert es das Gebot der Toleranz, auch gegenüber selbst intoleranten Positionen tolerant zu sein? Diskutieren Sie ein Beispiel aus der Gegenwart und welche Schwierigkeiten sich eventuell aus der Abgrenzung toleranter und intoleranter Positionen ergeben.
40. Welche erkenntnistheoretischen Annahmen liegen einer toleranten Position zugrunde? Müssen tolerante Menschen letztlich Relativisten sein? Welche weitergehende Begründung von Toleranz könnte sich als notwendig erweisen?
41. Was folgt aus dem Gebot von Neutralität und Toleranz für den Umgang einer Gesellschaft mit Minderheiten? Welche Rechte und welche Pflichten haben diese? Diskutieren Sie ein aktuelles Beispiel.

Literaturhinweise

Grundlegende Überblicksliteratur

Bevir, M. (Hg.): Encyclopedia of Political Theory, 3 Bde., Thousand Oaks 2010.
Brodocz, A. / Schaal, G. S. (Hg.): Politische Theorien der Gegenwart, 2 Bde., Opladen 2001/2002.
Brunkhorst, H.: Einführung in die Geschichte politischer Ideen, München 2000.
Christman, J.: Social and Political Philosophy, London 2002.
Dryzek, J.S. / Honig, B. / Phillips, A. (Hg.): The Oxford Handbook of Political Theory, Oxford 2006.
Estlund, D. (Hg.): The Oxford Handbook of Political Philosophy, Oxford 2012.
Flügel-Martinsen, O.: Grundfragen politischer Philosophie, Baden-Baden 2008.
Göhler, G. / Iser, M. / Kerner, I. (Hg.): Politische Theorie, Wiesbaden 2006.
Goodin, R. / Pettit, P. / Pogge, T. (Hg.): A Companion to Contemporary Political Philosophy, 2 Bde., Oxford 2007.
Gosepath, S. / Hinsch, W. / Rössler, B. (Hg.): Handbuch der Politischen Philosophie und Sozialphilosophie, 2 Bde., Berlin 2008.
Hartmann, M. / Offe, C. (Hg.): Politische Theorie und Politische Philosophie, München 2011.
Horn, C.: Einführung in die Politische Philosophie, Darmstadt 2003.
Kymlicka, W.: Contemporary Political Philosophy, Oxford 2002.
Ladwig, B.: Moderne politische Theorie, Schwalbach 2009.
Miller, D.: Political Philosophy, Oxford 2003.
Ottmann, H.: Geschichte des Politischen Denkens, 4 Bde., Stuttgart 2001 ff.
Simmons, A.J.: Political Philosophy, Oxford 2008.
Swift, A.: Political Philosophy, Oxford 2006.
Wolff, J.: An Introduction to Political Philosophy, Oxford 1996.

Literatur zu Kapitel 1: Was ist politische Philosophie?

1.1. Was ist Politik?

Aristoteles: Politik, Stuttgart 1998.
Locke, J.: Über die Regierung, Stuttgart 1986.
Luhmann, N.: Die Politik der Gesellschaft, Frankfurt/M. 2000.
Machiavelli, N.: Politische Schriften, Frankfurt/M. 1990.
Meier, C.: Die Entstehung des Politischen bei den Griechen, Frankfurt/M. 1983.
Mouffe, C.: Über das Politische, Frankfurt/M. 2007.
Platon: Der Staat, Stuttgart 1982.
Schmitt, C.: Der Begriff des Politischen, Berlin 1963.
Weber, M.: Gesammelte politische Schriften, Tübingen 1988.

1.2. Was ist und was leistet eine philosophische Reflexion der Politik?

Cohen, G. A.: Rescuing Justice and Equality, Cambridge/MA 2009.
Geuss, R.: Kritik der Politischen Philosophie, Hamburg 2011.
Hume, D.: Ein Traktat über die menschliche Natur, Buch II/III, Hamburg 1978.
Rawls, J.: Gerechtigkeit als Fairneß, Frankfurt/M. 2003.
Williams, B.: In the Beginning was the Deed, Princeton 2005.

Literatur zu Kapitel 2: Der Naturzustand und die anarchistische Herausforderung – zur Rechtfertigung politischer Herrschaft

2.1. Das Grundproblem

Borries, A. von / Weber-Brandies, I. (Hg.): Anarchismus – Theorie, Kritik, Utopie, Münster 2007.
Crowder, G.: Classical Anarchism, Oxford 1991.
Edmundson, W. (Hg.): The Duty to Obey the Law, Lanham 1999.
Graeber, D.: Frei von Herrschaft, Wuppertal 2008.
Hume, D.: Über den ursprünglichen Vertrag, in: ders.: Politische und ökonomische Essays, Hamburg 1988.
Kaufmann, M.: Aufgeklärte Anarchie, Berlin 1999.
Locke, J.: Über die Regierung, Stuttgart 1986.
Platon: Kriton, Stuttgart 1987.
Rinderle, P.: Der Zweifel des Anarchisten, Frankfurt/M. 2005.
Stirner, M.: Der Einzige und sein Eigentum, Stuttgart 1972.
Wellman, C. / Simmons, A. J.: Is There a Duty to Obey the Law?, Cambridge 2005.
Wolff, R. P.: In Defense of Anarchism, Berkeley 1998.

2.2. Die Idee des Gesellschaftsvertrags

Brandt, R. / Herb, K. (Hg.): Jean-Jacques Rousseau. Vom Gesellschaftsvertrag, Berlin 2000.
Euchner, W.: Locke zur Einführung, Hamburg 1996.
Hobbes, T.: Leviathan, Frankfurt/M. 1984.
Höffe, O. (Hg.): Immanuel Kant. Metaphysische Anfangsgründe der Rechtslehre, Berlin 1999.
Kant, I.: Metaphysik der Sitten, Stuttgart 1990.
Kant, I.: Zum ewigen Frieden, Stuttgart 2008.
Kersting, W. (Hg.): Thomas Hobbes. Leviathan, Berlin 2008.
Kersting, W.: Die politische Philosophie des Gesellschaftsvertrags, Darmstadt 1994.

Kersting, W.: Wohlgeordnete Freiheit, Paderborn 2007.
Locke, J.: Über die Regierung, Stuttgart 1986.
Ludwig, B. / Rehm, M.: John Locke. Zwei Abhandlungen über die Regierung, Berlin 2012.
Rousseau, J.-J.: Vom Gesellschaftsvertrag, Berlin 2013.

2.3. Was ist der Zweck des Staates?

Bentham, J.: An Introduction to the Principles of Morals and Legislation, London 1982.
Dworkin, R.: Was ist Gleichheit?, Berlin 2011.
Gesang, B.: Eine Verteidigung des Utilitarismus, Stuttgart 2003.
Gosepath, S.: Gleiche Gerechtigkeit, Frankfurt/M. 2004.
Hayek, F. A. von: Die Verfassung der Freiheit, Tübingen 1971.
Hinsch, W.: Gerechtfertigte Ungleichheiten, Berlin 2002.
Höffe, O. (Hg.): John Rawls. Eine Theorie der Gerechtigkeit, Berlin 2006.
Höffe, O. (Hg.): Einführung in die utilitaristische Ethik, Stuttgart 2008.
Koller, P.: Neue Theorien des Sozialkontrakts, Berlin 1987.
Mill, J. S.: Der Utilitarismus, Stuttgart 1976.
Mill, J. S.: Über die Freiheit, Stuttgart 2010.
Nozick, R.: Anarchie, Staat, Utopia, München 2006.
Nussbaum, M.: Grenzen der Gerechtigkeit, Frankfurt/M. 2010.
Pogge, T.: John Rawls, München 1994.
Rawls, J.: Eine Theorie der Gerechtigkeit, Frankfurt/M. 1975.
Rawls, J.: Politischer Liberalismus, Frankfurt/M. 1998.
Rawls, J.: Gerechtigkeit als Fairneß, Frankfurt/M. 2003.
Sen, A.: Die Idee der Gerechtigkeit, München 2010.
Singer, P.: Praktische Ethik, Stuttgart 2013.
Walzer, M.: Sphären der Gerechtigkeit, Frankfurt/M. 1992.

Literatur zu Kapitel 3: Kritik des Liberalismus – alternative Problembeschreibungen

3.1. Ökonomische Verhältnisse: Marxismus

Balibar, E.: The Philosophy of Marx, London 2007.
Cohen, G. A.: Karl Marx's Theory of History, Princeton 2001.
Elster, J.: Making Sense of Marx, Cambridge 1985.
Haug, W. F. / Haug, F. / Jehle, P.: Historisch-Kritisches Wörterbuch des Marxismus, Hamburg 1994 ff.
Iorio, M.: Karl Marx, Berlin 2003.
Jaeggi, R.: Entfremdung, Frankfurt/M. 2005.
Lohmann, G.: Indifferenz und Gesellschaft. Eine kritische Auseinandersetzung mit Marx, Frankfurt/M. 1991.
Marx, K.: Philosophische und ökonomische Schriften, Stuttgart 2008.
Marx, K. / Engels, F.: Werke (MEW), Berlin 1956 ff.
Rohbeck, J.: Marx, Stuttgart 2011.
Wolff, J.: Why Read Marx Today?, Oxford 2003.
Wood, A.: Karl Marx, London 2004.

3.2. Gemeinschaft: Kommunitarismus

Böckenförde, E.-W.: Staat, Gesellschaft, Freiheit, Frankfurt/M. 1976.
Etzioni, A.: Die Entdeckung des Gemeinwesens, Stuttgart 2000.
Forst, R.: Kontexte der Gerechtigkeit. Politische Philosophie jenseits von Liberalismus und Kommunitarismus, Frankfurt/M. 1994.
Hegel, G. W. F.: Grundlinien der Philosophie des Rechts, Stuttgart 2002.
Honneth, A. (Hg.): Kommunitarismus, Frankfurt/M. 1993.
Kymlicka, W.: Multikulturalismus und Demokratie, Hamburg 1999.
MacIntyre, A.: Der Verlust der Tugend, Frankfurt/M. 2006.

Miller, D.: On Nationality, Oxford 1995.
Müller, J.-W.: Verfassungspatriotismus, Frankfurt/M. 2010.
Raz, J.: The Morality of Freedom, Oxford 1986.
Sandel, M.: Liberalism and the Limits of Justice, Cambridge 1982.
Tamir, Y.: Liberal Nationalism, Princeton 1993.
Taylor, C.: Negative Freiheit?, Frankfurt/M. 1988.
Taylor, C.: Multikulturalismus und die Politik der Anerkennung, Frankfurt/M. 1993.
Walzer, M.: Sphären der Gerechtigkeit, Frankfurt/M. 1992.

3.3. Geschlechterverhältnisse: Feminismus

Beauvoir, S. de: Das andere Geschlecht, Reinbek 2005.
Benhabib, S.: Selbst im Kontext, Frankfurt/M. 1995.
Benhabib, S. / Butler, J. / Cornell, D. / Fraser, N.: Der Streit um Differenz, Frankfurt/M. 1993.
Bock, G. / James, S. (Hg.): Beyond Equality and Difference, London 1992.
Butler, J.: Körper von Gewicht, Frankfurt/M. 2001.
Butler, J.: Das Unbehagen der Geschlechter, Frankfurt/M. 2003.
Dworkin, A. / MacKinnon, C.: In Harm's Way. The Pornography Civil Rights Hearings, Cambridge/MA 1997.
Gilligan, C.: Die andere Stimme, München 1988.
Irigaray, L.: Die Zeit der Differenz, Frankfurt/M. 1991.
Jaggar, A.M. / Young, I.M. (Hg.): A Companion to Feminist Philosophy, Oxford 2000.
Kerner, I.: Differenzen und Macht, Frankfurt/M. 2009.
MacKinnon, C.: Only Words, Cambridge/MA 1993.
Nagl-Docekal, H.: Feministische Philosophie, Frankfurt/M. 2001.
Okin, S.M.: Justice, Gender and the Family, New York 1989.
Okin, S.M.: Is Multiculturalism bad for Women?, Princeton 1999.
Pateman, C.: The Sexual Contract, Cambridge 1988.
Rössler, B. (Hg.): Quotierung und Gerechtigkeit, Frankfurt/M. 1993.
Rössler, B.: Feministische Theorien der Politik, in: K. von Beyme / C. Offe (Hg.): Politische Theorien in der Ära der Transformation, Opladen 1995.
Rössler, B.: Der Wert des Privaten, Frankfurt/M. 2001.

3.4. Subjektkonstitution: Poststrukturalismus

Agamben, G.: Homo Sacer. Die souveräne Macht und das nackte Leben, Frankfurt/M. 2002.
Althusser, L.: Ideologie und ideologische Staatsapparate, Hamburg 2010.
Badiou, A.: Über Metapolitik, Berlin 2003.
Bröckling, U. / Feustel, R. (Hg.): Das Politische denken, Bielefeld 2010.
Butler, J. / Mouffe, C. / Zizek, S.: Contingency, Hegemony, Universality, London 2000.
Derrida, J.: Gesetzeskraft. Der »mystische Grund der Autorität«, Frankfurt/M. 1991.
Engelmann, P. (Hg.): Postmoderne und Dekonstruktion, Stuttgart 2004.
Foucault, M.: Analytik der Macht, Frankfurt/M. 2005.
Foucault, M.: Kritik des Regierens, Berlin 2010.
Laclau, E. / Mouffe, C.: Hegemonie und radikale Demokratie, Wien 2006.
Lyotard, J.-F.: Der Widerstreit, München 1987.
Marchart, O.: Die politische Differenz, Frankfurt/M. 2010.
Moebius, S. / Reckwitz, A. (Hg.): Poststrukturalistische Sozialwissenschaften, Frankfurt/M. 2008.
Rancière, J.: Das Unvernehmen, Frankfurt/M. 2002.
Saar, M.: Genealogie als Kritik, Frankfurt/M. 2007.
Vogl, J. (Hg.): Gemeinschaften. Positionen zu einer Philosophie des Politischen, Frankfurt/M. 1994.

Literatur zu Kapitel 4: Umkämpfte Begriffe und praktische Herausforderungen

4.1. Gerechtigkeit: Kriterien, Theorien und ihre Anwendungen

Aristoteles: Nikomachische Ethik, Stuttgart 1994.
Bobbio, N.: Das Zeitalter der Menschenrechte, Frankfurt/M. 2000.
Broszies, C. / Hahn, H.: Globale Gerechtigkeit, Berlin 2010.
Cohen, G. A.: Rescuing Justice and Equality, Cambridge/MA 2008.
Cohen, G. A.: On the Currency of Egalitarian Justice, and Other Essays in Political Philosophy, Princeton 2011.
Dworkin, R.: Was ist Gleichheit?, Berlin 2011.
Forst, R.: Kontexte der Gerechtigkeit, Frankfurt/M. 1994.
Forst, R.: Das Recht auf Rechtfertigung, Frankfurt/M. 2007.
Frankfurt, H.: Gleichheit und Achtung, in: A. Krebs (Hg.): Gleichheit oder Gerechtigkeit, Frankfurt/M. 2000.
Fraser, N. / Honneth, A.: Umverteilung oder Anerkennung?, Frankfurt/M. 2003.
Gosepath, S.: Gleiche Gerechtigkeit, Frankfurt/M. 2004.
Gosepath, S. / Lohmann, G. (Hg.): Philosophie der Menschenrechte, Frankfurt/M. 1998.
Hinsch, W.: Gerechtfertigte Ungleichheiten, Berlin 2002.
Höffe, O.: Gerechtigkeit, München 2001.
Horn, C. / Scarano, N. (Hg.): Philosophie der Gerechtigkeit, Frankfurt/M. 2002.
Hume, D.: Ein Traktat über die menschliche Natur, 2 Bde., Hamburg 1989.
Kant, I.: Zum ewigen Frieden, Stuttgart 2008.
Krebs, A. (Hg.): Gleichheit oder Gerechtigkeit, Frankfurt/M. 2000.
Ladwig, B.: Gerechtigkeitstheorien zur Einführung, Hamburg 2011.
Marshall, T. H.: Bürgerrechte und soziale Klassen, Frankfurt/M. 1992.
Menke, C. / Pollmann, A.: Philosophie der Menschenrechte, Hamburg 2007.

Miller, D.: Grundsätze sozialer Gerechtigkeit, Frankfurt/M. 2007.
Miller, D.: National Responsibility and Global Justice, Oxford 2007.
Morgenthau, H. J.: Politics Among Nations, New York 1948.
Nagel, T.: Das Problem globaler Gerechtigkeit, in: C. Broszies / H. Hahn (Hg.): Globale Gerechtigkeit, Berlin 2010.
Nussbaum, M.: Grenzen der Gerechtigkeit, Frankfurt/M. 2010.
Platon: Der Staat, Stuttgart 1982.
Pogge, T. (Hg.): Global Justice, Oxford 2004.
Rawls, J.: Eine Theorie der Gerechtigkeit, Frankfurt/M. 1975.
Rawls, J.: Politischer Liberalismus, Frankfurt/M. 1998.
Rawls, J.: Das Recht der Völker, Berlin 2002.
Sangiovanni, A.: Global Justice, Reciprocity, and the State, in: Philosophy & Public Affairs, 35 (2007), 1.
Sen, A.: Die Idee der Gerechtigkeit, München 2010.
Smith, A.: Theorie der ethischen Gefühle, Hamburg 2004.
Tugendhat, E.: Dialog in Leticia, Frankfurt/M. 1997.
Walzer, M.: Sphären der Gerechtigkeit, Frankfurt/M. 1992.

4.2. Politische Freiheit und ihre Bedingungen

Arendt, H.: Über die Revolution, München 2011.
Arendt, H.: Zwischen Vergangenheit und Zukunft, München 2012.
Berlin, I.: Freiheit, Frankfurt/M. 1995.
Carter, I. / Kramer, M. H. / Steiner, H. (Hg.): Freedom, Oxford 2007.
Constant, B.: »Über die Freiheit der Alten im Vergleich zu der der Heutigen«, in: ders.: Werke, Bd. 4., Berlin 1972.
Flikschuh, K.: Freedom, Cambridge 2007.
Habermas, J.: Faktizität und Geltung. Beiträge zur Diskurstheorie des Rechts und des demokratischen Rechtsstaates, Frankfurt/M. 1992.
Habermas, J.: Die Einbeziehung des Anderen, Frankfurt/M. 1996.
Hayek, F. A. von: Die Verfassung der Freiheit, Tübingen 1971.
Honneth, A.: Das Recht der Freiheit, Berlin 2011.
MacCallum, G.: Negative and Positive Freedom, in: D. Miller (Hg.): The Liberty Reader, Edinburgh 1996.

Mill, J.S.: Über die Freiheit, Stuttgart 2010.
Nida-Rümelin, J. / Vossenkuhl, W. (Hg.): Ethische und politische Freiheit, Berlin 1998.
Pettit, P.: Republicanism, Oxford 1997.
Raz, J.: The Morality of Freedom, Oxford 1986.
Skinner, Q.: Liberty before Liberalism, Cambridge 1998.
Taylor, C.: Negative Freiheit?, Frankfurt/M. 1992.
Van Parijs, P.: Real Freedom for All, Oxford 1995.

4.3. Demokratie: Modelle, Begründungen und aktuelle Probleme

Agamben, G., u.a.: Demokratie? Eine Debatte, Berlin 2012.
Balibar, E.: Die Grenzen der Demokratie, Hamburg 1993.
Barber, B.: Starke Demokratie, Berlin 1994.
Benhabib, S.: Kosmopolitismus und Demokratie, Frankfurt/M. 2008.
Bohman, J. / Rehg, W. (Hg.): Deliberative Democracy, Cambridge/MA 1997.
Christiano, T. (Hg.): Philosophy and Democracy, Oxford 2003.
Christiano, T.: The Rule of the Many, Boulder 1996.
Crouch, C.: Postdemokratie, Frankfurt/M. 2008.
Dahl, R.: On Democracy, New Haven 1998.
Dahl, R. / Shapiro, I. / Cheibub, J. A. (Hg.): The Democracy Sourcebook, Cambridge/MA 2003.
Estlund, D. (Hg.): Democracy, Oxford 2002.
Habermas, J.: Faktizität und Geltung, Frankfurt/M. 1992.
Held, D.: Models of Democracy, Stanford 2006.
Laclau, E. / Mouffe, C.: Hegemonie und radikale Demokratie, Wien 2000.
Mouffe, C.: The Democratic Paradox, London 2000.
Niederberger, A.: Demokratie unter Bedingungen der Weltgesellschaft?, Berlin 2009.
Pateman, C.: Participation and Democratic Theory, Cambridge 1970.
Rancière, J.: Der Hass der Demokratie, Berlin 2010.
Richardson, H.: Democratic Autonomy, Oxford 2003.
Rödel, U. (Hg.): Autonome Gesellschaft und libertäre Demokratie, Frankfurt/M. 1990.

Schmidt, M. G.: Demokratietheorien, Wiesbaden 2010.
Schumpeter, J.: Kapitalismus, Sozialismus und Demokratie, München 1980.
Young, I. M.: Inclusion and Democracy, Oxford 2000.

4.4. Neutralität, Toleranz und die Herausforderung des Multikulturalismus

Barry, B.: Justice as Impartiality, Oxford 1995.
Barry, B.: Culture and Equality, Cambridge 2001.
Brown, W.: Regulating Aversion, Princeton 2006.
Forst, R. (Hg.): Toleranz, Frankfurt/M. 2000.
Forst, R.: Toleranz im Konflikt, Frankfurt/M. 2003.
Heyd, D. (Hg.): Toleration, Princeton 1996.
Huster, S.: Die ethische Neutralität des Staates, Tübingen 2002.
Kerner, J.: Postkoloniale Theorien zur Einführung, Hamburg 2012.
Kymlicka, W.: Multikulturalismus und Demokratie, Hamburg 1999.
Larmore, C.: Strukturen moralischer Komplexität, Stuttgart 1995.
Lessing, G. E.: Nathan der Weise, Stuttgart 1990.
Locke, J.: Ein Brief über Toleranz, Hamburg 1996.
Maclure, J. / Taylor, C.: Laizität und Gewissensfreiheit, Berlin 2011.
Modood, T.: Multiculturalism, Cambridge 2007.
Okin, S. M.: Is Multiculturalism Bad For Women?, Princeton 1999.
Parekh, B.: Rethinking Multiculturalism, Cambridge/MA 2000.
Taylor, C.: Multikulturalismus und die Politik der Anerkennung, Frankfurt/M. 1993.
Tully, J.: Strange Multiplicity. Constitutionalism in an Age of Diversity, Cambridge 1995.

Register